DES ENFANTS ILLÉGITIMES

(NATURELS, ADULTÉRINS ET INCESTUEUX).

OUVRAGES DU MÊME AUTEUR.

CODE DE PROCÉDURE COMMERCIALE *mis en rapport avec la doctrine et la jurisprudence.* suivi des lois organiques et des dispositions réglementaires concernant les tribunaux de commerce, contenant une codification des articles du Code de procédure civile, applicables en matière de commerce.

1 vol. in-8⁰, 1844. 7 fr. 50.

LE CODE CIVIL *mis en harmonie avec* **LE DROIT COMMERCIAL,** ouvrage dans lequel sont indiquées toutes les modifications que subit le Code civil en matière de commerce : suivi d'un commentaire du contrat de commission.

1 vol. in-8⁰, 1845. 6 fr.

CODE-MANUEL DE LA CONTRAINTE PAR CORPS ET DE L'EMPRISONNEMENT POUR DETTES en matière civile, commerciale, criminelle, correctionnelle et de police, mis en rapport avec la doctrine et la jurisprudence.

2ᵉ édition, augmentée des avis du Conseil d'État, arrêtés, circulaires et règlements sur la matière, du tarif des frais et d'un formulaire.

1 vol. in-18, format anglais. 3 fr. 50.

SOUS PRESSE POUR PARAÎTRE PROCHAINEMENT :

RÈGLES DU DROIT CONCERNANT LES MINEURS, mises en rapport avec la doctrine et la jurisprudence.

1 vol. in-8⁰.

Imprimerie de Hennuyer et Turpin, rue Lemercier, 24. Batignolles.

TRAITÉ

DES

ENFANTS NATURELS

MIS EN RAPPORT

AVEC LA DOCTRINE ET LA JURISPRUDENCE,

PAR M. ÉMILE CADRÈS,

Avocat à la Cour royale de Paris.

Il a fallu flétrir le concubinage ; il a donc fallu flétrir les enfants qui en étaient nés.
MONTESQUIEU, *Esprit des lois*, liv. XXIII, chap. VI.

Certaines matières du Code civil, par exemple celle des enfants naturels, auraient dû recevoir des développements plus étendus.
ZACHARIÆ, *Cours de droit civ. franç.*, Introd., p. 23.

PARIS

VIDECOQ PÈRE ET FILS, ÉDITEURS,

LIBRAIRES DU TRIBUNAL DE COMMERCE DE LA SEINE,

1, PLACE DU PANTHÉON.

1846

INTRODUCTION.

Il existe déjà un si grand nombre d'ouvrages sur l'ensemble du Code civil et sur les différentes parties qui le composent, que beaucoup de personnes se croient autorisées à supposer que le sujet est épuisé.

Aussi, lorsqu'on annonce de nouveaux travaux sur cette partie du droit, se manifeste-t-il un certain étonnement qui semble faire entendre que l'on ne peut plus que reproduire dans des termes différents ce que d'autres ont déjà répété.

Cependant, il y a encore plusieurs parties du Code civil qui n'ont pas été suffisamment explorées. Celles même sur lesquelles on a le plus écrit peuvent donner matière à de nouveaux sujets de publications fort intéressants, si, au lieu de s'assujettir à suivre les voies battues, on se livre à l'étude du droit avec indépendance, en cherchant à se rendre compte du peu de ressources que fournissent pour l'application du droit les travaux qui ont été composés jusqu'à ce jour.

La lecture que nous avons faite des ouvrages qui ont été publiés sur le Code civil est loin de nous avoir satisfait. Elle a laissé dans notre esprit une certaine confusion qui résulte des renseignements incohérents, et le plus souvent contradictoires, que nous y avons puisés.

Ces ouvrages peuvent bien fournir des matériaux, mais il reste à composer un travail d'ensemble.

Il manque, en effet, un ouvrage analytique, qui, au lieu d'être l'expression d'une opinion personnelle, résume les travaux déjà publiés, en citant toutes les décisions judiciaires et les principaux auteurs, de manière à présenter, pour ainsi dire, le bilan de la controverse qui s'est élevée sur l'interprétation de la loi.

Dans notre pensée, cet ouvrage, pour être autant que possible d'une utilité pratique, doit être calqué en tous points sur les divisions du Code civil, aussi bien dans chacune de ses parties que dans son ensemble. Ainsi, par exemple, il faut qu'on trouve, sous les titres qui traitent des droits et obligations des étrangers, des femmes mariées, des interdits, des mineurs, des enfants illégitimes, toutes les modifications que comportent les dispositions du Code concernant les personnes qui se trouvent dans l'une ou l'autre de ces positions. Il faut, en outre, que ces modifications soient indiquées dans l'ordre des chapitres du Code.

C'est seulement ainsi que l'on pourra obtenir deux résultats désirables : mettre de l'unité dans l'étude des dispositions du Code, et faire apprécier facilement les changements qu'apportent dans les droits et obligations qui y sont tracés, les différences qu'il peut y avoir entre l'état civil et politique de certaines classes de personnes.

C'est un travail de ce genre que nous nous proposons d'esquisser sous le titre de *Règles du droit ci-vil, mises en rapport avec la doctrine et la jurisprudence.*

Pour comprendre la portée de ce travail, il faut se rendre un compte exact des services que les ouvrages pratiques sont appelés à rendre à la science du droit.

Les ouvrages de droit peuvent être classés en deux grandes catégories, ceux qui s'adressent aux personnes qui se proposent d'étudier le droit, et ceux destinés aux personnes qui doivent l'appli-quer ; c'est-à-dire les ouvrages théoriques et les ouvrages pratiques.

On a beaucoup discuté sur la supériorité des uns par rapport aux autres, sur leur mérite, leur utilité, leurs avantages respectifs. L'École et le Palais ont été de tous temps divisés sur cette question comme en deux camps se reprochant leurs goûts, leurs préférences, leurs tendances exclusifs.

Dans ces prétentions, il y a de part et d'autre de la partialité.

La différence qui existe entre la disposition d'es-prit des jurisconsultes dont sont peuplées les écoles et celle des jurisconsultes qui fréquentent les tri-bunaux, est inhérente à la nature distincte de leurs occupations et de leurs fonctions.

La science du droit demande, comme toutes les autres, à être envisagée d'une manière différente, selon que l'on veut se borner à des connaissances théoriques, ou que l'on veut en faire une applica-tion pratique.

Les personnes livrées à l'enseignement du droit doivent se tenir dans les hauteurs de la science et s'attacher presque exclusivement aux principes, pour en nourrir l'esprit de leurs adeptes et former leur jugement. C'est avec raison que les professeurs ne descendent pas dans les détails de l'application que l'on peut avoir l'occasion de faire de ces principes aux mille difficultés que font naître les combinaisons infinies de faits qui ressortent des rapports sociaux. Les élèves ne verraient dans ces difficultés supposées que des hypothèses chimériques, inventées pour exercer l'esprit, et ils n'y attacheraient pas l'importance qu'elles ont dans la pratique. Ces détails ne seraient propres qu'à égarer l'opinion qu'ils doivent se faire de la science du droit, en leur fournissant l'occasion d'adopter des préjugés auxquels ne donnent malheureusement que trop de prise les *arguties du Palais*.

L'étude du droit apparaît sous un tout autre point de vue à celui qui veut se livrer à l'application qu'il faut en faire aux difficultés judiciaires qui surgissent dans le cours de la vie. La connaissance des principes généraux ne suffit plus pour pouvoir lutter contre les moyens de défense que l'esprit de controverse et de discussion découvre chaque jour dans l'ambiguité des dispositions de la loi. Indépendamment des questions capitales qui, en raison de leur gravité, sont reproduites dans tous les ouvrages, avec des aperçus plus ou moins nouveaux, l'homme de palais doit connaître ou avoir sous la main toutes les objections de détail, même les moins sérieuses, qui peuvent se présenter à l'esprit de ceux qu'il a à combattre ou à persuader.

Les ouvrages qui s'adressent à cette classe de lecteurs doivent donc présenter le droit d'une manière tout à fait différente de ceux qui sont destinés aux théoriciens et aux étudiants; ils doivent aussi revêtir une forme différente. Il faut exposer dans ces ouvrages les doctrines d'après lesquelles les règles du droit ont été traitées, en les dégageant des considérations philosophiques qui les tiennent en quelque sorte suspendues dans la théorie des idées pour les faire entrer dans le domaine de la réalité.

Le praticien ou le magistrat qui se trouve en présence d'un doute sur l'interprétation de la loi, et qui cherche la solution légale d'un conflit d'intérêts entre deux parties, s'arrête peu aux raisons morales ou sociales mises en balance par le législateur. Il se préoccupe d'abord de l'utilité de la disposition de la loi qu'il doit appliquer, et du but que le législateur a voulu atteindre en la prescrivant, pour apprécier, en la rapprochant des faits de la cause, dans l'intérêt de quelle partie elle peut être invoquée. L'homme de palais cherche ensuite à savoir si son opinion est conforme à l'usage et à la jurisprudence, et s'il puisera dans les précédents judiciaires, ou dans les auteurs qui ont écrit sur la matière, des objections qu'il n'ait pas prévues et qui soient de nature à le faire changer d'idée.

La jurisprudence, surtout, est appelée à jouer
un grand rôle dans l'étude que doivent faire du
droit les personnes qui ont pour mission d'en conseiller ou d'en surveiller l'application. La connaissance des arrêts procure le double avantage de
révéler les difficultés de toute nature qui peuvent
être soulevées dans la discussion d'une question
de droit ou dans l'interprétation d'un texte de loi,
et de signaler celles qui peuvent se présenter le
plus fréquemment.

Les esprits les plus perspicaces et les plus exercés ne peuvent pas toujours deviner *a priori* toutes
les ressources de la controverse ; il faut pour cela
être en face des faits qui mettent en quelque sorte
la loi en action, et font connaître ses lacunes et ses
antinomies.

Quelquefois même la droiture de l'esprit, la
bonne foi dont on est animé, et sous l'impression de
laquelle on rapproche la loi des faits pour en faire
jaillir le droit des parties, ne permettent pas à l'a-
vocat d'apercevoir des objections qui, présentées à
l'improviste, peuvent paraître au premier abord
sérieuses.

Pour se soustraire à ces dangers, l'homme de
palais doit s'entourer de tous les documents que lui
fournissent la doctrine et la jurisprudence, et qui
concernent directement ou même indirectement
les intérêts qu'il a à protéger.

Les précédents judiciaires ont acquis, surtout
depuis un certain temps, une grande autorité qui

en impose à la fois aux parties et aux magistrats.

Les parties aiment à savoir s'il existe des arrêts sur la question qu'elles ont à faire juger ; et, si la jurisprudence ne leur est pas favorable , elles se résignent souvent, surtout lorsqu'il n'y a pas en jeu un intérêt considérable, à l'abandon de leurs prétentions.

Les magistrats consultent aussi avec fruit les arrêts rendus par les diverses Cours, sur les questions analogues à celles qui leur sont soumises , pour y trouver des raisons de décider. L'esprit de corps et un louable sentiment de déférence les disposent quelquefois à se ranger à l'opinion la plus généralement consacrée, et, s'ils croient devoir s'en écarter, ils puisent dans l'étude des précédents un motif d'émulation qui les porte à motiver avec plus de soin leurs décisions et à leur donner plus de développement.

Pour éclairer à ce point de vue les hommes de palais, il faudrait des résumés consciencieux , et surtout complets, des arrêts rendus sur les difficultés auxquelles ont donné naissance jusqu'à présent l'interprétation et l'application des textes de lois, de manière à présenter en quelque sorte le bilan de leur solution.

La publicité donnée aux décisions judiciaires et la création d'une Cour suprême chargée de veiller à la stricte exécution des lois, et de donner, autant que possible, de l'homogénéité à l'interprétation des textes, semblaient devoir inspirer nécessairement un pareil travail.

Des résumés de la jurisprudence fourniraient aussi le seul moyen de mettre un terme aux contradictions qui se font remarquer entre les décisions rendues par les diverses Cours, sur des questions que l'on rencontre à chaque moment dans la pratique.

Beaucoup de fluctuations et de divergences d'opinion ne sont dues, en effet, qu'à l'ignorance où l'on est des précédents qui existent sur la même question.

On comprend que la jurisprudence n'ait pas pu se fixer sur certaines questions qui n'ont été déférées que rarement à l'appréciation de l'autorité judiciaire. On s'explique même les revirements d'opinions que l'on a signalés à diverses époques sur des questions qui touchent aux fondements mêmes de la morale et de l'ordre social, parce qu'en présence d'un texte ambigu, les magistrats se laissent inévitablement dominer par des considérations dont l'importance varie selon les circonstances. Mais on est étonné avec raison de voir que depuis plus de quarante ans on n'ait pas encore pu tomber d'accord sur la solution de difficultés qui ne tiennent qu'à l'interprétation d'un texte.

Les auteurs qui ont écrit sur le droit ont contribué pour beaucoup à maintenir cet état de choses fâcheux, en ne tenant pas assez compte des précédents. On n'a pas encore cherché jusqu'à présent à faire marcher de front les explications théoriques du droit et les renseignements pratiques que l'on

trouve seulement dans des compilations plus ou
moins indigestes; et cependant il y aurait un grand
parti à tirer de l'alliance de ces deux éléments.
A peine rencontre-t-on dans les ouvrages de droit
qui passent pour les plus pratiques, la citation d'un
petit nombre d'arrêts disséminés çà et là; et encore
ces citations ont-elles toujours le défaut d'être faites
plutôt pour soutenir une opinion que pour faire
connaître l'esprit ou la tendance de la jurisprudence.

Que la théorie et la compilation se rapprochent
et pactisent entre elles, qu'elles s'unissent, qu'elles
se confondent dans un même travail; la première y perdra un peu de sa métaphysique, l'autre
y perdra de sa sécheresse, et toutes deux y gagne-
ront un plus grand mérite d'application. De cette
manière on aura un travail à la fois théorique et
pratique, qui pourra être lu et consulté avec fruit
par les hommes de palais.

Pour arriver à ce résultat, il faut se défaire d'une
prévention qui s'attache à ce qu'on appelle la *compilation.*

Certains auteurs, dans l'espérance de se donner
de l'importance, et pour ne pas paraître avoir fait
un ouvrage que l'on puisse qualifier de compilation,
se bornent à rédiger dans d'autres termes, et le
plus souvent à décolorer les raisonnements des
écrivains qui les ont précédés, se gardant bien de
citer les sources où ils ont puisé. Mais l'illusion,
si tant est qu'ils en produisent, n'est pas de lon-

gue durée ; on ne tarde pas à s'apercevoir qu'il n'y a dans leur œuvre presque rien qui leur appartienne.

Et d'ailleurs, comment pourrait-il en être autrement? On ne peut pas inventer dans la science du droit, comme on le fait en médecine ou en mécanique ; on n'a pas non plus la ressource de faire des créations comme en littérature. Les écrivains en droit, circonscrits par le texte de la loi, ne peuvent que tourner dans le même cercle d'idées. La forme de l'ouvrage et les réflexions qui sont semées dans le cours de sa rédaction peuvent varier, mais le fond est nécessairement toujours le même.

On ne s'expliquerait pas, en comparant l'ouvrage de Toullier avec celui de Pothier, le grand nombre d'emprunts que l'un a faits à l'autre, si l'on n'était pénétré de cette réflexion, qu'ils ont eu souvent les mêmes principes et les mêmes raisonnements à exprimer. Pothier lui-même a fait grandement ressource de la compilation, et ce que nous disons de lui et de Toullier, nous pourrions le dire des autres écrivains.

Ces hommes éminents ont pu faire ces emprunts sans qu'on ait songé à leur en faire un reproche, parce qu'ils ont eu le talent de rajeunir les pensées émises par leurs devanciers, et qu'en faisant un travail d'ensemble, ils ont donné à ces idées une physionomie toute nouvelle. Mais l'ère des grands jurisconsultes est passée. Les connaissances répandues parmi les personnes qui s'appliquent à la science du

droit sont trop développées pour que nous espérions
leur voir prendre chez quelqu'une d'entre elles les
proportions relatives qui distinguent l'homme de
génie.

Contentons-nous des travaux qui marchent avec
l'esprit dominant du siècle, dans une voie d'orga-
nisation, d'application et de pratique. Des succès
assurés sont réservés à ceux qui auront le cou-
rage de les entreprendre et ne se laisseront pas
aveugler par un sentiment de vanité.

C'est sous l'impression de ces réflexions que
nous nous sommes fait un devoir de citer scru-
puleusement toutes les autorités où nous avons
puisé chaque opinion. Nous y avons trouvé le double avantage de laisser à chacun ce qui lui appartient, et de donner plus d'autorité à nos paroles.
Nous avons mis surtout le plus grand soin à recueillir et analyser tous les arrêts qui ont été rendus
sur les matières que nous nous proposons de traiter, de manière à faire un travail tout à fait complet sous ce rapport.

Nous avons commencé, par la publication d'un
travail sur les enfants illégitimes, la série d'ouvrages que nous nous proposons de publier dans cet
esprit sur le Code civil. La raison qui nous a déterminé à faire ce choix est exprimée dans l'épigraphe
inscrite en tête de ce volume. Les dispositions du
Code civil concernant les enfants illégitimes sont
du nombre de celles qui ont reçu le moins de développement; elles avaient donc, plus que toutes les

autres, besoin du secours de la doctrine et de la jurisprudence pour se compléter.

On nous reprochera, sans doute, comme on l'a
déjà fait pour d'autres ouvrages, de nous être borné
parfois à indiquer les autorités qui ont résolu
en sens contraire les questions controversées, sans
exprimer notre opinion personnelle. Nous avons,
en effet, laissé plusieurs questions indécises; mais
on observera que le titre général, sous lequel nous
nous proposons de réunir nos travaux, ne nous
engage qu'à faire une simple analyse, et que les
discussions dans lesquelles nous sommes souvent
entré peuvent être considérées, jusqu'à un certain
point, comme étant en dehors du cadre que nous
avons adopté.

Nous avons espéré, au surplus, que notre publication attirerait dans la voie que nous nous étions
efforcé de tracer, des écrivains plus capables qui
achèveraient l'œuvre que nous aurions seulement
ébauchée.

TABLE DES MATIÈRES.

SECTION II.

De la preuve résultant d'un acte de reconnaissance.

Reconnaissance de paternité.

Reconnaissance de maternité.

Disposition commune aux reconnaissances faites par
le père et à celles faites par la mère.

SECTION III.

De la preuve testimoniale.

§ 1. Recherche de paternité.

CHAPITRE II.

DE LA PREUVE DE LA FILIATION DES ENFANTS ADULTÉRINS OU INCESTUEUX.

*Désaveu fondé sur l'impossibilité physique de cohabitation
pour cause d'éloignement.*

*Désaveu fondé sur l'impossibilité physique de cohabitation
pour cause d'accident.*

*Désaveu fondé sur l'adultère de la femme et le recel de la naissance
de l'enfant.*

*Désaveu à l'égard de l'enfant dont la filiation légitime
n'est pas établie par l'acte de naissance.*

Règles générales concernant les actions en désaveu.

CHAPITRE III.

DANS QUELS CAS UN ENFANT DOIT ÊTRE RÉPUTÉ NÉ HORS MARIAGE.

CHAPITRE IV.

DE LA JOUISSANCE DES DROITS CIVILS.

CHAPITRE V.

DES ACTES DE NAISSANCE.

CHAPITRE VI.

DE LA RECTIFICATION DES ACTES DE L'ÉTAT CIVIL.

CHAPITRE VII.

DU MARIAGE.

CHAPITRE VIII.

DES DEMANDES D'ALIMENTS.

CHAPITRE IX.

DE L'ADOPTION.

CHAPITRE X.
DE LA PUISSANCE PATERNELLE.

CHAPITRE XI.
DE LA TUTELLE ET DE L'ÉMANCIPATION.

SECTION I.
De la tutelle.

SECTION II.

De l'émancipation.

CHAPITRE XII.

DES SUCCESSIONS.

SECTION I.

Des droits successifs en matière de filiation illégitime.

§ 1. Droits des enfants naturels sur les biens de leur père et mère.

CHAPITRE XIII.

DES DONATIONS ENTRE-VIFS ET DES TESTAMENTS.

CHAPITRE XIV.

DES PREUVES DE LA FILIATION DES ENFANTS LÉGITIMES.

CHAPITRE XV.

DE LA LÉGITIMATION DES ENFANTS ILLÉGITIMES.

FIN DE LA TABLE DES MATIÈRES.

LÉGENDE

CODE DE PROCÉDURE.

CODE D'INSTUCTION CRIMINELLE.

CODE PÉNAL.

ABRÉVIATIONS.

Bourges, 20 juillet 1838. Arrêt de la Cour royale de Bourges, du 20 juillet 1838.

C. R. Bordeaux, 10 juillet, 1827. Arrêt de la Chambre civile de la Cour de cassation du 10 juillet 1827, qui a rejeté le pourvoi formé contre un arrêt de la Cour de Bordeaux.

C. RR. Douai, 12 novembre 1839. Arrêt de la Chambre des requêtes de la Cour de cassation, du 12 novembre 1839, qui a rejeté le pourvoi formé contre un arrêt de la Cour de [Douai.

C. C. Aix, 12 juin 1838. Arrêt de la Cour de cassation, du 12 juin 1838, qui a cassé un arrêt de la Cour d'Aix.

Art. Article.

C. civ. Code civil.

C. proc. Code de procédure.

Inst.-crim. Code d'instruction criminelle.

C. pén. Code pénal.

RÈGLES

DU DROIT

CONCERNANT

LES ENFANTS ILLÉGITIMES

(NATURELS, ADULTÉRINS ET INCESTUEUX).

———◦◦◦———

PROLÉGOMÈNES.

Les enfants issus de père et mère unis entre eux par les liens du mariage sont appelés enfants *légitimes*.

Par opposition, on appelle *illégitimes* les enfants issus de père et mère qui ne sont pas mariés.

Les enfants illégitimes sont désignés, selon les circonstances, sous trois dénominations différentes.

On dit d'un enfant qu'il est *naturel* [1] (*natura*, na-

---

[1] L'expression *enfant naturel* est employée quelquefois dans le Code pour désigner tous les enfants illégitimes, y compris les enfants incestueux et adultérins, notamment dans les articles 161, 162 et 908 du Code civil, 299 et 312 du Code pénal. Mais le plus souvent elle y est employée pour désigner les enfants naturels simples.

ture, qui est en dehors des lois de la civilisation),
lorsqu'il est né de père et mère non mariés et
qui ne sont pas parents à un degré qui les empê-
cherait de pouvoir contracter mariage entre eux. On
appelait autrefois ces enfants des *bâtards* [1].

Lorsque le père ou la mère, ou tous deux étaient
mariés au moment de la conception de l'enfant,
cet enfant est appelé *adultérin* (*ad alterum*), parce
qu'il a alors pour père une personne autre que celle
qui aurait dû lui donner le jour.

Si le père et la mère sont parents entre eux à un
degré qui ne leur permettrait pas de se marier entre eux, l'enfant est dit *incestueux* (*in* privatif pour
non castus). On a voulu désigner par là le dernier
degré de l'incontinence, de l'impudicité et de l'im-
moralité des père et mère.

Un enfant incestueux peut être naturel ou adultérin, selon les distinctions que nous avons précédemment indiquées.

Les liens du sang qui existent entre une personne

---

[1] Le mot *bâtard* ne se rencontre dans aucun des articles du
Code. On a évité de l'employer, parce qu'il implique une
idée de mépris et de flétrissure qui n'est plus dans nos
mœurs.

et les auteurs de ses jours constituent ce qu'on appelle la *filiation*.

La loi a établi des règles pour constater et prouver la filiation. La constatation de la filiation d'une
personne forme ce qu'on appelle l'*état civil* de
cette personne.

A ce titre, la filiation illégitime constitue un état
civil aussi bien que la filiation légitime [1].

Les contestations qui intéressent l'état civil des
personnes doivent, sur l'appel en Cour royale, être
jugées en audience solennelle [2].

Néanmoins cette règle ne reçoit son application
que lorsque les questions d'état sont soumises aux
tribunaux par voie d'action principale; elles doi-

---

[1] C. RR. Rouen, 22 janvier 1840. C. C. Aix, 12 juin 1838.

[2] Décret du 30 mars 1808, art. 22. — Décret du 6 juillet
1810, art. 7 :

Ces audiences se tiennent à la Chambre que préside habi-
tuellement le premier président, en y appelant la deuxième
Chambre dans les Cours royales composées de deux Chambres,
et alternativement la deuxième et la troisième dans les Cours
qui se divisent en trois Chambres.

Dans les Cours qui n'ont qu'une Chambre civile, la Chambre
qui doit connaître des appels en matière correctionnelle peut
être requise, par le premier président, de faire le service aux
audiences solennelles.

vent être jugées en audience ordinaire lorsqu'elles sont soulevées comme exceptions ou moyens de défense [1].

---

[1] C. RR. Douai, 12 nov. 1839.   C. RR. Nîmes, 28 nov. 1833.
Bourges, 20 juillet 1838.   C. R. Bordeaux, 10 juil. 1827.
Bordeaux, 31 janvier 1833.   C. RR. Dijon, 29 nov. 1826.
Rennes, 30 juillet 1833.   C. RR. Caen, 23 mars 1825.

CHAPITRE I.

DES PREUVES DE LA FILIATION DES ENFANTS NATURELS.

D'après l'art. 334, la filiation des enfants naturels se prouve par leur acte de naissance ou par une reconnaissance consignée dans un acte authentique.

L'étude de ces deux moyens de preuve sera l'objet de deux sections différentes.

Dans une troisième section nous nous occuperons de la preuve testimoniale.

Enfin, dans une quatrième section, nous rechercherons quelle est l'influence de la possession d'état en matière de filiation naturelle.

SECTION I.

DE LA PREUVE RÉSULTANT DE L'ACTE DE NAISSANCE.

(Articles 334, 336, 337, 339.)

SOMMAIRE.

1. *Distinction entre la filiation paternelle et la filiation maternelle.*

§ I. FILIATION PATERNELLE.

2. *Il faut que ce soit le père qui se soit déclaré lui-même dans l'acte.* (Art. 334.)
3. *La déclaration doit être claire et précise. Exemples de déclarations.*
4. *L'enfant peut prouver son identité par témoins.*

5. *Si le registre des actes de naissance est perdu, l'enfant doit prouver que son acte de naissance contenait reconnaissance de sa filiation.*

§ 2. FILIATION MATERNELLE.

6. *Caractère particulier de l'acte de naissance, comme preuve de la filiation maternelle.*

7. *Du cas où la mère s'est déclarée elle-même dans l'acte.*

8. *Lorsque la mère a été déclarée par le père dans l'acte de naissance, son aveu vaut reconnaissance.* (Art. 336.)

9. *La loi ne fixe pas de délai pour cet aveu.* (Id.)

10. *Elle ne détermine pas non plus la forme de cet aveu.* (Id.)

§ 3. DISPOSITIONS CONCERNANT ÉGALEMENT LA FILIATION PATERNELLE ET LA FILIATION MATERNELLE.

11. *La reconnaissance peut être contestée par toute personne qui a intérêt à le faire.* (Art. 339.)

12. *Les tribunaux doivent se décider alors d'après les circonstances. Dans le doute, la reconnaissance doit être maintenue.* (Id.)

13. *La reconnaissance peut être contestée malgré la possession d'état de l'enfant.* (Id.)

14. *Un mineur peut-il reconnaître un enfant naturel?*

15. *Un acte de naissance peut-il valoir comme commencement de preuve par écrit?*

16. *Conséquences qui résultent de la reconnaissance faite pendant le mariage d'un enfant né antérieurement.* (Art. 337.)

1. L'autorité de l'acte de naissance pour établir la filiation naturelle d'un enfant diffère selon qu'il s'agit du père ou de la mère.

§ 1. FILIATION PATERNELLE.

2. L'acte de naissance d'un enfant naturel n'établit la filiation paternelle de cet enfant qu'autant que le père s'est lui-même déclaré dans l'acte. La déclaration que ferait un tiers qu'une personne qu'elle

désignerait est le père de l'enfant, serait comme non
avenue et ne produirait aucun effet, sans une autorisation expresse et authentique de cette personne.

Ces principes résultent explicitement des dispositions des art. 36 et 319, combinés avec l'art. 334, et
surtout de la disposition de l'art. 340, qui interdit la
recherche de la paternité naturelle.

3. La déclaration du père doit être claire, précise
et formelle.

Poitiers, 28 août 1810.

C'est avec raison que, par son arrêt du 11 décembre 1824, la Cour de Poitiers a jugé que l'on
ne pouvait pas attribuer les caractères d'une reconnaissance de paternité à un acte de naissance rédigé
sur la déclaration d'un sieur Berthomé qui était venu,
assisté de deux témoins, déclarer que Marie Bouhier,
sa domestique, venait d'accoucher dans sa maison
d'une fille à laquelle il donnait le nom de Marie,
quoique cet acte fût terminé ainsi : « Laquelle dé-
« claration lesdits deux témoins ont affirmée sincère,
« et le dit Berthomé, *père de l'enfant*, a déclaré ne
« savoir signer. » La rédaction de cette dernière partie de l'acte, qui contient la déclaration de paternité,
ne devait pas en effet être attribuée à Berthomé ; elle
appartenait uniquement à l'officier de l'état civil.

Mais il y aurait reconnaissance suffisante de paternité si le déclarant avait signé l'acte et avait fait
suivre sa signature de la qualification de *père*.

Colmar, 24 mars 1813.

Il en serait de même si, sans se reconnaître expressément père de l'enfant, une personne était désignée comme telle et si elle approuvait et s'appropriait cette désignation en apposant sa signature au bas de l'acte.

Bruxelles, 4 juillet 1811.

4. Lorsque l'enfant naturel reconnu dans l'acte de naissance est abandonné par son père et a perdu les traces de sa filiation, il peut, en ce cas, prouver par tous les moyens et même par témoins que c'est à lui que s'applique l'acte de naissance

Pour faire cette preuve par témoins, l'enfant n'a pas besoin d'avoir un commencement de preuve par écrit. L'art. 341, qui exige cette condition, ne concerne que la filiation maternelle, et encore dispose-t-il pour un cas autre que celui dans lequel nous supposons les parties placées [1].

5. L'acte de naissance d'un enfant naturel ne constatant sa filiation paternelle qu'autant que le père s'est lui-même déclaré dans l'acte, il ne suffirait pas qu'à défaut de représentation de son acte de naissance l'enfant qui recherche son père prouvât que le registre qui le contenait a été perdu, lors même qu'il aurait la possession d'état; il faudrait en outre qu'il établît que son père l'avait formellement reconnu.

C. R. Agen, 13 mars 1827.

---

[1] Voir sect. III de ce chapitre. *De la preuve testimoniale.*

§ 2. FILIATION MATERNELLE.

6. La preuve que fournit l'acte de naissance pour reconnaître la maternité n'est pas aussi simple ni aussi radicale que celle qu'il fournit pour établir la paternité. Il faut procéder ici par voie de distinctions.

7. Lorsque la mère s'est déclarée elle-même dans l'acte de naissance ou lorsqu'elle s'est fait déclarer par un fondé de pouvoir authentique, sa reconnaissance a la même force que celle du père, et ce que nous venons de dire à l'égard de ce dernier lui est entièrement applicable.

8. Quoique la mère n'ait pas reconnu expressément l'enfant dans l'acte de naissance, si elle y a été indiquée par celui qui s'en est reconnu le père et s'il y a eu depuis aveu de sa part, la filiation peut encore être déclarée constante, conformément aux dispositions de l'art. 336. La désignation dans l'acte de naissance de la personne qui est la mère de l'enfant, jointe à l'aveu de cette personne et à la constatation de son accouchement, forment un concours de circonstances qui se prêtent un mutuel appui pour écarter tous les doutes qui pourraient s'élever sur la maternité et la filiation [1].

Mais l'indication de la mère dans l'acte de nais-

---

[1] Il en est de même de la déclaration faite par le père dans l'acte de reconnaissance. Voir sect. II de ce chapitre, *De la preuve résultant de l'acte de reconnaissance.*

sance, sans son aveu ultérieur, soit qu'elle ait abandonné son enfant, soit qu'elle l'ait retenu auprès
d'elle à un autre titre et sous une autre qualité, n'é-
tablit pas la filiation à son égard. Le législateur a dû
protéger les femmes contre les indications arbitraires d'une maternité qu'elles repoussent et qu'elles
désavouent, en ne donnant à cette indication aucune
force par elle-même. Cette indication ne prouve, en
effet, qu'une chose, que la femme désignée comme
étant la mère est accouchée d'un enfant. La personne
qui prétend que c'est à elle-même que s'applique
l'acte de naissance doit prouver en outre qu'elle est
la même que l'enfant dont est accouchée la femme
désignée dans l'acte, et elle n'est reçue à faire cette
preuve par témoins, d'après l'art. 341, que lorsqu'elle
a déjà un commencement de preuve par écrit[1].

Paris, 7 juillet 1838.   C. R. Bruxelles, 22 juin 1813.
Rouen, 20 mai 1829.

9. La loi ne détermine pas dans quel délai l'aveu
de la mère doit être fait, mais il est au moins certain
qu'elle n'a pu exiger qu'il fût fait dans l'acte de naissance, puisque le plus souvent l'état dans lequel elle
se trouve ne lui permet pas d'y être présente. D'ailleurs, s'il en était autrement, on ne comprendrait
pas pourquoi la loi aurait parlé de l'indication de
la mère dans l'acte de naissance; il aurait suffi de

---

[1] Voir sect. III de ce chapitre. *De la preuve testimoniale.*

dire que son aveu vaudrait reconnaissance de l'enfant.

Bruxelles, 4 février 1811.

10. La loi ne s'explique pas non plus sur les caractères que doit avoir cet aveu; il n'exige, pour qu'il soit valable, aucune forme particulière. On en a conclu, avec raison, qu'il n'a pas besoin d'être authentique, et que même les juges peuvent le faire résulter des faits qui ont accompagné ou suivi l'accouchement, et généralement de l'exécution publiquement donnée par la mère à la déclaration faite par le père dans l'acte de naissance. Le législateur a dû se montrer en effet moins rigoureux pour établir la reconnaissance de la maternité dont la recherche est admise, que pour établir la paternité dont la recherche est interdite.

C. RR. Caen, 22 janv. 1839.	Bordeaux, 15 février 1832.
Paris, 20 avril 1839.	Bordeaux, 19 janvier 1830.
Paris, 27 avril 1839.	C. C. Cayenne, 26 avril 1824.
C. RR. Paris, 5 mai 1836.	C. R. Bruxelles, 22 juin 1813.
Paris, 15 décembre 1834.	Bruxelles, 4 février 1811.

L'aveu de maternité peut résulter notamment de ce qu'elle a donné à l'enfant tous les soins d'une mère, qu'elle l'a élevé comme son enfant sous les noms indiqués dans l'acte de naissance, en un mot, qu'elle lui a donné la possession d'état dont parle l'article 321 du Code civil. Cette opinion a été formellement émise dans la discussion qui a eu lieu au Conseil d'État sur l'article 336. « Il est des circonstances,

« disait M. Portalis, qui ne sont pas moins fortes que
« l'aveu positif, pour opérer la conviction : telles sont,
« par exemple, l'éducation, les soins donnés à l'enfant;
« en un mot, ce qu'on appelle en droit *le traitement*
« (*tractatus*). »

Zachariæ, t. IV, p. 54; Toullier, t. II, n° 927; Duranton,
t. III, n° 245; Favard, *Répert.*, v° *Reconnaissance d'enfant
naturel*, sect. I, § 3, art. 1, n° 4.

Contrairement à cette opinion, M. Valette admet,
dans ses notes qui accompagnent le *Traité de Proudhon sur l'état des personnes* (t. II, p. 142), que l'aveu
de la mère doit être authentique. Cette opinion est
partagée par M. Rolland Devillargues, *Répert. du notariat*, v° *Reconnaissance d'enfant naturel*, n° 259.

§ 3. DISPOSITIONS CONCERNANT ÉGALEMENT LA FILIATION PATERNELLE
ET LA FILIATION MATERNELLE.

11. L'article 339 autorise toute personne qui a intérêt à le faire, à contester la reconnaissance d'un
enfant né hors mariage.

Douai, 7 juin 1842.   Nîmes, 2 mai 1837.
C. RR. Rouen, 22 janv. 1840. Rouen, 15 mars 1826.

Au nombre de ces personnes sont évidemment
l'enfant, sa mère et son père, car ils sont les plus in-
téressés dans la question.

Douai, 7 juin 1842.

12. Lorsqu'une reconnaissance d'enfant naturel
est contestée, les tribunaux doivent rechercher dans
les faits et les documents de la cause les éléments

qui peuvent les déterminer à maintenir ou à annuler la reconnaissance.

Douai, 7 juin 1842.   Rouen, 15 mars 1826.

Toutefois les circonstances qui environnent un acte de naissance et les formalités que la loi prescrit pour son accomplissement lui impriment une présomption de vérité qui ne peut être détruite que par une preuve contraire. Les tribunaux doivent donc se montrer, dans ce cas, plus portés à valider qu'à infirmer la reconnaissance, et ne se prononcer pour l'infirmation que lorsque la partie qui conteste cette reconnaissance fournit des preuves irrécusables à l'appui de sa prétention [1].

Montpellier, 11 avril 1826.

13. Les parties intéressées peuvent contester la reconnaissance d'un enfant naturel, alors même que cet enfant a une possession d'état conforme à son acte de naissance. L'article 322, qui dit que nul ne peut réclamer un état contraire à celui que lui donnent son titre de naissance et la possession conforme à ce titre, ne s'applique pas à la filiation des enfants naturels.

C. RR. Bordeaux, 13 fév. 1839.   Montpellier, 20 mars 1838.

14. Nous examinerons, à la section II, *De la preuve résultant d'un acte de reconnaissance*, la question de sa-

---

[1] Voir ce qui est dit, sect. II de ce chapitre. *De la preuve résultant d'un acte de reconnaissance.*

voir si un mineur peut reconnaître un enfant naturel.

15. Nous examinerons aussi plus tard, à la section III, *De la preuve testimoniale*, la question de savoir si un acte de naissance peut servir de commencement de preuve par écrit pour établir une filiation naturelle, à défaut de reconnaissance formelle.

16. La reconnaissance faite pendant le mariage par l'un des époux au profit d'un enfant naturel qu'il aurait eu avant son mariage d'un autre que de son époux, ne peut nuire ni à celui-ci, ni aux enfants nés de ce mariage; elle ne peut produire effet qu'après la dissolution de ce mariage s'il n'en reste pas d'enfants. (Art. 337.)

SECTION II.

DE LA PREUVE RÉSULTANT D'UN ACTE DE RECONNAISSANCE.

(Art. 62, 334, 336, 337, 339.)

SOMMAIRE.

25. *Reconnaissance dans un écrit sous seing privé reçu dans un dépôt public, ou dont l'écriture et la signature ont été reconnus en justice.*

26. *Officiers publics compétents pour recevoir les actes de reconnaissance.*

27. *La reconnaissance peut être faite sur une feuille volante ou sur un registre quelconque.*

28. *Il n'est pas nécessaire qu'il y ait des témoins, ni qu'on en donne lecture, ni que la profession des parties y soit mentionnée.*

29. *Les officiers de l'état civil doivent faire mention des actes de reconnaissance en marge des actes de naissance de l'enfant.*

30. *Lorsqu'on se fait représenter par un fondé de procuration, cette procuration doit-elle être authentique ou sous seing privé?*

31. *Les juges ont un pouvoir discrétionnaire pour apprécier si l'acte vaut reconnaissance. Exemples.*

32. *Un mineur peut reconnaître un enfant naturel. Il ne peut attaquer cette reconnaissance que comme pourrait le faire un majeur.*

33. *Il en est de même de celui qui est soumis à un conseil judiciaire, d'une femme mariée, d'un interdit et d'un mort civilement.*

34. *On peut reconnaître un enfant quoiqu'il soit dans le sein de sa mère.*

35. *Quid de la reconnaissance d'un enfant après sa mort?*

36. *Les reconnaissances d'enfants naturels peuvent être contestées par ceux qui y ont intérêt.*

37. *Peuvent-elles être rétractées?*

38. *Prescription des actions en nullité des reconnaissances.*

39. *L'identité de l'enfant peut être établie par toutes sortes de preuves.*

40. *Reconnaissance d'un enfant né d'une femme de couleur.*

§ 2. RECONNAISSANCE DE MATERNITÉ.

41. *Distinction entre les reconnaissances de paternité et les reconnaissances de maternité.*

§ 3. DISPOSITION COMMUNE AUX RECONNAISSANCES FAITES PAR LE PÈRE ET A CELLES FAITES PAR LA MÈRE.

42. *Explication de l'article 337.*

17. Nous procéderons ici comme nous avons fait dans la section précédente; nous nous occuperons d'abord de la reconnaissance par le père, et nous parlerons ensuite de la reconnaissance faite par la mère.

§ 1. RECONNAISSANCE PAR LE PÈRE.

18. Lorsqu'un enfant naturel n'a pas été reconnu par son père dans l'acte de naissance, il ne peut l'être que dans un acte authentique (art. 334).

Une reconnaissance par acte sous seing privé serait comme non avenue.

Paris, 22 juillet 1811.   Montpellier, 28 janvier 1806.
Limoges, 27 août 1811.

La nécessité d'un acte authentique a été exigée pour que les reconnaissances d'enfants naturels fussent faites avec maturité et réflexion, de manière à éviter autant que possible toute surprise.

Proudhon, *Traité sur l'état des personnes*, éd. Valette, t. II, p. 141, et la *Note* de M. Valette; Delvincourt, note 3 sur la page 94 du t. I.

M. Toullier (t. II, n° 949 et suiv.) admet toutefois qu'une reconnaissance par acte sous seing privé suffit, mais son opinion est généralement repoussée.

19. Le législateur n'ayant prescrit aucune solennité particulière pour la rédaction des actes de reconnaissance d'enfant naturel, on doit admettre qu'il s'en est référé à la définition qu'il donne lui-même dans l'art. 1317 de ce qu'il faut entendre par acte authentique. Or, suivant cet article, l'acte authen-

tique est celui qui est reçu par un officier public ayant le droit d'instrumenter dans le lieu où
l'acte a été rédigé, et avec les solennités requises.

20. D'après cette définition, la reconnaissance
d'un enfant naturel ne peut pas résulter d'un testament olographe. Il importe peu que le considérant
comme un acte *sui generis*, la loi lui attribue dans
certains cas des effets qu'elle refuse aux actes privés
ordinaires; cette exception toute spéciale ne peut
pas avoir pour résultat de l'élever au rang des actes
authentiques et de lui faire produire, relativement
aux reconnaissances d'enfants naturels, la même
force qu'à ces sortes d'actes. En pareille matière, un
testament olographe ne doit pas avoir plus d'autorité
qu'un acte privé ordinaire, puisqu'il est l'œuvre du
testateur seul, et qu'il n'est entouré d'aucune des
garanties d'identité et de libre arbitre du signataire,
qui ont été jugées nécessaires pour la validité des actes de reconnaissance.

Nîmes, 2 mai 1837.   C. RR. Montpellier, 3 sep. 1806
C. RR. Limoges, 7 mai 1833. Paris, 27 floréal an XIII.
Rouen, 30 juin 1817.   Angers, 25 thermidor an XIII.

Loiseau, p. 464; Duranton, t. III, n° 215; Delvincourt,
note 3 sur la page 94 du t. 1; Zachariæ, t. IV, p. 51; Chabot,
Quest. transitoires, v° *Enfants naturels*, § 4, n° 5; Favard,
Répert., v° *Reconnaissance d'enfant naturel*, sect. 1, § 3, art. 2,
n° 6; Valette, dans ses notes sur Proudhon, *ub. sup.*, t. II,
p. 149;

Contrà Toullier, t. II. n° 952; Merlin, *Répert.*, v° *Filiation*, n° 8.

Une reconnaissance ne peut pas résulter non plus d'un testament mystique.

Zachariæ, t. IV, p. 52 ; Valette, *ub. sup.*

L'opinion contraire est enseignée par MM. Loiseau, p. 466. — Favard, *ub. sup.*, Richefort, sur l'art. 334. — Duranton, t. III, n° 217. — Delvincourt, note 3 sur la page 94 du t. I.

21. Mais la déclaration de paternité qui est faite dans un testament authentique doit valoir comme reconnaissance.

Bastia, 17 août 1829.   Paris, 2 janvier 1819.

La reconnaissance d'un enfant naturel étant de sa nature irrévocable, celle qui est faite dans un testament authentique doit subsister, quoique ce testament soit révoqué par un autre.

Bastia, 17 août 1829.   Bastia, 5 juillet 1826.

Zachariæ, t. IV, p. 62 ; Rolland de Villargues, v° *Enfant naturel*, n° 237 ; Duranton, t. III, n° 219.

Voy. en sens contraire Loiseau, p. 468 ; Merlin, *Répert.*, v° *Filiation*, n° 7, et v° *Testament*, sect. 2, § 6, n° 3 ; Favard, *Répert.*, v° *Reconnaissance d'enfant naturel*, sect. 1, § 3, art. 2, n° 6.

Dans tous les cas, le testament ne peut pas faire titre pendant la vie du testateur ; ce n'est qu'après son décès que l'enfant naturel est autorisé à s'en prévaloir pour établir sa filiation.

Amiens, 9 février 1826.

La Cour de Bastia a jugé le contraire le 5 juillet 1826.

22. La cour de Nîmes a jugé, le 11 juillet 1827, qu'il y avait reconnaissance de la part de celui qui demandait et obtenait d'être envoyé en possession provisoire des biens d'un absent en qualité de père naturel de cet absent.

23. Un aveu judiciaire équivaut à un acte authentique.

Colmar, 24 mars 1813.

Zachariæ, t. IV, p. 50 ; Merlin, *Répert.*, v° *Filiation* ; Favard, *Répert.*, v° *Reconnaissance d'enfant naturel*, sect. 1, § 3, art. 2, n° 4 ; Loiseau, p. 459 ; Valette, dans ses notes sur Proudhon, *Traité de l'état des personnes*, t. II, p. 149.

24. La reconnaissance d'un enfant naturel ne pourrait pas s'induire de la déclaration de paternité qui serait consignée dans un acte de baptême dressé par un ministre du culte. Il résulte en effet de l'art. 55 de la loi organique du concordat de 1801, que les registres tenus par les ministres du culte ne peuvent suppléer, en aucun cas, aux registres prescrits par la loi pour constater l'état civil, que par conséquent ils n'ont aucun caractère légal.

Paris, 22 avril 1833.

Zachariæ, t. IV, p. 47.

25. Elle ne résulterait pas non plus d'une déclaration de paternité faite dans un écrit privé, quoique cet écrit ait été reçu dans un dépôt public. La loi ne reconnaît en effet, comme authentiques à cet égard, que les actes qui ont été reçus par des officiers publics.

Proudhon, *Traité de l'état des personnes*, t. II, p. 174, et la note de M. Valette.

La Cour de cassation, et après elle la Cour de Pau, ont fait application de cette distinction dans deux arrêts des 16 mai 1809 et 18 juillet 1810, à l'occasion d'une déclaration de paternité qu'un nommé Gombault, détenu pendant la révolution, avait consignée dans un état de ses revenus et qui était demeurée déposée à la mairie.

La Cour de Rouen avait rendu un arrêt analogue, le 18 février 1809, au sujet d'une pétition adressée par un nommé Teston au préfet de la Seine-Inférieure, pour être autorisé à se marier sans justifier légalement du décès de son père, et dans laquelle il se déclarait le père d'un enfant dont sa future était enceinte.

La Cour de Bruxelles a méconnu les dispositions des articles 334 et 317, en jugeant, le 10 juillet 1808, que l'on devait considérer comme authentique la reconnaissance de paternité contenue dans une lettre adressée par le père à l'officier de l'état civil, avec prière d'inscrire l'enfant sous son nom. Cet écrit, ne pouvant pas être considéré comme faisant partie de l'acte de naissance, ne devait pas produire le même effet que si celui qui l'avait tracé avait signé l'acte de naissance.

On cite à tort, comme ayant jugé dans le même sens que cet arrêt, un arrêt de la Cour de cassation du 11 août 1808. Dans ce dernier cas, l'aveu par écrit du père n'était même pas représenté, et la Cour s'est bornée à baser sa décision sur cette circonstance, sans discuter la question de droit qu'aurait soulevée l'appréciation de l'aveu écrit. Cette dernière question est restée entière.

Une reconnaissance par acte sous signature privée pourrait être déclarée valable, si l'acte avait été déposé chez un notaire par la personne qui l'a signé, avec l'intention de lui donner la valeur d'un acte authentique [1].

Zachariæ, t. IV, p. 53 ; Proudhon, *ub. sup.*; Duranton, t. III, n° 218.

Mais une reconnaissance par acte sous seing privé ne serait pas valable, quoique l'écriture et la signature fussent reconnues vraies en justice, si le souscripteur de l'acte n'avouait la sincérité de la déclaration qu'il contient et ne témoignait la volonté de la confirmer. Il ne suffit pas en effet que l'acte qui contient la reconnaissance soit revêtu de la forme authentique; il faut en outre que la reconnaissance elle-même soit faite par acte authentique [2].

Zachariæ, t. IV, p. 56; Merlin, *Répert.*, v° *Filiation*, n° 10 ; Chabot, *Quest. transit.*, v° *Enfants naturels*, § 4, n° 3 ; Favard, *Répert.*, v° *Reconnaissance d'enfant naturel*, sect. 1, § 3, art. 2 ; Delvincourt, note 3 sur la p. 94 du t. I.

---

[1] Il en est de même d'un acte de constitution d'hypothèque. C. R. Agen, 15 février 1832.   C. RR. Caen, 27 mars 1821. Caen, 22 juin 1824.   C. R. Caen, 11 juillet 1815.
Toullier, t. VIII, n° 200 ; Delvincourt, note 4 de la p. 159 du t. III.

[2] On juge de même qu'une stipulation d'hypothèque renfermée dans un acte sous seing privé ne devient pas valable

La Cour de Paris semble avoir jugé le contraire le 25 prairial an XIII; mais il ne s'agissait dans la cause que d'une demande d'aliments, et cette considération paraît avoir déterminé la décision de la Cour.

26. La reconnaissance d'un enfant naturel peut être faite par une déclaration devant l'officier de l'état civil en présence de deux témoins.

Metz, 19 août 1824.   Paris, 1ᵉʳ février 1812.

Valette, dans ses notes sur Proudhon, *Traité de l'état des personnes*, t. II, p. 148.

En effet, l'article 62 du Code civil range les actes de reconnaissance des enfants naturels au nombre des actes de l'état civil.

La Cour de Bourges a jugé avec raison, le 10 août 1809, que la reconnaissance peut être reçue hors du bureau de l'état civil.

Les officiers de l'état civil n'ont pas seuls qualité pour recevoir un acte de reconnaissance d'enfant naturel. Lors de la rédaction de l'article 62 du Code civil, on avait manifesté l'intention de leur réserver cette fonction ; mais en discutant l'article 334, on fit observer qu'il convenait de ne pas obliger les personnes qui veulent reconnaître des enfants naturels à confier l'aveu de leurs faiblesses à la publicité des registres de l'état civil. Cette observation motiva la

---

par cela seul que l'écriture de l'acte a été reconnue en justice.

Toulouse, 18 décembre 1816.

rédaction de l'article 334 qui laisse une entière liberté sur le choix de l'officier public.

Zachariæ, t. IV, p. 47; Merlin, *Répert.*, v° *Filiation*, n° 6; Locri, sur l'art. 334; Maleville, *id.*; Loiseau, p. 451; Favard, *Répert.*, v° *Reconnaiss. d'enfant naturel*, sect. 1, § 3, art. 2, n° 2.

Au premier rang des officiers publics chargés de recevoir les reconnaissances d'enfants naturels, il faut placer les notaires. L'art. 1er de la loi du 25 ventôse an XI charge, en effet, les notaires de recevoir tous les actes auxquels les parties veulent donner le caractère de l'authenticité.

Zachariæ, t. IV, p. 47, 49; Merlin, *Répert.*, v° *Filiation*, n° 6; Maleville, sur l'art. 334; Loiseau, p. 451; Duranton, t. III, n° 212; Valette, *ub. sup.*, p. 149.

On peut reconnaître un enfant naturel devant un juge de paix.

Grenoble, 14 ventôse an XII.

Loiseau, p. 457; Maleville, sur l'art. 334; Duranton, t. III, n°s 212 et 221.

MM. Zachariæ, t. IV, p. 49, et Favard, *Répert.*, v° *Enfant naturel*, sect. 1, § 3, art. 2, n° 4. — Merlin, *Répert.*, v° *Filiation*, n° 4, n'admettent ces reconnaissances comme valables que lorsqu'elles sont faites en audience de conciliation.

La Cour de cassation a jugé, le 15 juin 1824, en rejetant le pourvoi formé contre un arrêt de la Cour d'Amiens, que l'on pouvait reconnaître un enfant naturel devant le greffier d'un juge de paix, encore bien que la déclaration soit faite hors la présence et sans le concours du juge. Cette décision est critiquée par Zachariæ, t. IV, p. 47.

Une reconnaissance faite devant un commissaire de police n'aurait pas le caractère d'authenticité voulu par la loi.

Dijon, 24 mai 1817.

Il en serait de même d'une reconnaissance faite devant un huissier.

Zachariæ, t. IV, p. 47.

27. Un acte de reconnaissance ne serait pas nul par cela seul qu'il aurait été inscrit sur une feuille volante, et qu'il aurait été remis depuis à une des parties intéressées. L'art. 52 du Code civil, qui défend d'inscrire les actes de l'état civil sur des feuilles volantes, ne prononce pas la peine de nullité.

Metz, 19 août 1824.

Cette décision est critiquée par Zachariæ, t. IV, p. 48.

Il ne serait pas nul non plus pour avoir été inscrit sur un registre autre que celui destiné à recevoir les actes de l'état civil, par exemple sur le registre des délibérations de la commune.

Amiens, 12 juin 1829, rapporté avec l'arrêt de cassation du 3 juillet 1832.

28. La Cour de Paris a jugé, le 1er février 1812, que la reconnaissance est valable, quoique le père se soit présenté sans être assisté de témoins.

Proudhon (*Traité de l'état des personnes*, t. I, p. 234), enseigne qu'il est convenable qu'il y ait des témoins, mais il n'exige pas cette formalité à peine de nullité.

Il n'est pas nécessaire que l'on mentionne dans l'acte de reconnaissance qu'il en a été donné lecture aux parties, ni qu'on y indique la profession des parties et des témoins.

Amiens, 12 juin 1829, *ubi suprà*.

29. Les actes de reconnaissance d'enfants naturels qui sont rédigés par les officiers de l'état civil doivent être inscrits sur le registre des naissances à leur date, et il doit en être fait mention en marge des actes de naissance des enfants (art. 62, C. civ.). Cependant l'omission de cette formalité n'entraînerait pas la nullité de la reconnaissance.

Zachariæ, t. IV, p. 48 ; Delvincourt, sur l'art. 62.

30. Lorsque le père ne se présente pas en personne pour reconnaître l'enfant, il doit se faire représenter par un fondé de procuration spéciale et authentique.

Paris, 2 janvier 1819.   Riom, 26 février 1817.

Zachariæ, t. IV, p. 51 ; Loiseau, p. 429 à 432 ; Merlin, *Répert.*, v° *Filiation*, n° 13 ; Favard , *Répert.*, v° *Reconnaiss. d'enfant naturel*, sect. 1, § 3, art. 1, n° 2 ; Delvincourt, note 3 sur la page 94 du t. I.

Nous n'admettons pas la doctrine de M. Duranton (t. III, n° 222), qui veut créer pour la forme de cette procuration une distinction entre le cas où on se

présente, au nom du père, devant un officier de l'état
civil, et celui où on se présente devant un notaire.
Suivant cet auteur, si la reconnaissance d'un enfant
naturel est reçue par un notaire, « on reste dans les
« termes généraux du droit, et le pouvoir par acte
« sous seing privé, même par lettre, suffit, pourvu
« qu'il soit spécial, et, conformément à la loi de
« ventôse an XI, qu'il soit annexé à l'acte »; et il
cite à l'appui de son opinion l'art. 1985 du Code
civil. D'abord, nous ne comprenons pas comment,
en restant dans les termes généraux du droit, on
peut exiger que la procuration soit *spéciale*. Nous ne
connaissons aucun article du Code civil, au titre
Du mandat, qui prescrive, pour quelques cas que ce
soit, une procuration spéciale. M. Duranton a sans
doute voulu dire qu'il faut que la procuration soit
expresse, en faisant allusion à l'art. 1988, d'après
lequel le mandat doit être exprès lorsqu'il ne s'agit
pas d'un simple acte d'administration. Mais ce
n'est pas au titre *Du mandat* qu'il faut recourir
pour connaître la forme que doit revêtir la procuration que donne un père à l'effet de reconnaître en son nom un enfant naturel. Si la reconnaissance d'un enfant naturel ne peut pas être
considérée comme un acte d'administration, on
ne peut pas dire non plus que ce soit un acte
d'aliénation, d'hypothèque ou de propriété ordinaire. Cependant ce sont là les seuls actes dont s'occupe l'art. 1988, et on ne trouve au titre *Du mandat*
aucun autre texte qui ait un rapport plus direct au

caractère qu'il convient d'attribuer à un acte de reconnaissance d'enfant naturel. Il faut donc écarter
complétement l'application de l'art. 1988, et chercher ailleurs qu'au titre *Du mandat* les principes qui
régissent spécialement la matière qui nous occupe.

La forme que doit revêtir la procuration que
donne un père à l'effet de reconnaître un enfant naturel est évidemment subordonnée au caractère particulier des actes de reconnaissance. Un acte de reconnaissance d'enfant naturel est un acte de l'état
civil; en effet, être un enfant naturel, c'est avoir un
état civil déterminé par la loi [1]. Aussi l'art. 62 du
Code civil prescrit-il de transcrire les actes de reconnaissance à leur date sur les registres de naissance et d'en faire mention en marge de l'acte de
naissance. Or, l'art. 36 du même Code, au titre DES
ACTES DE L'ÉTAT CIVIL, *Dispositions générales*, dit que
dans le cas où les parties intéressées ne seront pas
obligées de comparaître en personne, elles pourront
se faire remplacer par un fondé de procuration spéciale et authentique. Nous trouvons ici la nécessité
d'une procuration spéciale dont M. Duranton parle
sans en donner le motif, mais nous trouvons en
outre l'obligation que cette procuration soit authentique. Il importe peu que la reconnaissance soit

---

[1] Art. 321-322 C. civ.

C. RR. Rouen, 22 janv. 1840. Toulouse, 28 juillet 1808.
C. C. Aix, 12 juin 1838.

faite devant un notaire ou devant l'officier de l'état
civil; il ne faut voir que son objet, son but, son importance, qui sont les mêmes dans l'un et l'autre
cas. La procuration est d'ailleurs un acte tout à fait
étranger à l'officier public qui reçoit la déclaration
de reconnaissance; la qualité de cet officier est donc
sans influence pour déterminer la forme que doit
avoir cette procuration.

31. La loi n'ayant pas prescrit de termes sacra-
mentels pour la rédaction des actes de reconnaissance d'enfant naturel, l'appréciation des expressions
de l'acte et de l'intention dans laquelle il a été fait,
est abandonnée aux lumières et à la conscience des
magistrats.

Bastia, 17 août 1829.   Agen, 16 avril 1822.

Il n'est pas nécessaire, pour la validité de la reconnaissance, qu'elle soit l'objet exclusif ou même
direct de l'acte dans lequel elle est consignée; il
suffit qu'elle résulte des diverses expressions de cet
acte.

Zachariæ, t. IV, p. 53; Loiseau, *Append.*, p. 17; Duranton, t. III, n° 214.

Par exemple :

La reconnaissance d'un enfant naturel résulte suffisamment de ce que, dans son contrat de mariage,
cet enfant s'est attribué pour père un individu présent à la conclusion du contrat et qui l'a signé comme

partie intéressée, pourvu que ce dernier ait signé avec un consentement libre et réfléchi [1].

Riom, 29 juillet 1809.

Elle peut résulter encore de ce que, dans un acte authentique, un individu a appelé un autre son enfant naturel et a stipulé avec lui en cette qualité.

Agen, 16 avril 1822.   Bruxelles, 17 juin 1807.
Riom, 3 juin 1817.

32. Un mineur peut, aussi bien qu'un majeur, reconnaître un enfant naturel. En effet, le père qui reconnaît un enfant naturel répare une faute, en même temps qu'il satisfait à une obligation naturelle. Or, aux termes de l'article 1310 du Code civil, le mineur n'est point restituable contre les obligations résultant de ses quasi-délits. D'ailleurs l'article 1125 ne permet aux mineurs d'attaquer leurs engagements pour cause d'incapacité que dans les cas prévus par la loi, et les articles 334 et suivants, relatifs à la recon-

---

[1] La Cour de Montpellier a jugé il est vrai, le 9 floréal an XIII, que l'on ne devait pas induire une reconnaissance d'enfant naturel de ce que, dans une transaction sur un procès en séduction intenté par la mère au prétendu père de l'enfant, ce dernier s'était engagé à payer une somme à la majorité de l'enfant, et de ce qu'il était intervenu au contrat de mariage de l'enfant pour payer cette somme. Mais la Cour, appréciant les diverses circonstances dans lesquelles la cause se présentait à juger, a reconnu qu'il n'y avait pas eu intention de reconnaître l'enfant.

naissance des enfants naturels, n'établissent aucune
distinction entre le cas où le père et la mère sont
mineurs et celui où ils sont majeurs, sauf le droit que
l'article 339 réserve aux uns et aux autres de contester cette reconnaissance.

Douai, 17 mars 1840.   Toulouse, 19 janvier 1813.
C. RR. Pau, 4 novembre 1835. C. RR. Bruxelles, 22 juin 1813.
Rouen, 18 mars 1815.   Bruxelles, 4 février 1811 [1].

Proudhon, *Traité sur l'état des personnes*; Valette, t. II,
p. 181 ; Toullier, t. II, n° 962 ; Delvincourt, note 3 sur la
page 94 du t. I ; Favard, *Répert.*, v° *Reconnaiss. d'enfant naturel*, sect. 1, § 1, p. 3 ; Merlin, *Quest. de droit*, v° *Paternité*;
Mourre, œuvres judiciaires, p. 299 ; Duranton, t. III, n° 258 ;
Loiseau, p. 483 et suiv.; Zachariæ, t. IV, p. 40.

M. Malpel a publié, dans la *Revue de législation et
de jurisprudence*, t. IV, p. 43, un article dans lequel
il cherche à établir une distinction entre la reconnaissance qui est faite par la mère et celle qui est faite
par le père. Mais cette opinion n'a pas été adoptée.

Parmi les causes qui permettent d'attaquer une
reconnaissance d'enfant naturel, celle qui se présente
le plus naturellement à l'esprit, c'est la circonstance
que l'on a exercé une contrainte physique ou morale sur la volonté de celui qui a signé la reconnaissance, c'est-à-dire lorsqu'il y a dol ou fraude [2].

---

[1] Toullier cite, sous les dates des 4 février 1808 et 8 juin
1812, les arrêts que nous avons recueillis sous les dates des 4
février 1811 et 22 juin 1813.

[2] Voir ci-après, p. 35, n° 37.

L'inconduite de la mère ne serait pas une cause suffisante pour annuler la reconnaissance. Toutefois, les juges devraient dans cette circonstance prendre en grande considération l'inexpérience du mineur, et si d'autres circonstances jetaient déjà quelque doute sur sa paternité, l'inconduite de la mère pourrait être une raison décisive d'annuler la reconnaissance.

Douai, 17 mars 1840.

33. Ce que nous venons de dire d'un mineur s'applique également à une femme mariée, quoiqu'elle ne soit pas autorisée par son mari : à une personne soumise à un conseil judiciaire; à une personne judiciairement interdite.

Douai, 23 janvier 1819.

Zachariæ, *ubi sup.*; Loiseau, p. 413, 415, 487 et suiv.; Maleville, sur l'art. 337; Delvincourt, t. I, p. 244 ; Toullier, t. II, n° 961 ; Duranton, t. III, p. 257.

Il en est de même du mort civilement (Zachariæ, t. IV, p. 42). Loiseau émet à tort une opinion contraire (p. 490).

34. Rien ne s'oppose à ce qu'on reconnaisse un enfant naturel, quoiqu'il soit encore dans le sein de sa mère. L'enfant qui est conçu est en effet considéré par la loi comme déjà né, lorsqu'il s'agit de lui procurer des avantages[1], puisque, d'après les articles 393 et 906, en cas de décès de son père, on lui donne un

---

[1] Qui in utero est pro jam nato habetur, quoties de commodis illius habetur.

curateur au ventre pour faire valoir ses droits, et qu'on peut disposer en sa faveur par acte entre vifs ou à cause de mort. Le père, en reconnaissant un enfant naturel dans cet état, ne fait au surplus que déclarer un fait dont il a une connaissance personnelle. Cette reconnaissance prématurée est même dictée quelquefois par l'urgence qu'il y a pour lui d'accomplir un devoir qu'il peut être exposé à être plus tard dans l'impossibilité d'accomplir, par exemple s'il a lieu de craindre ne plus exister au moment de la naissance de l'enfant. Refuser au père la faculté de faire une pareille reconnaissance, ce serait lui refuser le moyen d'assurer à cet enfant l'état qui lui appartient et la transmission des droits auxquels la loi appelle les enfants naturels à succéder.

Douai, 23 mars 1841.
Grenoble, 13 janvier 1840.
Metz, 19 août 1824.
Paris, 1er février 1812.

C. R. Bruxelles, 16 déc. 1811.
Aix, 3 déc. 1807.
Aix, 10 février 1806.

Valette, dans ses notes sur Proudhon, traite de l'état des personnes, t. II, p. 149 ; Toullier, t. II, n° 955 ; Zachariæ, t. IV, p. 46 ; Delvincourt, note 3 sur la page 94 du t. 1er ; Favard, *Répert.*, v° *Reconnaissance d'enfant naturel*, sect. 1, § 2, n° 5 ; Duranton, t. II, n° 211 ; Loiseau, p. 421.

Les reconnaissances de cette nature doivent toutefois être interprétées avec rigueur; ainsi, si on y parle de l'enfant qui naîtra dans un délai déterminé, on ne doit pas en faire profiter un enfant qui est venu au monde après l'expiration de ce délai.

Douai, 23 mars 1841.

35. La reconnaissance d'un enfant après sa mort n'est pas non plus prohibée [1]. Mais elle ne doit pas être accueillie toujours avec la même faveur que celle d'un enfant qui est encore dans le sein de sa mère, parce qu'on n'admet généralement la moralité d'une reconnaissance d'enfant, que lorsqu'elle a lieu dans l'intérêt et pour l'utilité de l'enfant, et qu'on n'aperçoit ici aucune utilité pour lui. Toutefois, même dans ce cas, si la reconnaissance paraissait loyale, elle devrait être maintenue pour servir de règle à la dévolution de la succession de l'enfant [2].

Valette, *ub. suprà*; Favard, *ub. suprà*; Zachariæ, t. III, p. 46; Loiseau, p. 444.

A plus forte raison doit-on maintenir la reconnaissance si l'enfant reconnu laisse lui-même des enfants, car il ne peut plus s'élever alors contre le père aucun soupçon de cupidité, et il y a pour les enfants du défunt un double intérêt de légitimité et d'hérédité.

Delvincourt, note 3 sur la page 94 du t. I ; Duranton, t. III, n° 264.

36. La reconnaissance des enfants naturels consistant en une simple déclaration qui est faite en l'absence de tout contradicteur, ne peut pas servir de titre incontestable à celui qui la fait, parce qu'on ne

---

[1] Il y a dans le sens de l'opinion contraire un jugement du tribunal de la Seine du 24 janvier 1835, confirmé par arrêt du 25 mai 1835.

[2] Voir au chapitre XII. *Des successions*

3

peut pas se faire un titre à soi-même. Aussi l'article 339 autorise-t-il toute personne qui a intérêt à la contester à le faire. Au premier rang de ces personnes se trouve nécessairement l'enfant lui-même.

Paris, 21 déc. 1839.	C. R. Amiens, 5 août 1807.
Bordeaux, 12 février 1838.	C. R. Bordeaux, 18 fl. an XIII.
Nîmes, 2 mai 1837.	Bordeaux, 18 flor. an XIII.
Angers, 17 juillet 1828.	C. R. Agen, 1er mes. an XIII.
Rouen, 15 mars 1826.	Amiens, 4 thermidor an XIII.
Montpellier, 11 avril 1826.	Poitiers, 28 messidor an XII.
Agen, 27 novembre 1823.	C. C. Amiens, 13 vend. an V.

Zachariæ, t. IV, p. 60 ; Loiseau, p. 516 ; Toullier, t. II, n° 964 et 965 ; Duranton, t. III, n° 260 ; Proudhon, éd. Valette, t. II, p. 154.

Ce droit appartient même à celui qui s'est reconnu le père d'un enfant, postérieurement à la reconnaissance de paternité faite par un autre.

Zachariæ, ub. suprà.

Lorsqu'un acte de reconnaissance est contesté par des raisons autres que des raisons de forme, il n'est pas absolument nécessaire que la personne qui le critique prouve la non-paternité de celui qui y est désigné comme étant le père, il suffit qu'il signale des circonstances assez graves et assez concordantes pour la rendre non probable. La reconnaissance n'établit plus alors qu'une simple présomption qui peut être détruite par des présomptions contraires, et les juges doivent se déterminer dans l'appréciation de la filiation d'après les diverses circonstances de la cause. La présomption de sincérité qui milite en faveur de la reconnaissance doit être évidemment plus faible lorsqu'il s'agit d'une reconnaissance postérieure à l'acte de naissance que lorsqu'il s'agit d'une reconnaissance qui est faite dans l'acte de naissance [1].

Rouen, 15 mars 1826.

37. La reconnaissance d'un enfant naturel ne peut pas être arbitrairement rétractée par celui qui l'a consentie. Mais ce dernier peut attaquer lui-même sa propre reconnaissance et en demander la nullité, s'il est démontré que l'enfant ne lui appartient pas et qu'il n'a cédé en le reconnaissant qu'à la crainte, à la séduction ou à l'empire des passions. La reconnaissance d'un enfant naturel n'est en effet que la déclaration d'un fait préexistant, celui de la paternité; la paternité est la cause de l'acte, cet acte doit donc être annulé comme étant sans cause, si le fait de la paternité est reconnu faux. Toutefois, si l'auteur de la reconnaissance avait été porté à faire cette reconnaissance par un motif honteux, la justice ne devrait pas l'écouter, parce qu'il ne pourrait intenter son action qu'en alléguant sa propre turpitude; *nemo auditur turpitudinem suam allegans.*

Paris, 14 décembre 1833.   Toulouse, 24 juillet 1810.
C. RR. Toulouse, 27 août 1811.   C. R. Pau, 6 janvier 1808.
  Zachariæ, t. IV, p. 61-62.

38. L'action en nullité d'une reconnaissance fondée sur la violence et le dol, sur ce qu'elle est con-

---

[1] Voir ci-dessus, p. 13, n° **12.**

traire à la vérité et sur des vices de forme se prescrit par trente ans, d'après Zachariæ, t. IV, p. 161.

M. Loiseau distingue entre les actions en nullité fondées sur l'erreur, la violence ou le dol, et celles qui sont fondées sur une autre cause, et il applique aux premières la prescription de dix ans, dont parle l'art. 1304 du Cod. civil.

39. Les doutes que l'on élève sur l'identité de l'enfant reconnu avec la personne qui se présente pour faire valoir ses droits, peuvent être dissipés au moyen de toutes sortes de preuves, même par la preuve testimoniale ou par de simples présomptions[1].

Bastia, 17 août 1829.

Richefort, sur l'art. 334, n° 10.

40. Quoique le statut colonial de la Guyane française prohibe la reconnaissance d'un enfant naturel né d'un blanc et d'une femme de couleur, un blanc peut se prévaloir des principes du Code civil, pour reconnaître en France un enfant naturel né d'une femme de couleur, lors même que l'enfant réside à la Guyane. Les lois exceptionnelles de la colonie expirent sur les limites de son territoire.

C. R., Cayenne, 15 mars 1831.

§ 2. RECONNAISSANCE PAR LA MÈRE.

41. La reconnaissance d'un enfant naturel, vo-

---

[1] Voir ci-dessus, p. 8. n° 4, et au chapitre XIV, *Des preuves de la filiation des enfants légitimes.*

lontaire et écrite, ne peut être faite par la mère comme par le père, que dans un acte authentique. L'article 334 est général et s'applique également à l'un et à l'autre.

Zachariæ, t. IV, p. 60; Chabot, *Quest. transit.*, v° *Enfants naturels*, § 4, n° 3, *in fine*, et *Commentaire des successions*, sur l'art. 756, n° 44.

MM. Toullier, t. II, n° 950, Duranton, t. III, n° 227, enseignent au contraire qu'une reconnaissance par acte sous seing privé est suffisante, que l'enfant n'a qu'à faire reconnaître l'écriture et la signature en justice.

Les raisons que nous avons données plus haut pour repousser la validité d'une pareille reconnaissance trouvent encore ici leur application.

D'après notre système les principes que nous venons d'exposer concernant la reconnaissance d'un enfant naturel par le père, sont communs à la reconnaissance qui est faite par la mère dans la même forme. Mais ce qui distingue la reconnaissance de paternité de la reconnaissance de maternité, c'est que la première ne peut résulter que d'une déclaration dans un acte authentique, lorsqu'elle n'a pas été faite dans l'acte de naissance, tandis que la reconnaissance de maternité peut résulter en outre de ce que la mère a été déclarée par le père dans l'acte de reconnaissance, et que depuis elle a avoué sa maternité (art. 336).

Nous avons expliqué dans la section précédente,

n°s 8 et suiv , quel caractère doit avoir cet aveu de
la mère pour équivaloir à une reconnaissance de
maternité: nous y renvoyons le lecteur.

Les effets que la loi attribue à la déclaration de
maternité consignée par le père dans la reconnaissance qu'il fait de sa paternité, l'autorisent, selon
nous, à prouver que la déclaration est conforme à la
vérité, lorsque la femme désignée l'attaque en diffa-
mation.

La reconnaissance d'un enfant naturel peut résulter d'un acte passé devant notaire, dans lequel une
femme déclare être enceinte, depuis une certaine
époque, des œuvres d'une personne qu'elle désigne;
cette déclaration doit valoir reconnaissance, surtout
lorsque l'acte de naissance qui a été rédigé quelque temps après constate qu'un enfant a été présenté à l'état civil par deux témoins qui ont af-
firmé à l'officier de l'état civil que l'enfant présenté
était le fils naturel de la femme qui avait comparu devant le notaire. L'acte de naissance se référant à la
déclaration de grossesse. et coïncidant par sa date
avec l'époque assignée à la naissance; le concours de
ces deux actes, leurs dates respectives, leurs énonciations. leurs caractères publics doivent être considérés comme établissant d'une manière authentique la
volonté formelle de reconnaitre l'enfant.

Grenoble, 13 janvier 1840.

§ 3. DISPOSITIONS COMMUNES AUX RECONNAISSANCES FAITES PAR LE
PÈRE ET A CELLES QUI SONT FAITES PAR LA MÈRE.

42. D'après l'article 337, la reconnaissance faite
pendant le mariage par l'un des époux au profit d'un enfant naturel qu'il aurait eu avant son mariage d'un autre que de son époux, ne doit nuire ni
à celui-ci ni aux enfants nés de ce mariage. Elle ne
produit son effet qu'après la dissolution de ce mariage s'il n'en reste pas d'enfant.

Cet article, en disant que la reconnaissance faite
pendant le mariage par l'un des conjoints ne peut
pas nuire à l'autre conjoint, ne veut parler que relativement aux avantages qui sont assurés à ce dernier par la loi ou par le contrat de mariage. Il ne fait
pas obstacle à ce que l'enfant naturel, reconnu pendant le mariage, demande, s'il y a lieu, la réduction
des donations faites pendant le mariage, ainsi que des
dispositions testamentaires faites par son auteur.

Zachariæ, t. IV, p. 62 ; Delvincourt, t. I, p. 243 ; Chabot,
Des Successions, sur l'art. 756, nᵒ 7 ; Duranton, t. III, nᵒ 253 ;
Toullier, t. II, nᵒ 958.

Plusieurs auteurs émettent une opinion contraire :

Loiseau, p 437 ; Delvincourt, t. I, p. 243 ; Favard, *Répert.*,
vᵒ *Reconnaissance d'enfant naturel*, sect. II, § 2, nᵒ 2.

La disposition de l'article 337 n'est applicable
qu'au cas où il y a reconnaissance libre et volontaire
pendant le mariage ; elle ne concerne pas le cas où

c'est l'enfant qui fait reconnaître judiciairement sa filiation naturelle [1].

Rouen, 20 mai 1829.

. Toullier, t. II, n° 958 ; Zachariæ, t. IV, p. 65 ; Proudhon, Valette, t. II, p. 146.

Elle n'est pas applicable à l'enfant naturel que l'un des deux époux a reconnu pendant le mariage, lorsque cet enfant est issu du commerce de cet époux avec l'autre conjoint, et qu'il justifie sa filiation à l'égard de ce dernier par une reconnaissance volontaire ou forcée antérieure ou postérieure au mariage.

Zachariæ, t. IV, p. 65 ; Locré, sur l'article 337 ; Loiseau, p. 435 ; Delvincourt, t. I, p. 242 ; Chabot. *Des Successions*, sur l'art. 756, n° 7 ; Toullier, t. II, n° 960 ; Duranton, t. III, n° 248.

Elle n'est pas applicable non plus aux reconnaissances d'enfants qui sont faites après la dissolution du mariage; car la loi ne parle que des reconnaissances faites pendant le mariage.

C. R. Pau, 6 janvier 1808.

Valette. notes sur Proudhon, t. II, p. 147, 440; Zachariæ, t. IV, p. 63 et 65 ; Loiseau, p. 436 ; Duranton, t. III, n° 251 et 254 ; Chabot, *Des Successions*, sur l'art. 756, n° 7 ; Locré, sur l'art. 337 ; Belost-Jolimont, sur Chabot, observat. III sur l'art. 756 ; Toullier, t. II. n° 959.

---

[1] Voir au chapitre XII : *Des Successions.*

SECTION III.

DE LA PREUVE TESTIMONIALE.

(Art. 322, 327, 328, 340, 341, 342.)

SOMMAIRE.

§ 1. Recherche de paternité.

§ 2. Recherche de maternité.

§ 3. Dispositions communes à la recherche de la paternité et à celle de la maternité.

§ 1. RECHERCHE DE PATERNITÉ.

43. La paternité étant un mystère de la nature, le législateur a sagement prohibé, par l'article 340, toute action qui aurait pour but de rechercher quel est le père d'un enfant.

La filiation paternelle d'un enfant naturel ne peut résulter, dans aucun cas, d'après l'article 334, que de la déclaration faite par le père dans l'acte de naissance ou dans un acte authentique.

Zachariæ, t. IV, p. 67; Toullier, t. II, nᵒ 939; Duranton, t. III, nᵒ 233; Grenier, *Des Donations*, t. I, nᵒ 130; Merlin, *Quest.*, vᵒ *Paternité*, 31.

Voici comment M. le conseiller d'État Bigot de Préameneu a justifié ces dispositions, en présentant au Corps législatif le projet de loi du titre du Code intitulé *De la Paternité et de la Filiation*. « Depuis longtemps, dans l'ancien régime, un cri général s'était élevé contre les recherches de la paternité. Elles exposaient les tribunaux aux débats les plus scandaleux, aux jugements les plus arbitraires, à la jurisprudence la plus variable. L'homme dont la conduite était la plus pure, celui même dont les cheveux avaient blanchi dans l'exercice de toutes les vertus, n'étaient point à l'abri de l'attaque d'une femme impudente ou d'enfants qui lui étaient étrangers. Ce genre de calomnie laissait toujours des traces affligeantes. En un mot, les recherches de paternité étaient regardées comme le fléau de la société. Une loi très-favorable fut rendue par la Convention le 12 brumaire an II: cependant, elle crut devoir faire cesser l'abus des procès dont les enfants voudraient encore tourmenter les familles sans motifs plausibles... A cette même époque, une partie du Code civil était préparée et on se disposait à la promulguer

d'un jour à l'autre. On y avait établi que la loi
n'admet pas la recherche de la paternité non avouée,
et que la preuve de la reconnaissance du père ne
peut résulter que de sa déclaration, faite devant un
officier public. Dans la loi proposée, cette sage
disposition, qui interdit les recherches de la paternité, a été maintenue. Elle ne pourra jamais être
établie contre le père que par sa propre reconnaissance, et encore faudra-t-il, pour que les familles
soient, à cet égard, à l'abri de toute surprise, que
cette reconnaissance ait été faite ou par l'acte même
de naissance, ou par un acte authentique. La loi proposée n'admet qu'une seule exception: c'est le cas
d'enlèvement... »

M. Locré apprend, au surplus, dans son *Esprit du
Code civil*, que le Conseil d'État n'a pas hésité à maintenir le nouveau droit, ou, en d'autres termes, qu'il
a rejeté, comme l'avait déjà fait implicitement la
loi du 12 brumaire an XI, la recherche de la paternité non reconnue, à cause de l'incertitude qui restait toujours sur la paternité non reconnue et à cause
des abus et des scandales qu'entraînait la maxime
creditur virgini.

44. L'exception admise pour le cas d'enlèvement
est écrite dans l'article 340. Lorsque l'époque de
l'enlèvement, dit cet article, se rapporte à celle
de la conception, le ravisseur peut être déclaré père
de l'enfant, sur la demande des parties intéressées [1].

---

[1] Toulouse, 15 avril 1834.

L'enlèvement dure jusqu'au jour où la personne enlevée est rendue à la société; par conséquent, l'enfant conçu antérieurement à ce moment-là peut être déclaré appartenir au ravisseur.

Paris, 28 juillet 1821.

M. Valette se pose la question suivante dans ses notes sur Proudhon, *Traité de l'état des personnes*, t. II, p. 138 : Les mots *enlèvement* et *ravisseur*, qui se trouvent dans l'article 340, ont-ils le même sens que les mots *enlever, enlèvement* et *ravisseur*, employés dans les articles 354 et suivants du Code pénal; ou bien les tribunaux civils pourraient-ils qualifier d'enlèvement, quant à l'application de l'article 340, le détournement ou déplacement d'une fille mineure, lors même que ce fait ne réunirait pas les caractères qui donnent lieu à l'application d'une peine?

Nous ne pouvons mieux faire que de reproduire sa réponse, à laquelle nous donnons pleinement notre assentiment :

« Nous nous prononcerons sans hésiter, dit-il, dans ce dernier sens, et nous dirons que les juges civils ne sont point liés en cette matière par les qualifications de la loi pénale, parce que l'enlèvement est considéré sous deux points de vue tout à fait différents, lorsqu'il s'agit d'une part de la criminalité absolue de l'acte, et d'autre part, de la présomption de paternité. Ce qui nous paraît devoir dissiper à cet égard toute espèce de doute, c'est que le Code civil a été rédigé à une époque où était encore en vigueur le Code pé-

nal de 1791, qui ne punissait que le rapt d'une fille
âgée de moins de quatorze ans. Or, il n'est nullement
admissible que les auteurs du Code civil, en traitant
une question de filiation, aient entendu faire exclusivement allusion à la maternité d'une mineure de
quatorze ans. Ainsi, incontestablement jusqu'en
1810, les magistrats ont pu considérer comme constituant un *enlèvement*, dans le sens de notre article 340, un fait que n'atteignait pas la loi pénale. Et
ce droit qu'ils avaient de reconnaître, suivant les circonstances et dans un intérêt purement civil, l'existence de ce fait, ils n'ont pu le perdre par suite de la
promulgation du Code pénal de 1810. Ils pourraient
donc, par exemple, considérer comme un enlèvement proprement dit le détournement d'une mineure *âgée de plus de seize ans,* et qui aurait consenti
à cet enlèvement. »

Toutefois, d'après Zachariæ, t. IV, p. 72, il faut
que l'enlèvement ait eu lieu par violence; le rapt de
séduction n'emporte pas, selon lui, l'idée de séques-
tration.

L'exception qui permet la recherche de la paternité dans le cas d'enlèvement ne peut pas être étendue au cas de viol.

Zachariæ, *eod. loco*; Richefort, sur l'article 340.

L'opinion contraire est enseignée par Locré sur
l'article 340; Loiseau, p. 418; Valette, *ub. suprà;*
Toullier, t. II, n° 941; Delvincourt, note 7 sur la
page 93 du t. Ier.

45. La recherche de la paternité est prohibée, même lorsqu'elle n'a pour but que d'obtenir des aliments au profit de l'enfant[1].

Bastia, 3 février 1834, C. C., 26 mars 1806.

Zachariæ, t. IV, p. 68.

§ 2. RECHERCHE DE MATERNITÉ.

46. La recherche de la maternité est admise, parce que la maternité est un fait susceptible d'une preuve positive. Il ne s'agit pas à son égard, ont dit MM. Bigot de Préameneu et Labary au Conseil d'État et au Tribunat, de pénétrer les mystères de la nature; son accouchement et l'identité de l'enfant sont des faits positifs qui peuvent être constatés. La justice ne peut donc pas s'égarer ; dès lors, plus de raisons pour exclure la recherche de la maternité.

47. Nous avons indiqué précédemment les différentes preuves écrites que l'enfant peut produire à l'appui de sa réclamation. A défaut de ces preuves, il ne peut, d'après l'article 341, recourir aux enquêtes et aux dépositions de témoins, que lorsqu'il a déjà un commencement de preuve par écrit[2]

En analysant l'article 341, on voit que l'enfant qui réclame sa mère doit prouver deux choses :

---

[1] Pour les demandes d'aliments, fondées sur des reconnaissances nulles, voir au chapitre VI, intitulé *Des Demandes d'aliments*.

[2] Rouen, 20 mai 1829.

1° Que la femme qu'il prétend être sa mère est accouchée à l'époque qui correspond à sa naissance ;

2° Qu'il est lui-même l'enfant qu'elle a mis au monde.

On est généralement d'accord que le fait de l'accouchement de la mère prétendue doit être constant pour que l'enfant soit admis à la preuve de son identité. Mais les jurisconsultes sont divisés sur la question de savoir, si chacun de ces deux faits ne peut être prouvé par témoins qu'autant qu'il y a déjà un commencement de preuve par écrit, ou bien, si l'obligation d'avoir un commencement de preuve par écrit, pour pouvoir recourir à la preuve testimoniale, ne s'applique qu'à l'identité de l'enfant. Ceux qui ont admis cette dernière opinion ont ensuite été en désaccord sur le genre de preuve auquel est assujetti le fait de l'accouchement.

D'après Toullier, t. II, n° 942, 944, le fait de l'accouchement ne peut être prouvé que par écrit.

Merlin (*Quest.*, v° *Maternité*) renvoie pour cette preuve au titre *Des actes de l'état civil.* «Quelle est, dit-il, la preuve à laquelle l'enfant ne peut être admis par témoins que lorsqu'il aura un commencement de preuve par écrit ? Ce n'est pas la preuve de l'accouchement de la femme qu'il réclame pour sa mère, c'est la preuve de son identité avec l'enfant dont sa prétendue mère est accouchée. La loi ne s'occupe pas de la preuve de l'accouchement, et pourquoi ? C'est sans doute parce qu'elle la suppose toute faite au moment où s'élève la question de maternité. Mais com ment cette preuve a-t-elle pu se faire dans l'esprit de l'article 341? Elle a pu, elle a dû se faire d'après les règles générales sur la preuve des accouchements.

Cette opinion est aussi celle de Zachariæ, t. IV, p. 79.

Enfin, Delvincourt (note 10 sur la page 93 du t. 1ᵉʳ) pense que la preuve testimoniale est admissible pour établir l'accouchement, et que l'article 341 n'exige un commencement de preuve par écrit que pour établir l'identité.

Aucun de ces auteurs n'a donné, selon nous, une solution convenable ni fait connaître la véritable raison de décider la question. Pour résoudre la difficulté que nous venons de signaler, il faut rapprocher les conditions prescrites par l'article 341 de la position dans laquelle se trouve l'enfant qui recherche quelle est sa mère.

N'est-il pas évident que celui qui a entre les mains un commencement de preuve par écrit de son identité avec un enfant attribué à une femme, a par cela même entre les mains un commencement de preuve par écrit du fait même de l'accouchement de cette femme? En effet, ce qu'une femme consigne par écrit, et qui rend vraisemblable qu'un enfant est son enfant naturel, rend par cela même vraisemblable aussi le fait de son accouchement [1]. La loi n'avait donc pas à s'expliquer sur la nécessité, pour l'enfant qui réclame sa mère, d'avoir un commencement de preuve par écrit, pour prouver que la femme qu'il

---

[1] Zachariæ, t. IV, p. 80.

dit être sa mère est en effet accouchée à une époque
qui se rapporte à sa naissance, du moment qu'il n'est
admis à prouver son identité qu'autant qu'il a un
commencement de preuve par écrit de son état
d'enfant naturel de cette femme. Cette dernière condition dispense de la première, et mieux encore, elle
implique l'accomplissement de la première, par la
force même des choses, sans que la loi ait eu besoin
de la prescrire.

En supposant au surplus que l'enfant n'eût pas eu
un commencement de preuve par écrit du fait de
l'accouchement de la femme dont il se dit le fils,
le législateur n'aurait pas dû l'exiger, pour lui permettre de prouver ce fait par témoins. En effet,
l'accouchement est un fait simple que les témoins
peuvent certifier *de visu*, parce qu'il s'est révélé par
des signes, des marques et des faits extérieurs et palpables, qui ne laissent aucun doute sur sa réalité. Il
n'en est pas de même de l'identité d'une personne;
sauf de rares exceptions, elle ne peut résulter que de
présomptions plus ou moins nombreuses, plus ou
moins concordantes, et généralement les circonstances qui caractérisent l'identité peuvent si facilement induire en erreur, que la loi a agi sagement
en n'en permettant la preuve par témoins que lorsqu'il y a déjà un commencement de preuve par écrit.

Il y a entre le fait de l'accouchement de la femme
et l'identité de l'enfant une autre différence qui devait permettre la preuve par témoins de l'accouchement, sans qu'il fût nécessaire d'exiger un commen-

4

cement de preuve par écrit. D'après l'article 57, le
nom de la femme qui est accouchée doit être déclaré à l'officier de l'état civil qui rédige l'acte de
naissance de l'enfant. Si ce nom n'a pas été déclaré,
le silence que l'on a gardé à cet égard, laissant ignorer à l'enfant quelle est la femme qui lui a donné le
jour, constitue une fraude qui l'autorise à se prévaloir de l'article 1348 du Code civil, pour recourir à
la preuve testimoniale. On ne peut pas en dire autant de l'identité; la loi n'en a fait l'objet d'aucun
acte spécial; il n'y a dans le Code aucune disposition
qui oblige la mère à en consigner la preuve dans un
écrit quelconque; l'absence de documents écrits sur
ce point peut même être le résultat de circonstances
naturelles, étrangères à tout calcul de fraude. L'article 1348 ne trouve donc plus ici son application.

Pourquoi d'ailleurs la loi se serait-elle montrée
plus sévère pour les enfants naturels que pour les enfants légitimes? Pour ces derniers, elle n'exige un
commencement de preuve par écrit que de la *filiation* (art. 323), ce qui a beaucoup d'analogie avec l'*i-
dentité*. Il y a au contraire de fortes raisons pour être
moins scrupuleux à admettre une filiation légitime
qu'à admettre une filiation illégitime. La filiation légitime rend membre de la famille et confère toutes
les prérogatives qui sont attachées à ce titre; elle autorise notamment à jouir des droits d'héritier, tandis
que la filiation illégitime ne donne pas de famille [1]

---

[1] *Illegitimi nec familiam nec cognationem habent.*

et ne confère même des droits dans la succession des
père et mère, que si ces derniers ne sont pas engagés
dans les liens du mariage au moment de la naissance (articles 335, 342, 762).

Pour nous résumer : de deux choses, l'une; ou bien
l'enfant qui réclame sa mère produit la preuve toute
faite que la femme qu'il dit être sa mère est accouchée à l'époque qui correspond à sa naissance, ou
bien cette preuve est à faire. Dans le premier cas,
il n'a plus qu'à prouver son identité; mais il ne
pourra le faire que s'il a déjà un commencement de
preuve par écrit. Dans le second cas, les tribunaux
appelés à statuer sur la filiation devront d'abord
s'assurer si l'enfant a un commencement de preuve
par écrit de son identité, car dans le cas contraire il
serait inutile de l'admettre à prouver l'accouchement;
s'il a ce commencement de preuve par écrit, ils devront lui permettre de prouver l'accouchement par
témoins.

Zachariæ, t. IV, p. 77; Proudhon, t. II, p. 97.

La preuve de l'identité peut se faire postérieurement à celle de l'accouchement. Ces deux preuves
peuvent même se faire cumulativement.

Zachariæ, t. IV, p. 79.

MM. Toullier, t. II, n° 942, et Merlin, *Quest.*, v° *Maternité*, soutiennent au contraire que la preuve de l'i-
dentité n'est recevable qu'autant que le fait de l'accouchement est déjà constant.

L'arrêt de la Cour de cassation du 12 juin 1823, dont on argumente, ne peut être d'aucune autorité dans la question, parce que la personne qui avait actionné en recherche de maternité n'avait même pas un commencement de preuve par écrit de l'identité de l'enfant.

48. Le commencement de preuve par écrit dont parle l'article 341, pour arriver à établir la filiation maternelle, est celui qui est défini par l'article 324.

Paris, 7 juillet 1838.

On en trouve un exemple dans un arrêt de la Cour de Rouen du 25 août 1812.

M. Zachariæ fait, sur le commencement de preuve par écrit exigé par l'article 341, les réflexions suivantes, qui nous paraissent fort judicieuses : «Il ne saurait, à la rigueur, dit-il, exister de commencement de preuve par écrit de l'identité, car, quelque précises que soient les énonciations de l'écrit invoqué comme tel, il sera toujours possible de soutenir que cet écrit ne concerne pas celui auquel on prétend l'appliquer. Le seul moyen de sortir de cette difficulté, dont aucun auteur, jusqu'à présent, ne parait s'être douté, c'est d'admettre le réclamant qui produit un écrit dont il entend faire résulter un commencement de preuve de son identité avec l'enfant dont sa prétendue mère est accouchée, à prouver, au moyen de la possession d'état dont il jouissait à l'époque où cet écrit a été fait, qu'il s'applique réellement à lui.

Objecterait-on contre ce système, que si la possession d'état invoquée était elle-même contestée et qu'il
fallût, pour l'établir, en venir à une preuve testimoniale, l'admission de cette preuve constituerait une
violation de l'article 341, qui défend de prouver l'i-
dentité par témoins, sans un commencement de
preuve par écrit préexistant? Nous répondrons qu'autre chose est d'établir l'identité du réclamant avec
l'enfant dont sa prétendue mère doit être accouchée, autre chose est de prouver l'identité du réclamant avec l'individu dénommé dans l'écrit qu'il
veut se faire appliquer, et que les dispositions prohibitives de l'article 341 ne concernent que la première, non la seconde de ces preuves. D'ailleurs, il
faut bien trouver le moyen de rendre possible l'application de la loi, et celui que nous avons indiqué
nous paraît rationnel, exempt de tout inconvénient
et conforme à l'esprit général de la législation. Le réclamant jouit de la possession constante de l'état
d'enfant naturel de la femme dont il prouve l'accouchement, et justifie par cela même, d'une manière
complète, de son identité avec l'enfant dont elle est
accouchée. A défaut de la possession d'état dont il
vient d'être parlé, il faut tout au moins un commencement de preuve par écrit de l'identité. Mais
le réclamant peut établir, par la conformité des énonciations de l'écrit présenté comme commencement
de preuve, avec la possession d'état dont il jouissait alors, que c'est bien à lui que cet écrit s'applique. »

La preuve testimoniale peut être suppléée par une réunion de circonstances graves, précises et concordantes.

Paris, 17 juillet 1841.

49. L'article 341, sauf la restriction qu'il apporte à la preuve testimoniale, se réfère, pour la nature des preuves, aux règles générales du droit. L'enfant qui veut établir sa filiation peut notamment déférer le serment décisoire à la femme qu'il prétend être sa mère. En effet, les articles 1358 et 1360 du Code civil sont conçus dans des termes tellement généraux, qu'on ne peut se refuser à admettre le serment décisoire comme un moyen de preuve, toutes les fois que la loi ne soumet pas à des formes spéciales, sous peine de nullité, l'acte dont on veut prouver l'existence. Or, la loi dit bien que l'enfant qui réclame sa mère est assujetti à une preuve complexe, celle de l'accouchement et celle de l'identité ; mais elle ne dit nulle part, que le fait de l'accouchement ne puisse résulter que d'une preuve littérale, et l'article 341 ne renferme aucune disposition incompatible avec la délation du serment. La condition de fournir une preuve littérale de l'accouchement serait d'ailleurs presque toujours impossible à remplir, et rendrait illusoire le droit accordé par l'article 341.

Si la preuve testimoniale, en raison des dangers qu'elle offre, a été subordonnée à l'existence d'un commencement de preuve par écrit, cette restriction, par cela même qu'elle n'est prononcée que pour ce genre de preuve, ne peut pas être étendue aux autres modes de justification.

On ne saurait opposer à l'enfant, pour lui refuser le droit de déférer le serment décisoire, l'ancienne maxime, *qu'on ne peut obliger quelqu'un à avouer sa turpitude* [1] ; car cette maxime, admise dans l'ancien droit criminel, en ce sens, que l'aveu isolé de l'accusé était sans force, ne peut, au civil, priver celui qui demande à établir un droit, de la faculté d'en assurer l'existence par la confession de la partie adverse.

---

[1] *Nemo auditur turpitudinem suam allegans.*

Quelques interprètes du droit romain ont soutenu que le serment ne doit pas être déféré lorsqu'il porte sur des faits honteux pour celui à qui on le défère. *Non cogendum est quemquam*, dit Faber (liv. IV, tit. IV), *jurare super positione turpi vel famosa.* Voir également Rebuffe (tit. III, *De Responsionibus per cred.*, art. 51, Glos. Ire, n° 4). Bornier, sur l'ordonnance de 1667, tit. X, art. 1er, et Voët, sur le *Digeste*, titre *De Interrogationibus in jure faciendis.* Mais la Cour de Pau a répondu avec raison, dans un arrêt du 3 décembre 1829, que cette doctrine était une modification que les commentateurs avaient essayé d'introduire dans le droit romain ; que, sous l'empire de ce droit, on pouvait, en matière civile, déférer le serment, même sur des actions résultant des crimes et délits. D'ailleurs, comme le fait observer le même arrêt, l'article 1358 déclarant que le serment décisoire peut être déféré, en matière civile, sur quelque espèce de contestation que ce soit, refuser de le recevoir sur un fait, en se fondant sur la nature de ce fait, c'est créer une distinction qui, non-seulement n'est pas écrite dans la loi, mais encore que la loi prohibe expressément.

L'objection tirée de la prohibition que fait la loi de transiger sur une question d'état [1], ne serait pas mieux fondée : si la délation du serment a quelques-uns des caractères de la transaction, elle en diffère cependant sous plus d'un rapport [2].

La délation du serment décisoire, lorsqu'il s'agit d'une recherche de maternité, loin de mériter

---

[1] Art. 6, 1108, 1128, 1131, 1133, 1172, 2045, Cod. civ. — 1004, Cod. proc.

[2] Le serment décisoire a cela de commun avec une transaction, qu'il ne peut pas être déféré par une personne qui n'a pas la capacité suffisante pour transiger, ou par un mandataire qui n'est pas muni d'un pouvoir spécial.

Rouen, 21 février 1842.   C. RR. Bordeaux, 27 avr. 1831.

Mais il en diffère notamment, en ce qu'il peut être déféré par celui qui a la capacité suffisante, sur un fait décisif, même dans une prétention qui ne peut pas être l'objet d'une transaction.

Cette distinction est fondée sur la différence qu'il y a entre le droit de prouver une prétention, et les moyens que l'on peut employer pour la prouver. Celui qui défère le serment décisoire abandonne le droit qu'il avait de prouver sa demande par d'autres moyens : il y a ainsi de sa part une transaction réelle sur la preuve de sa demande; il faut donc qu'il ait pour cela la capacité de transiger. Mais celui qui a la capacité de transiger peut déférer le serment sur un fait même décisif, quoique la prétention qui est déférée au tribunal ne puisse pas être l'objet d'une transaction, parce qu'on ne peut pas dire qu'il transige sur ce fait, et que d'ailleurs le fait sur lequel le serment est déféré n'est pas l'objet direct de la prétention soumise au tribunal.

la critique, présente au contraire ce double avantage, que la femme que l'on veut faire déclarer la mère de l'enfant ne peut pas se plaindre d'être prise pour juge dans sa propre cause, et qu'il en résulte moins de scandale que lorsqu'on a recours à tout autre moyen de preuve.

Rennes, 16 décembre 1836.

La Cour de Grenoble a jugé, le 19 juillet 1838, que quelque généraux que soient les termes des articles du Code civil relatifs au serment judiciaire, on ne saurait les étendre jusqu'à une contestation relative à la séparation de corps[1]. Les motifs de cette décision sont : que ces articles renfermés dans le chapitre IV du titre III du Code civil, relatif à la preuve des obligations et des payements, et aux diverses manières d'acquérir la propriété, semblent n'avoir été rédigés que pour ce qui concerne les contestations d'intérêts civils et pécuniaires ; qu'admettre l'application de l'article 1358 à des causes de séparation de corps, ce serait admettre que ces causes peuvent être jugées et les séparations prononcées par consentement mutuel.

Ces raisons ne sont pas applicables à la recherche de la maternité et ne contredisent en rien celles que nous venons d'analyser.

---

[1] C'est aussi l'opinion des auteurs :

Toullier, t. X, n° 378 ; Merlin, *Répert.*, v° *Serment*, § 2, art. 2, n° 6 ; Duranton, t. XIII, n° 574.

50. La disposition de l'article 322, qui dit que nul ne peut réclamer un état contraire à celui que lui donnent son titre de naissance et la possession conforme à ce titre, ne concerne que la filiation légitime et ne peut par conséquent être invoquée contre l'enfant qui réclame une filiation naturelle [1].

C. RR. Bordeaux, 13 février   Montpellier, 20 mars 1838.
   1839.

Zachariæ émet une opinion contraire, t. III, p. 665.

51. La jurisprudence est unanime pour déclarer que la recherche de la maternité est un droit exclusivement attaché à la personne de l'enfant, et que ce droit n'appartient ni à ses héritiers, ni aux tiers.

Paris, 29 avril 1844.   Paris, 13 mars 1837.
C. R. Amiens, 20 nov. 1843.   Paris, 16 déc. 1833.
Bastia, 31 mars 1840.   C. R. Amiens, 12 juin 1823.
Amiens, 25 janvier 1838.

M. Duranton enseigne la même doctrine, t. III, n° 242.

L'opinion contraire est enseignée par Zachariæ, t. IV, p. 73.

Cette question peut se présenter dans des circonstances diverses qu'il importe d'examiner séparément.

1° Une personne peut demander à prouver, après le décès de son père ou de sa mère, que lui ou elle était enfant naturel d'une femme dont il s'agit de

---

[1] Voir au chapitre XIV : *Des preuves de la filiation des enfants légitimes.*

partager la succession et. qu'à ce titre, l'article 759 lui donne un droit de représentation dans cette succession.

Nous rangeons dans la même catégorie celui qui demande à prouver que telle personne décédée était fils ou fille naturelle de la même mère que lui, prétendant qu'en cette qualité il a le droit, aux termes de l'article 766, de retirer de la succession les biens que le défunt avait reçus de leur mère commune.

2° L'héritier légitime d'une personne décédée peut demander à prouver que le légataire ou le donataire de cette personne est son enfant naturel, pour faire réduire le legs ou la donation, en se prévalant de l'article 908, qui défend de rien donner aux enfants naturels au delà de ce qui leur est accordé au titre *Des Successions.*

RECHERCHE DE MATERNITÉ EN VUE DE RÉCLAMER UN DROIT SUCCESSIF OU D'EXERCER LE RETRAIT DONT PARLE L'ARTICLE 766.

Le droit de rechercher la maternité a été refusé, dans la première hypothèse, par un arrêt de la Cour de Bastia du 31 mars 1840 et un arrêt de la Cour de Paris du 13 mars 1837. Ces arrêts sont motivés sur ce que le Code civil n'accorde aux héritiers de l'enfant le droit d'intenter ou de suivre l'action en réclamation d'état d'enfant légitime, qu'à certaines conditions déterminées par les articles 329 et 330; que le législateur n'aurait pas manqué de subordonner à des conditions analogues et encore plus rigoureuses l'action des successeurs de l'enfant naturel, s'il n'avait

pas voulu considérer cette action comme exclusivement attachée à la personne de l'enfant.

La Cour de Paris, appelée à se prononcer dans la
seconde hypothèse, a rendu un arrêt dans le même
sens le 16 décembre 1833, et fondé sur les mêmes
motifs. Cet arrêt a été cassé, mais seulement pour
vice de forme, et la Cour d'Amiens, devant laquelle
l'affaire a été renvoyée, a consacré la même doctrine
par arrêt du 25 janvier 1838 [1].

Ces deux Cours, dans leurs arrêts, n'ont pas déve-
loppé leur pensée, mais nous supposons que le raisonnement à *fortiori* qu'elles ont fait était fondé sur
l'esprit de la législation qui régit les enfants naturels;
esprit duquel il résulte que les droits des enfants naturels, limités dans leur principe, ne sont consacrés
par la loi qu'avec un sentiment de défaveur.

Cette pensée est, en effet, développée dans un arrêt
de la Cour de Rennes du 21 août 1844, qui s'est prononcé dans le même sens que l'arrêt du 13 mars 1837.

On la retrouve encore exprimée dans le rapport du
Tribunat. Le droit qu'a l'enfant naturel de rechercher quelle est sa mère est, disait-on, un bénéfice
qui lui est personnel, et il ne faut pas prolonger au
delà de la vie de l'enfant les inconvénients inévita-
bles et peut-être le scandale d'une pareille action.
C'est à lui seul qu'il appartient de rechercher sa mère,
et de la punir, s'il le faut, par la publicité de la de-

---

[1] Le pourvoi formé contre ce dernier arrêt a été rejeté le
30 novembre 1843.

mande, moins de la faute à laquelle il doit le jour, que de la réticence et de la dissimulation auxquelles il doit d'être jeté dans le monde sans état et sans nom.

Les décisions que nous venons d'analyser nous paraissent conformes aux principes du droit.

On objecte, il est vrai, que si la loi a déterminé les circonstances dans lesquelles les héritiers d'un enfant légitime peuvent intenter l'action en réclamation de l'état de leur auteur, c'est parce que cette action a pour effet de les placer dans la famille à laquelle ils cherchent à se rattacher, et de leur donner des droits, non pas seulement sur les biens de leur aïeul ou aïeule, mais encore sur les biens des parents en ligne directe et collatérale de ces derniers. Les mêmes motifs n'existent pas, dit-on, pour apporter des restrictions à l'action des héritiers de l'enfant naturel ou de ceux qui prétendent exercer des droits dans sa succession. La reconnaissance de l'enfant naturel ne le range pas au nombre des membres de la famille de son auteur, l'enfant reconnu n'a de droits que vis-à-vis du père ou de la mère qui l'a reconnu, et n'en acquiert aucun sur les biens de leurs parents en ligne directe ou collatérale. Cette objection n'est pas sans force; mais si on se reporte à l'exposé de motifs rédigé par le conseiller d'Etat Bigot Préameneu, et au rapport fait au Tribunat par M. Lahary, on voit que la pensée qui a dicté les articles 329 et 330, c'est que les héritiers de l'enfant n'ont pas à revendiquer, comme l'enfant lui-même, l'honneur de la légitimité ; que presque toujours leur de-

mande à cet égard n'a d'autre objet que l'appât d'une
succession. Or, ces raisons s'appliquent avec plus de
fondement encore à l'action en recherche de maternité exercée par les successeurs d'un enfant naturel.

RECHERCHE DE LA MATERNITÉ EN VUE DE RÉDUCTION D'UN LEGS OU D'UNE DONATION. (Art. 908.)

Les principes que nous venons d'analyser pour
faire repousser les demandes en recherche de maternité, qui sont faites au nom d'un enfant naturel décédé, trouvent encore ici leur application. Toutefois,
la question de savoir si les héritiers légitimes d'une
testatrice ou d'une donatrice peuvent être admis à
prouver que le légataire ou le donataire est l'enfant
naturel de cette dernière, pour arriver à faire réduire
le legs ou la donation, en se prévalant de la disposition de l'article 908, peut être résolue aussi par d'autres principes.

Il faut se reporter à l'intention qu'a eue le législateur, en fixant à une quote-part déterminée la portion que les enfants naturels peuvent prendre dans
la succession de leur auteur, et en prohibant qu'ils
puissent rien recevoir au delà de cette portion, soit
par donation entre vifs, soit par testament. Nous verrons aux chapitres *Des successions et des donations entre
vifs et testamentaires*, que le législateur a eu en cela un
double but: celui de donner satisfaction à la morale
publique qui a été outragée, et celui de venger la
famille de l'auteur de l'enfant naturel du préjudice
moral que lui cause la publicité de l'inconduite d'un

de ses membres, dévoilée par l'existence d'un enfant
illégitime [1].

Ce double but est atteint par les dispositions combinées des articles 756 et 908. L'outrage à la morale publique est vengé, par cela seul que les auteurs des enfants naturels sont privés de la faculté de donner un libre cours à la manifestation de leur sentiment paternel
ou maternel, en ne pouvant pas disposer de leur fortune en faveur de leurs enfants. Par la même raison,
la famille a obtenu satisfaction pour le préjudice
moral que lui cause l'atteinte portée à sa considération, par la survenance de cette parenté illégitime.
Ce préjudice moral est réparé en la personne des plus
proches parents, par l'attribution que leur fait la
loi de la portion héréditaire retirée à l'enfant naturel.

Il est évident, d'après cela, que l'économie des articles 757 et 908 ne permet pas d'admettre que, lors-

---

[1] C'est d'après ces principes qu'ont été résolues les questions
suivantes :

1º Au chapitre *Des Successions*, la question de savoir si la
portion qui revient à l'enfant naturel dans la succession de son
auteur est limitée au chiffre fixé par l'article 757, quoique cet
enfant soit en concours avec un légataire universel, au lieu d'ê-
tre en concours avec un héritier.

2º Au chapitre *Des Donations*, celle de savoir si un légataire
universel peut se prévaloir de l'article 908, pour faire réduire
une donation ou un legs fait à un enfant naturel par son auteur, lorsque cette libéralité excède la quotité déterminée par
l'article 757.

qu'une femme a disposé par donation entre vifs ou
par testament au profit d'une personne, les parents
de cette femme aient le droit de prouver que le donataire ou le légataire est son enfant naturel, pour
faire réduire la donation ou le legs à la portion déterminée en l'article 757. En effet, tant que la maternité naturelle n'est pas révélée, la cause pour laquelle
la loi défend à la mère d'un enfant naturel, de lui
faire des libéralités au delà d'une certaine quotité
n'existe pas. Vouloir faire constater cette maternité,
c'est donc donner soi-même naissance au préjudice moral que la loi a eu l'intention de réparer.
Une action judiciaire dirigée dans ce sens serait
donc directement contraire au but que l'on s'est proposé par l'article 908. D'ailleurs, on ne saurait soutenir, ni en morale, ni en droit, que celui qui est la
cause impulsive d'un préjudice puisse être admis à
en demander la réparation à son profit.

La Cour de Colmar a rendu un arrêt dans ce sens
le 4 mai 1844.

La Cour d'Amiens a rendu dans le même sens, à
la date du 9 août 1821, un arrêt qui est rapporté avec
l'arrêt de la Cour de cassation du 12 juin 1823.

La Cour de cassation semble avoir admis implicitement le contraire le 7 avril 1830; mais cet arrêt ne
peut pas faire autorité, parce que la question n'y est
pas discutée.

M. Marcadé adopte la même opinion que nous dans
ses *Éléments du droit civil français*, t. II, p. 489. Toutefois, il se fonde sur un système de punitions mo-

rales et de punitions matérielles entre lesquelles la
mère d'un enfant naturel et l'enfant lui-même auraient la faculté d'opter sans qu'on eût le droit de
forcer leur choix. D'après lui, la mère qui ne reconnaîtrait pas son enfant naturel subirait volontairement une punition morale, que subirait aussi de son
côté l'enfant naturel qui ne réclamerait pas sa mère.
Tandis que la mère qui reconnaît son enfant naturel
subirait la punition matérielle de ne pas pouvoir
lui transmettre tous ses biens, et l'enfant qui réclamerait sa mère subirait aussi la punition matérielle de ne
pas pouvoir recevoir d'elle la totalité de son bien. Or,
toujours d'après le même auteur, la punition morale
est bien plus énergique que la punition matérielle ;
donc il n'appartient à personne de substituer l'une à
l'autre contre le gré de celui qui veut bien la subir.

Il y aurait beaucoup de choses à dire sur un pareil
système, si on voulait le suivre dans toutes ses conséquences. Nous nous bornerons à faire observer,
pour le besoin de la question qui nous occupe, que
nous ne croyons pas que si une mère ne reconnaît
pas son enfant naturel, ce soit pour s'infliger bénévo-
lement une punition morale qui consisterait à ne pas
pouvoir produire sa qualité de mère. Nous croyons
encore moins que si un enfant naturel ne recherche
pas sa mère, ce soit pour se punir moralement par la
privation de la satisfaction qu'il éprouverait à pouvoir dire quelle est sa mère ; surtout qu'il préfère cette
punition, en la considérant comme la plus forte,
à celle de la perte d'une portion de patrimoine,

5

et précisément par ce motif-là. Nous pensons au contraire que si la mère garde le silence à l'égard de son enfant, c'est dans son propre intérêt, pour ne pas afficher le désordre de sa conduite et ne pas en fournir une preuve permanente, et que si l'enfant ne recherche pas sa mère, c'est par déférence pour elle ou parce que la filiation qu'il soupçonne ne lui paraît pas assez constante. Le sentiment de l'intérêt personnel est tellement inhérent à l'homme, que l'abnégation dont feraient preuve, d'après M. Marcadé, la mère d'un enfant naturel et cet enfant, serait considérée comme un acte d'héroïsme dont on ne trouve guère d'exemple que dans les romans.

M. Chardon (*Traité du dol et de la fraude*, t. III, p. 51, n° 392) critique l'arrêt de la Cour d'Amiens du 9 août 1821 que nous avons cité plus haut (p. 64), et résout en sens contraire la question qui nous occupe, parce qu'il en fait une question de fraude. Mais nous répondons à M. Chardon, que pour avoir l'action en fraude, il faut que la fraude ait causé préjudice aux droits de celui qui prétend exercer cette action. Or, les parents collatéraux n'ont pas un droit absolu dans la succession les uns des autres, chacun d'eux a la faculté de déshériter l'autre en donnant son bien à des légataires, sans qu'il puisse élever de réclamation sur ce point. Au surplus, le droit des parents collatéraux de demander la réduction d'une libéralité faite par leur parent à un étranger, sous prétexte que ce prétendu étranger est son enfant naturel, ne peut être ouvert qu'autant que la filiation naturelle serait établie, et nous supposons que cette filiation soit à prouver. Une pareille action ne reposerait donc sur aucune base.

L'arrêt de la Cour de cassation du 20 novembre 1843, qui a maintenu l'arrêt de la Cour d'Amiens du 25 janvier 1838 dont il est parlé page 60, a été critiqué aussi par M. Pont dans un article publié dans la *Revue de Législation et de Jurisprudence*, t. XIX, p. 254.

L'opinion contraire à celle que nous venons de développer sur le droit que peuvent avoir les héritiers d'un enfant naturel et les tiers de rechercher quelle est la mère de l'enfant, a été admise par MM. Richefort, *De l'état des familles légitimes et naturelles*, t. II, n° 337, p. 39; Merlin, *Répert.*, v° *Maternité*, n° 5, et Valette, dans ses annotations sur le *Traité de l'état des personnes*, par Proudhon, t. II, p. 140; Zachariæ, t. IV, p. 73.

52. La disposition de l'article 328, qui dit que l'action en réclamation d'état est imprescriptible à l'égard de l'enfant, concerne aussi bien l'état d'enfant naturel que celui d'enfant légitime. L'état d'enfant naturel est, il est vrai, moins élevé, moins complet, moins honorable, mais enfin c'est un état[1].

L'état de fils légitime, dit Toullier, n'est autre chose que la qualité de fils de telle mère et de tel père. Or, il est évident qu'une pareille qualité ne peut être dans le commerce; elle ne peut être ni acquise, ni aliénée, ni par conséquent s'acquérir ou se perdre par la pres-

---

[1] C. RR. Rouen, 22 janv. 1840.   C. C. Aix, 12 juin 1838.

cription; elle est essentiellement inhérente à la personne, et ne peut finir qu'avec elle. Les mêmes raisons s'appliquent à l'enfant naturel, dont l'état est également la qualité de fils de telle mère et de tel père, et comme aucun laps de temps ne peut effacer sa naissance, il ne peut pas davantage lui faire perdre son état.

Ces principes sont également applicables aux transactions sur l'état d'enfant naturel.

C. RR. Grenoble, 22 avril 1840.   C. C. Aix [1], 12 juin 1838.
C. C. Besançon, 27 février 1839.

Il suit de là que celui qui a intenté contre une femme une demande en recherche de maternité, et qui s'est désisté de son action, ne s'est pas rendu par là non recevable à la recommencer. M. Valette critique avec raison, dans ses notes sur Proudhon, *Traité de l'état des personnes*, un arrêt de la Cour de Paris du 3 juillet 1813 (1812, d'après lui), qui a jugé le contraire.

L'enfant naturel peut, il est vrai, transiger valablement sur les résultats pécuniaires de son droit admis et reconnu, mais il ne lui est pas permis de transiger sur le droit lui-même, parce que l'état d'enfant naturel étant l'œuvre de la nature et de la loi, et non le produit de la volonté des parties, cette volonté est impuissante pour le détruire (art. 6, 1108, 1128,

---

[1] L'arrêt de la Cour d'Aix, qui a été cassé, est du 16 juin 1836.

1131, 1133, 1172, 2045, 2226, Cod. civ.; 1004, Cod. pr.

L'honneur et la tranquillité des familles peuvent sans doute porter quelquefois les parties à faire une transaction pour éviter un scandale. Mais, comme le disait M. Tarbé dans un de ses réquisitoires [1], cette répression publique de la corruption des parents et du crime de la suppression d'état, est un frein que le législateur a voulu maintenir, et ce serait aller contre le vœu de la loi que d'autoriser des transactions à l'aide desquelles le silence du pauvre vient en aide à la corruption du riche.

Il faut toutefois distinguer le cas où c'est l'enfant lui-même, dont l'état est mis en question, qui renonce à cet état, du cas où c'est un tiers qui abandonne le droit de le lui contester.

Lorsque c'est un tiers ou un membre de la famille qui renonce à contester l'état de l'enfant, il résulte contre eux de cette renonciation une fin de non-recevoir personnelle, parce qu'alors la renonciation n'est que déclarative et non constitutive de l'état.

C'est sur cette distinction que reposent les arrêts de la Cour de cassation des 24 juillet 1835, 27 décembre 1831, 13 et 18 avril 1820, et ceux de la Cour de Montpellier des 2 mars 1832 et 4 février 1824.

Cette distinction est admise par Zachariæ, t. III, p. 633.

Elle est, au surplus, consacrée implicitement par l'article 314, qui refuse au mari le droit de désavouer

---

[1] Voir l'arrêt de la Cour de cassation du 12 juin 1838.

l'enfant né avant le cent quatre-vingtième jour de son mariage, lorsqu'il a reconnu sa paternité, et par les articles 316 et suivants, qui assignent un délai au droit de former les actions en désaveu[1].

A plus forte raison, la renonciation à une contestation relative à l'état d'enfant naturel devrait-elle être maintenue, lorsque la contestation étant dirigée par des frères et sœurs, elle a pour résultat de leur donner un état contraire à leur titre de naissance et à une possession conforme, et de déshonorer leurs père et mère[2].

Montpellier, 2 mars 1832.   Paris, 6 juillet 1812.

53. L'état d'un enfant est nécessairement indivisible, si on le considère d'une manière abstraite. Un individu ne peut pas être, en effet, à la fois légitime et illégitime. De là naît la question de savoir si les décisions judiciaires qui prononcent sur la légitimité ou l'illégitimité de la filiation, ont effet même à l'égard des personnes qui n'ont pas été appelées en cause et qui ont le même intérêt.

La Cour d'Angers a admis implicitement la négative par arrêt du 11 avril 1821, et le pourvoi formé contre cet arrêt a été rejeté le 28 juin 1824.

Toullier, qui approuve cet arrêt, s'exprime ainsi à son occasion (t. X, n° 238) : «Les qualités purement naturelles, celles qui sont formées par la nature, ne

---

[1] Voir au chapitre II, *Des preuves de la filiation des enfants adultérins ou incestueux.*

[2] Voir chapitre XII, *Des Successions.*

peuvent se diviser, parce qu'une chose ne peut en
même temps être et n'être pas; par exemple, la qualité
de fils de tel père ou de telle mère est immuable, indivisible et indestructible aux yeux de la nature.
Aucune puissance ne peut faire que je ne sois pas réellement le fils de mon père ou de ma mère, *Jura san-*
guinis nullo jure civili dirimi possunt (L. 88, ff. *De reg.*
jur.). Mais les droits que la loi attache à la qualité de
fils peuvent se diviser, parce qu'ils sont l'ouvrage du
droit civil, tels que les droits de famille, les droits de
succéder, etc. Bien plus, si la qualité de fils est naturellement immuable et indestructible, le droit civil
peut la faire disparaître au moyen de la chose jugée.
Si ma qualité de fils de tel père est contestée, il faut
recourir aux tribunaux pour la faire reconnaître, et
leur jugement peut décider que je ne suis pas le fils
de mon père. Le jugement, quoique fondé sur une
erreur, passera, aux yeux de la loi, pour une vérité.
« *Res judicata pro veritate habetur.* »

Ce passage de Toullier ne contient que des généra-
lités abstraites et théoriques qui n'ont pas un rapport direct avec la question qui nous occupe. Ce qu'il
importe aux lecteurs, c'est de savoir quelle est la position respective des parties, au point de vue de la
loi.

Cette position est tracée par l'article 100 du Code
civil, qui dit que les jugements de rectification de l'é-
tat civil ne peuvent, dans aucun cas, être opposés
aux parties intéressées qui ne les ont pas requis ou
qui n'y ont pas été appelées. Il résulte de cet article

que les jugements qui statuent sur l'état des personnes ne règlent cet état qu'entre ceux qui sont parties dans le jugement; mais l'état précédemment constaté subsiste à l'égard des autres.

Valette, notes sur Proudhon, *Traité de l'état des personnes*, t. II, p. 66; Duranton, t. III, n°s 101 et 102; Zachariæ, t. III, p. 650 et 667; Merlin, *Répert.*, v° *Question d'état*, § 3, art. 1er, n° 11 à 14.

Toutefois, la Cour de Pau a admis au contraire, le 20 janvier 1837, que les jugements qui statuent sur des questions de filiation sont obligatoires, même pour les personnes qui n'y ont pas été parties.

54. Un enfant n'est jamais admis à la recherche de la maternité dans le cas où, suivant l'article 335, la reconnaissance n'est pas admise, c'est-à-dire lorsque la maternité serait adultérine ou incestueuse (art. 342).

55. La Cour d'assises de la Haute-Garonne a jugé implicitement, le 12 mai 1823, que la disposition de l'article 327, qui déclare que l'action criminelle contre un délit de suppression d'état ne peut commencer qu'après le jugement définitif sur la question d'état, concerne aussi bien les enfants naturels que les enfants légitimes.

La Cour de cassation avait admis implicitement aussi le même principe le 25 novembre 1808.

Cette opinion est également celle de M. Mangin (*Traité de l'action publique*, t. I, p. 419). « L'état de l'enfant naturel, dit-il, confère des obligations. D'ailleurs, l'article 345 du Code pénal ne distingue pas

entre les enfants naturels et les enfants légitimes. Le
but de cet article, ainsi que l'annonce le titre de la
section dans laquelle il est placé, est de punir les
crimes tendant à empêcher ou à détruire la preuve
de l'état civil d'un enfant [1].

56. La reconnaissance d'un enfant naturel consacrée par jugement produit en général les mêmes
effets qu'une reconnaissance volontaire.

Zachariæ, t. III, p. 38 ; Delvincourt, p. 237 et 238; Chabot, *Des Successions*, sur l'article 1756, n° 3 ; Favard de Langlade, *Répert.*, v° *Reconnaissance d'enfant naturel*, Sect. II,
§ 2, n° 1 ; Duranton, t. III, p. 255 ; Valette, dans ses notes sur
Proudhon, *Traité de l'état des personnes*, t. II, p. 161 ; Delvincourt, note 3, sur la page 94 du tome Ier.

Nous avons vu toutefois, à la section précédente,
qu'il y a entre ces deux sortes de reconnaissance
une différence pour l'application de l'article 337.

SECTION IV.

DE LA POSSESSION D'ÉTAT D'ENFANT NATUREL [2].

SOMMAIRE.

57. *De la possession d'état en ce qui concerne la paternité.*
58. *Controverse sur l'effet de la possession d'état en ce qui concerne
la maternité.*

---

[1] Voir l'explication de l'article 327, au chapitre XIV *Des
Preuves de la filiation des enfants légitimes.*

[2] Pour savoir ce que l'on entend par la possession d'état,
il faut consulter le chapitre intitulé *Des Preuves de la filiation des enfants légitimes.*

57. La déclaration de paternité faite par le père dans l'acte de naissance, ou cette déclaration consignée postérieurement dans un acte authentique, sont les seuls moyens de preuve autorisés par la loi pour constater quel est le père d'un enfant naturel. Il faut que ce soit le père qui reconnaisse lui-même sa paternité.

Ce point ne nous paraît susceptible d'aucune contestation sérieuse, il ressort forcément du rapprochement de l'article 334, qui exige la reconnaissance du père, et de l'article 340, qui interdit la recherche de la paternité.

Ainsi la possession d'état d'enfant naturel de tel père, lors même qu'il s'y joindrait une présomption plus ou moins certaine résultant de faits constants et d'actes autres qu'un acte authentique, ne suffirait pas pour établir la paternité naturelle.

C. R. Agen, 13 mars 1827.   Limoges, 27 août 1811.

Zachariæ, t. IV, p. 67; Proudhon, *Traité de l'état des personnes*, éd. Valette, t. II, p. 18; Duranton, t. III, n° 238.

58. A l'égard de la mère, l'influence de la possession d'état d'enfant naturel est moins décisive.

M. Toullier (t. II, p. 249, n° 970) prétend qu'elle est insuffisante pour établir la filiation naturelle [1].

---

[1] «Le Code qui a voulu, dit M. Toullier, qu'à défaut de titre, la possession constante de l'état d'enfant légitime fût une

Cette opinion a été consacrée par un arrêt de la Cour de Bourges du 2 mai 1837, et un arrêt de la Cour de Montpellier du 20 mars 1838, quoique dans les deux causes la possession d'état fût conforme à l'acte de naissance.

MM. Delvincourt, Proudhon et Duranton (*Traité*

---

preuve suffisante de filiation (art. 320), n'a point appliqué cette disposition aux enfants naturels. La commission chargée de présenter un projet de Code, avait proposé d'admettre la preuve testimoniale lorsque l'enfant aurait une possession constante de la qualité de fils naturel de la mère qu'il réclame. Mais cette proposition fut retranchée du Code. Il ne paraît donc pas que l'enfant naturel puisse présenter pour commencement de preuve de sa filiation la possession de son état.

Il est vrai que Portalis, qui combattait la proposition de la commission, dit qu'il serait absurde de présenter la possession constante comme un simple commencement de preuve, puisque cette sorte de possession est la plus naturelle et la plus complète de toutes les preuves. Il ajoutait que des faits de possession isolés, passagers et purement indicatifs, peuvent n'être qu'un commencement de preuve, mais qu'il y a preuve entière lorsqu'il y a possession constante. Mais cette opinion ne fut point admise. L'article 341 n'admet l'enfant naturel à la preuve testimoniale que lorsqu'il y a déjà un commencement de preuve par écrit.

La possession, même constante, de la qualité d'enfant naturel, possession qui ne peut être prouvée que par témoins, ne peut donc être présentée ni comme un commencement de preuve, ni comme une preuve complète de filiation. Il doit arriver rarement que l'enfant naturel qui a une possession constante de sa qualité, n'ait pas quelque commencement de preuve par écrit. »

de l'état des personnes), et Locré (*Esprit du Code civil*,
t. IV, p. 221 et suiv., et t. V, p. 304) [1], soutiennent
au contraire que la filiation maternelle est suffisamment prouvée par la possession d'état d'enfant naturel, et cette doctrine a été consacrée par deux arrêts
de la Cour de Bastia des 31 mars 1840 et 17 décembre 1834.

Mais dans l'arrêt du 31 mars 1840, la Cour met
pour condition que la possession d'état ne soit pas à
prouver. Il faut, d'après l'arrêt, qu'elle soit acquise
par des actes et des faits déjà constants. Or, il est
évident que cette condition implique l'existence d'un
commencement de preuve par écrit.

---

[1] M. Delvincourt, t. 1er, p. 234: « La possession constante
de l'état de fils naturel de la mère réclamée serait-elle regardée comme un commencement de preuve de la filiation? L'on
avait proposé au Conseil d'État un article portant qu'elle serait
considérée comme un commencement de preuve suffisant pour
faire admettre la preuve testimoniale ; mais cet article a été
supprimé, sur le fondement que cette possession, étant le plus
puissant de tous les titres, devait par conséquent faire preuve
entière. »

Proudhon, *Traité sur l'état des personnes*, 3me édit., augmentée par Valette, t. II, p. 143 : « Un père ne peut légalement faire sa reconnaissance que d'une manière expresse,
puisqu'elle doit être consignée dans un acte authentique ; tandis que la reconnaissance de la mère peut résulter de la possession d'état qu'elle aurait accordée à l'enfant.............»

« Les commissaires rédacteurs du projet du Code l'avaient
pensé autrement : ils avaient inséré dans l'article 26, tit. VII,
liv. 1er, que la preuve testimoniale serait admise lorsque l'en-

M. Valette va plus loin dans ses notes sur Proudhon (t. II, p. 150). Il admet que la possession d'état d'enfant naturel est une preuve suffisante non-seulement de la maternité, mais même de la paternité. Il adopte en cela une opinion émise par M. Demolombe, professeur à la Faculté de droit de Caen, dans un article remarquable publié dans la *Revue de législation et de jurisprudence*, t. I, p. 59.

59. La question qui nous occupe présente cela de remarquable, que tous les auteurs indistinctement s'appuient pour défendre leur opinion sur ce qui s'est passé au Conseil d'État lors de la discussion du Code civil.

Peut-être aurait-il été convenable de mettre la

---

fant aurait *une possession constante de la qualité de fils naturel de la mère qu'il réclame* ; mais M. Portalis observa dans la discussion : « que toutes les fois qu'on jouit de son état constamment, « publiquement et sans trouble, on a le plus puissant de tous les « titres ; qu'il serait donc absurde de présenter la possession « constante comme un simple commencement de preuve, « puisque cette sorte de possession est la plus naturelle et la plus « complète de toutes les preuves. Des faits de possession isolés, « passagers et purement indicatifs, peuvent n'être qu'un com- « mencement de preuve : mais, encore une fois, il y a preuve « en titre lorsqu'il y a possession constante. » Et sur cette observation, la rédaction présentée par MM. les commissaires fut changé : il faut donc tenir pour certain qu'un enfant naturel est très-légalement reconnu par la mère qui l'a allaité, nourri et élevé, sans qu'il y ait aucun acte authentique de sa part pour prouver la maternité et pour en constater l'identité autrement que par une possession d'état constante et avérée. »

Voir également M. Duranton, t. III, n° 238.

possession d'état au nombre des moyens de preuve
autorisés par la loi pour établir la filiation naturelle; mais en présence du texte du Code civil,
la question n'est pas aussi simple qu'il semblerait
au premier abord résulter des écrits des auteurs qui
s'en sont occupés.

Voici, quant à nous, les raisons qui nous font douter:

L'inefficacité de la simple possession d'état pour
établir la situation naturelle à l'égard de la mère, résulte implicitement de l'article 336, d'après lequel l'aveu de la femme établit sa maternité lorsqu'elle est déclarée dans l'acte de reconnaissance du
mari. L'aveu dont parle cet article est un aveu ver-
bal qui a beaucoup d'analogie avec la possession
d'état, car la possession d'état se forme par des aveux
réitérés; eh bien! il n'est pas suffisant pour prouver
la maternité, il ne vaut que comme confirmation de
la déclaration faite par le père dans son acte de reconnaissance, de la personne qui est la mère de l'enfant. Par la même raison, la possession d'état ne doit
pas être une preuve suffisante de la filiation.

Zachariæ émet la même opinion, t. IV, p. 74.

On ne saurait invoquer, pour faire prévaloir la
possession d'état comme preuve de la maternité,
l'article 320, qui dit qu'à défaut d'acte de naissance
la possession d'état d'enfant légitime suffit; car cet
article ne concerne que la filiation légitime, et n'est
applicable que lorsque le registre contenant l'acte de
naissance a été perdu. Le législateur a recouru alors
au seul moyen possible de suppléer à l'absence de ce

document. D'ailleurs, à la possession d'état doit se joindre dans ce cas l'acte de célébration du mariage des père et mère, ou après leur mort la preuve de leur possession d'état d'époux.

Mais lorsque l'acte de naissance est représenté, non-seulement il n'y a plus lieu de recourir à la simple possession d'état, mais même cet acte proteste par son silence contre la maternité que l'on veut établir.

D'ailleurs, la présomption qui pourrait résulter de la possession d'état pour établir la maternité, est loin d'être aussi influente en matière de filiation naturelle qu'en matière de filiation légitime.

Dans le mariage, on doit supposer que les inclinations d'un mari et d'une femme sont conformes à leur état et à la fin à laquelle ils sont destinés. La vraisemblance et la probabilité servent donc de fondement à la présomption de maternité; nous dirions presque, pour nous servir d'une expression consacrée sous l'ancien droit, que *le mariage la démontre.*

Mais en dehors du mariage, c'est la présomption contraire qui prévaut. Le célibat ou le veuvage de la femme à qui on veut attribuer la maternité doit repousser la supposition qu'elle ait donné le jour à un enfant. Ce fait doit donc être prouvé avant toutes choses.

60. L'article de M. Demolombe, dont nous avons parlé plus haut, présentant sous un jour tout à fait nouveau l'influence de la possession d'état comme preuve de la filiation naturelle, nous croyons utile d'en reproduire ici les principaux passages, pour

n'omettre aucun des éléments qui peuvent servir à résoudre la question. « Voici, dit ce jurisconsulte, mon point de départ : Le père naturel peut reconnaître son enfant naturel ; or, la possession d'état est une véritable reconnaissance. Lorsqu'un homme a constamment et publiquement traité un enfant comme le sien, lorsqu'il l'a présenté comme tel dans sa famille, dans la société ; lorsqu'il lui a donné son nom, lorsqu'il a, en qualité de père, toujours pourvu à ses besoins, à son entretien, à son éducation, il est impossible de dire qu'il ne l'a pas reconnu... Il est vrai que cette reconnaissance n'est pas consignée dans un acte ; tout ce qu'il faut en conclure, c'est qu'elle est bien plus complète, bien plus décisive encore. — Que d'avantages, en effet, la possession d'état n'a-t-elle pas sur le titre ! — Le titre ne prouve pas l'identité... La possession d'état la prouve nécessairement. — Le titre est l'ouvrage d'un moment, d'un aveu instantané... La possession d'état est une reconnaissance publique, notoire, qui a pour témoins la famille, la société tout entière.

« Deux raisons principales paraissent avoir déterminé l'opinion que nous combattons. La première, tirée de l'article 340, qui prohibe la recherche de la paternité. La seconde, tirée du silence gardé par le Code civil sur la possession d'état, dans le chapitre *Des enfants naturels*. Examinons-les successivement.

« D'abord, quant à l'article 340, il me semble qu'on ne peut invoquer ni son texte, ni ses motifs.

Son texte... Il interdit *la recherche de la paternité.* Or, il
ne s'agit pas ici, de la part de l'enfant, de *rechercher
la paternité*, d'intenter une action en réclamation
d'état. Son état, il le possède; la paternité, elle est
avouée, elle est reconnue... Le texte de l'article 340
n'est donc pas applicable.

« *Ses motifs* le sont-ils davantage? Je crois que la
défense de rechercher la paternité est principalement
fondée : 1° sur le scandale de ces sortes de recherches;
2° sur l'incertitude du résultat, sur l'impossibilité de
prouver le fait mystérieux de la paternité. Aucun de
ces motifs ne me paraît pouvoir être invoqué. D'une
part, point de scandale; il ne s'agit pas de faire une
enquête sur les relations secrètes, les habitudes intimes de celui qu'on prétend être le père... Tel
homme a-t-il élevé, nourri, établi cet enfant? lui a-
t-il donné son nom? l'a-t-il présenté comme son fils,
à sa famille, à la société? a-t-il pourvu en qualité de
père, constamment, publiquement, à tous ses besoins? En un mot, trouve-t-on dans la cause les trois
caractères de la possession *nomen, tractatus, fama?*
Voilà les faits positifs qu'il s'agit de prouver. Y a-t-il
là la moindre idée de scandale? — D'un autre côté,
rien d'incertain, nulle preuve plus facile; les faits
constitutifs de la possession d'état sont même tels que
l'enquête sera le plus souvent péremptoire; car ils
doivent être publics, notoires, unanimes. — La première raison tirée de l'article 340 ne me paraît donc
pas concluante.

« J'arrive à la seconde, tirée de ce que le Code civil

6

n'a parlé de la possession d'état que dans le chapitre II
de la filiation des enfants légitimes, et qu'il ne l'a point
rappelée dans le chapitre III, *des enfants naturels*. Je
ferai d'abord une remarque, c'est que cette raison
serait vraie pour la mère naturelle aussi bien que
pour le père; or, nous avons rappelé que presque
tous les auteurs enseignent que la possession d'état
fait preuve de la maternité naturelle. Qu'on n'objecte pas que la maternité peut être recherchée,
tandis que la paternité ne peut pas l'être; ce serait
reproduire la première raison, la même à laquelle je
viens de répondre...

« Mais ce n'est pas tout; si l'on veut examiner
attentivement l'ensemble, l'économie générale des
chapitres II et III du titre VII, il me semble que l'on dé-
couvrira qu'il n'y a point d'argument à tirer de ce
que dans le chapitre III, qui est relatif aux enfants
naturels, le législateur n'a point parlé de la possession d'état.

« Quatre règles principales, en ce qui concerne
les preuves de la filiation, sont consacrées dans le chapitre II : 1° la filiation des enfants légitimes se prouve
par les actes de naissance inscrits sur les registres de
l'état civil (art. 319). — 2° A défaut de titre, la possession constante d'état d'enfant légitime suffit (art.
320). — 3° A défaut de titre et de possession, la filiation peut se prouver par témoins, lorsqu'il y a
commencement de preuve par écrit, et lorsque les
présomptions ou indices résultant de faits dès lors
constants, sont assez graves pour déterminer l'admis-

sion de la preuve testimoniale (art. 323). — 4° Nul ne
peut réclamer un état contraire à celui que lui donnent
son acte de naissance et la possession conforme à ce
titre, et réciproquement, nul ne peut contester l'é-
tat de celui qui a une possession conforme à son titre
de naissance. (art. 322). — Ces quatre règles sont
posées dans le chapitre *de la filiation des enfants légitimes*, qui renferme aussi d'autres dispositions importantes sur le commencement de preuve par écrit
(art. 324), sur la compétence en matière de question d'état (326-327), sur la nature et la durée de
l'action (328), sur sa transmission aux héritiers
(329-330). Si les quatre grandes règles concernant
la preuve de la filiation, et les autres dispositions
renfermées dans le chapitre des enfants légitimes,
eussent été *toutes* et *sans modifications* applicables aux
enfants naturels, on n'aurait pas fait deux chapitres
séparés pour les uns et pour les autres. — Mais au
contraire, parmi les dispositions consacrées dans le
chapitre ii, *de la filiation légitime*, il y en avait de deux
sortes : les unes applicables sans modifications à la
filiation naturelle ; les autres qui devaient être modifiées pour être appliquées à cette espèce de filiation.

« Quant aux premières, il était inutile de les reproduire de nouveau ; il ne s'agissait plus que d'exposer,
dans un chapitre spécial, les modifications que certaines règles seulement du chapitre ii devront subir
dans leur application à la filiation naturelle. Or, on
les a modifiées sous deux rapports : 1° quant au titre
(comparez art. 319-334), 2° quant à l'action en ré-

clamation d'état (comparez art. 323, 340, 341).
— Voilà, ce me semble, le but spécial, exceptionnel
du chapitre III. Quant à celles des dispositions du chapitre II, auxquelles il n'est pas dérogé dans le chapitre
III, il faut dire, d'après cela, qu'on a voulu qu'elles
fussent communes et applicables aux enfants naturels. S'il fallait se renfermer dans le chapitre III, on ne
tarderait pas à voir combien ses dispositions seraient
incomplètes, insuffisantes.— Non-seulement, en effet,
il n'y est rien dit de la possession d'état ; mais il n'y
est rien dit non plus de la règle de l'article 322,
d'après laquelle nul ne peut réclamer un état contraire à celui que lui donne sa possession conforme à
son acte de naissance et réciproquement. — Rien des
caractères du commencement de preuve par écrit.
— Rien de la compétence des tribunaux civils ou
criminels. — Rien de la durée de l'action, de sa
transmission aux héritiers.

« Dira-t-on, en conséquence, que ni les articles
322, ni les articles 326, 327, 328, 329, 330, ne sont
pas applicables à la filiation naturelle ? Mais alors on
manque de textes, on tombe dans le vague, on ouvre
carrière à une foule de questions et de difficultés... »

CHAPITRE II.

DE LA PREUVE DE LA FILIATION DES ENFANTS ADULTÉRINS OU INCESTUEUX.

(Art. 312, 313, 316, 317, 318, 335, 342.)

SOMMAIRE.

61. *Moralité de la disposition de l'article 335, qui interdit les re-connaissances de filiations adultérines ou incestueuses.*

62. *Toutes les reconnaissances des enfants adultérins ou inces-tueux sont nulles.*

63. Quid *lorsqu'un enfant a été reconnu dans le même acte par deux personnes de sexe différent, dont l'une était mariée?*

64. Quid *lorsqu'un enfant a été reconnu dans le même acte par deux personnes parentes au degré auquel le mariage est prohibé?*

65. Quid *si la constatation de la maternité postérieure à celle de la paternité était consacrée par jugement?*

66. *On ne peut pas porter le nom de celui dont on n'a pas légale-ment été reconnu le fils adultérin ou incestueux.*

67. *La recherche de la paternité ou de la maternité adultérine ou incestueuse est interdite.*

68. *Cas dans lesquels la filiation adultérine ou incestueuse est ré-putée constante.*

69. *La nullité de la reconnaissance d'un enfant adultérin ou in-cestueux empêche-t-elle cet enfant de demander des aliments à son prétendu père et de recueillir une donation qui lui est faite par ce dernier?*

70. *Explication du silence gardé dans l'ouvrage sur plusieurs questions qui ne se rattachent pas nécessairement à son sujet.*

71. *Pourquoi les femmes mariées n'ont pas besoin de former d'ac-tions en désaveu.*

DÉSAVEU A L'ÉGARD DE L'ENFANT DONT LA FILIATION LÉGITIME
N'EST PAS ÉTABLIE PAR L'ACTE DE NAISSANCE.

88. *Esprit de l'article* 325. — *Conséquence de la disposition qu'il renferme.*

RÈGLES GÉNÉRALES CONCERNANT LES ACTIONS EN DÉSAVEU.

89. *Par quelle sorte d'acte doit être fait le désaveu.*

90. *Le désaveu peut être formé par action principale ou comme moyen de défense.*

91. *Du désaveu par action principale.*

92. *Du désaveu comme moyen de défense.*

93. *Le désaveu en défense peut être explicite ou implicite.*

94. *Lorsque le mari est interdit, l'action en désaveu peut-elle être intentée par son tuteur ?*

95. Quid *lorsque le mari est absent ?*

96. *De l'autorité de la chose jugée en matière de désaveu.*

97. *Délai dans lequel doit être formée l'action en désaveu* (art. 316).

98. *De quel moment court le délai lorsque le mari était absent.*

99. *De quel moment court ce délai lorsque la naissance de l'enfant a été cachée au mari.*

100. Quid *lorsque l'enfant a été inscrit sous des noms supposés ?*

101. *Après la mort du mari, l'action en désaveu passe à ses héritiers. Ce qu'il faut entendre par héritiers* (art. 317).

102. *Le droit des héritiers de former l'action en désaveu embrasse-t-il toutes les causes de désaveu ?*

103. *Délai assigné aux héritiers pour qu'ils forment leur action.*

104. *Ce délai court contre les mineurs.*

105. *Actes qui troublent les héritiers dans leur jouissance et qui servent de point de départ au délai qui leur est assigné.*

106. *La simple connaissance qu'ils auraient des prétentions de l'enfant ne ferait pas courir ce délai.*

107. *Les héritiers peuvent former l'action en désaveu avant qu'ils aient été troublés par l'enfant.*

108. *Le délai assigné aux héritiers pour leur action en désaveu s'applique-t-il à la contestation de l'état de l'enfant né plus de trois cents jours après la dissolution du mariage ?*

109. *Le désaveu doit être suivi d'une action dans le mois* (art. 318).

110. *La déchéance prononcée contre un des héritiers ne peut être opposée aux autres.*

111. *Il n'y a pas déchéance lorsque la mère de l'enfant n'a pas été appelée dans l'instance dans le mois à partir du désaveu.*

112. *Le désaveu doit être suivi d'une action dans le mois, quoiqu'il n'ait pas été signifié.*

113. *Si l'acte de désaveu est nul, ce délai d'un mois ne court pas.*

114. *Une citation en conciliation peut être considérée comme ayant commencé l'instance.*

115. *L'action en désaveu doit être formée contre un tuteur* ad hoc *nommé à l'enfant.*

116. *Comment ce tuteur doit être nommé.*

117. *Il n'y a pas lieu de nommer un subrogé-tuteur.*

118. *L'action en désaveu ne peut pas être exercée par les créanciers du mari.*

119. *Elle peut l'être par les créanciers des héritiers.*

120. *Il n'y a pas lieu à désaveu lorsque l'enfant n'est pas né viable.*

121. *L'enfant dont l'état est contesté a droit à une provision pour suivre le procès.*

61. Antérieurement au Code civil, on pouvait déclarer, quoiqu'on fût engagé dans les liens du mariage, qu'un enfant né hors mariage provenait de ses œuvres. Mais les rédacteurs du Code civil ont compris la nécessité de proscrire, par respect pour les bonnes mœurs et pour la pudeur publique, les reconnaissances et les aveux volontaires d'inceste et d'adultère, et de prévenir, par une fin de non-recevoir péremptoire, les débats scandaleux auxquels pourraient donner lieu ces honteuses révélations.

Tel est le but de l'art. 335, qui repousse les déclarations de paternité et de maternité qui auraient pour résultat de constater que les enfants auxquels elles

s'appliquent sont nés d'un commerce incestueux ou
adultérin.

62. Les considérations d'ordre social et de morale
publique qui ont dicté cette disposition de la loi, dé-
notent assez qu'elle doit être considérée comme absolue et qu'elle embrasse dans sa généralité tous les
modes de reconnaissance, aussi bien les reconnaissances qui seraient faites dans les actes de naissance,
que celles qui seraient faites par des déclarations ul-
térieures.

Aussi est-il consacré par une jurisprudence impo-
sante, que la reconnaissance, la déclaration ou l'aveu
d'une paternité ou d'une maternité adultérine ou incestueuse sont radicalement nuls et ne peuvent produire aucun effet, soit contre l'enfant, soit à son profit.

C. C. Lyon, 3 février 1841.   Riom, 6 août 1821.
Montpellier, 20 mars 1838.   C. RR. Agen, 6 avril 1820.
Limoges, 9 juin 1838.   Rouen, 6 juillet 1820.
C. C. Rennes, 4 déc. 1837.   Amiens, 20 févier 1819.
Bordeaux, 21 déc. 1835.   Riom, 28 juin 1819.
Montpellier, 19 janv. 1832.   C. RR. Dijon, 11 nov. 1819.
Toulouse, 15 mai 1827.   C. RR. Angers, 1er avr. 1818.
C. R. Poitiers, 1er août 1827.   Dijon, 29 août 1818.
Paris, 7 avril 1825.   Paris, 17 décembre 1816.
Agen, 5 février 1824.   C. R. Paris, 28 juin 1815.
C. C. Nancy, 9 mars 1824.   C. RR. Bruxelles, 14 mai 1811.
Poitiers, 7 avril 1824.   Bourges, 7 mai 1810.
Poitiers, 11 déc. 1824.   C. C. Limoges, 14 mai 1810.
Pau, 27 juillet 1822.   Paris, 6 juin 1809.

Les auteurs sont également presque tous d'accord
sur ce point :

Zachariæ, t. IV, p, 90 ; Loiseau, p. 732 et suiv. ; Duranton, t. III, n° 195 et suiv. ; Chabot, *Des Successions*, sur l'article 762, n°s 3 et 4 ; Belos Jolimont, sur Chabot, observ. 1re sur l'art. 762 ; Grenier, *Des Donations*, t. Ier, n° 130 *bis* ; Malper, *Traité des Successions*, n°s 168 et suiv. ; Poujol, *Traité des Successions*, sur les articles 62 et 764 ; Malleville, sur les articles 340 et 372.

Il n'y a qu'un petit nombre de dissidents qui accordent des aliments aux enfants naturels volontairement reconnus.

Toullier, t. II, n° 967 ; Merlin, *Répert.*, v° *Filiation*, n°s 20 et suiv. ; Vazeille, *Traité du mariage*, t. II, p. 504 ; Bedel, *Traité de l'adultère*, n°s 70 et suiv.

63. D'après M. Zachariæ (t. IV, p. 90), lorsqu'un enfant a été reconnu dans le même acte par deux personnes de sexe différent, dont l'une était mariée à l'époque de la conception, la reconnaissance est nulle, même à l'égard de celle qui n'était pas mariée. Il donne pour raison que la déclaration de cette dernière étant corrélative à la déclaration de la personne qui se trouvait engagée dans les liens du mariage, et ne pouvant en être séparée, établit nécessairement l'adultérinité de l'enfant reconnu. Cette opinion a été consacrée par l'arrêt de la Cour de Paris du 7 avril 1825.

M. Zachariæ et la Cour de Paris auraient raison, s'il était vrai que les deux déclarations de paternité et de maternité fussent en effet corrélatives, mais il n'en est rien. L'enfant peut très-bien avoir pour mère la femme qui est désignée dans l'acte, et ne pas avoir pour père l'homme qui y est dénommé, et *vice versá*. Rien n'empêche par conséquent qu'une des deux reconnaissances soit maintenue et que l'autre soit annulée. Il est si vrai qu'une reconnaissance d'enfant naturel faite en dehors des dispositions de la loi, peut être déclarée nulle sans que cette nullité entraîne celle de toutes les autres dispositions contenues dans l'acte de reconnaissance, que M. Zachariæ admet lui-même, page 93, d'accord en cela avec la jurisprudence, que l'acte de donation qui proclame en même temps le donataire comme pour être l'enfant naturel du donateur, vaut comme donation, quoiqu'il soit nul comme reconnaissance d'enfant [1].

64. Mais nous pensons avec le même auteur (*ub. sup.*), que dans le cas où un enfant aurait été reconnu par un homme et une femme, parents ou alliés entre eux à un degré auquel le mariage est prohibé, si la reconnaissance du père et celle de la mère avaient eu lieu par un seul et même acte, l'une et l'autre serait nulle.

65. Si la reconnaissance de la mère, continue Zachariæ, était postérieure à celle du père, celle-ci serait valable et celle-là serait nulle, à moins qu'on ne prouvât la maternité, conformément à l'article 341 car alors la maternité de la mère l'emporterait sur

---

[1] Voir cette question au chapitre XIII, *Des Donations entrevifs et des testaments.*

celle du père qui devrait être écartée comme contraire à l'article 335.

M. Duranton émet au contraire l'opinion que la reconnaissance, même volontaire, faite par la mère, devrait prévaloir sur celle du père, quoique cette dernière fût postérieure (t. II, n° 198).

66. Par suite de la nullité d'une reconnaissance adultérine ou incestueuse, on ne peut se prévaloir d'une pareille reconnaissance pour porter le nom de celui dont on se croit autorisé à se dire le fils. Ce serait en vain que l'on invoquerait le consentement tacite de la famille et la possession trentenaire; un nom ne peut être porté qu'en vertu d'un titre régulier.

Douai, 26 décembre 1835.   C. RR. Paris, 29 juin 1825.
Paris, 22 mars 1828.   Angers, 8 décembre 1824.

67. Les mêmes principes qui ont fait rejeter les reconnaissances volontaires d'enfants adultérins, ont fait refuser toute action ayant pour but la recherche de paternité ou de maternité, lorsque cette paternité ou cette maternité les ferait considérer comme enfants adultérins ou incestueux (art. 335, 342).

Zachariæ, t. IV, p. 89; Duranton, t. III, n° 207 ; Merlin, *Répert.*, v° *Filiation*, n° 18 ; Favard, *Répert.*, v° *Enfant naturel*, n° 5.

La Cour de Rouen[1], et après elle la Cour de cassation[2], ont fait application de ce principe dans la

---

[1] 26 juillet 1838.
[2] C. RR. Rouen, 22 janvier 1840.

cause des époux Del... contre les héritiers Desc.....
Voici dans quelles circonstances : Mme Del... avait
été inscrite à l'état civil comme fille naturelle de
M. de S....-P..... et de mère inconnue, et avait joui
constamment d'une possession d'état conforme à ce
titre, lorsqu'après la mort d'une dame Desc.....,
elle voulut faire juger qu'elle était fille légitime de
cette dame. Elle produisit à l'appui de sa prétention une déclaration du mari, M. Desc....., par laquelle il la reconnaissait pour sa fille légitime. Les
juges ont d'abord décidé, d'après les faits et les circonstances de la cause, que la reconnaissance consignée dans l'acte de naissance de Mme Del..., qui lui
donnait pour père M. de S....-P....., devait prévaloir sur la déclaration de M. Desc...... Ensuite ils
ont déclaré Mme Del... non recevable à faire la
preuve qu'elle était fille de Mme Desc....., parce que,
la paternité de M. de S....-P..... étant reconnue en
fait, il serait résulté qu'elle aurait été le fruit d'un
commerce adultérin.

A plus forte raison un tiers ne serait-il pas admis
à prouver qu'un enfant a une paternité ou une maternité adultérine ou incestueuse.

Toulouse, 15 avril 1834.

68. Un enfant ne peut être reconnu, aux yeux de
la loi, comme enfant adultérin ou incestueux, que
lorsque son état est établi par un jugement intervenu
par la force même des choses, ce qui peut avoir lieu
dans trois cas :

1° Lorsqu'un enfant est issu d'un mariage qui,

ayant été contracté de mauvaise foi, en contravention aux articles 147 et 161 à 163, a été annulé depuis pour cause de bigamie ou d'inceste.

2° Lorsque, dans les cas prévus par les articles 312, alinéa 2, 313 et 325, il a été judiciairement déclaré qu'un enfant conçu par une femme mariée n'a point pour père le mari de sa mère.

3° Lorsqu'un jugement non susceptible d'être réformé a, par erreur de fait ou de droit, admis une recherche de paternité ou de maternité dont le résultat a été de constater une filiation incestueuse ou adultérine.

Limoges, 9 juin 1838.	Riom, 6 août 1821.
C. C. Rennes, 4 déc. 1837.	C. RR. Agen, 6 avril 1820.
Montpellier, 19 janv. 1832.	Amiens, 20 février 1819.
C. C. Nancy, 9 mars 1824.	Bourges, 7 mai 1810.
Poitiers, 7 avril 1824	

Zachariæ, t. IV, p. 94.

Cet auteur réfute avec raison Loiseau (p. 735), Favard (*Répert.*, v° *Enfants adultérins*, n° 1), Grenier (*Des Donations*, t. I, n° 130 *bis*), et Malpel (*Traité des Successions*, n° 169), qui citent au nombre des cas dans lesquels la filiation d'un enfant adultérin peut se trouver constatée, celui de l'enlèvement de la mère. En effet, l'article 342 s'oppose à ce que, même dans ce cas, la paternité soit constatée par jugement.

Dans les cas que nous venons de citer, l'état adultérin ou incestueux de l'enfant est accepté comme un fait qui ressort inévitablement des termes d'un jugement dont il faut subir toutes les conséquences.

Ces cas peuvent sans doute ne pas être les seuls dans lesquels la qualité d'enfant adultérin ou incestueux doive être considérée comme étant judiciairement établie; mais en dehors de ces cas, il arrivera très-rarement que l'adultérinité de l'enfant puisse être reconnue comme étant constante. Il faut en effet que le jugement qui attribue à l'enfant la qualité d'enfant adultérin, ait été rendu par suite d'une contestation qui ait eu pour objet sinon spécial, au moins implicite, la naissance de l'enfant, et que sa filiation ait été débattue.

Aussi la Cour de Poitiers a-t-elle jugé avec raison, par un arrêt du 11 décembre 1824, que, de ce qu'une sentence arbitrale, rendue en l'an X, conformément aux lois de cette époque, avait autorisé un nommé Berthomé et sa femme à faire prononcer leur divorce par le motif que le mari avait eu des enfants avec une nommée Bouhier, sa concubine, il n'en résultait pas que cette sentence pût imprimer à la fille de cette dernière la qualité de fille adultérine. La Cour a donné pour premier motif de sa décision, que cette enfant n'avait pas été partie dans l'instance et qu'elle n'y avait même pas été dénommée. Mais elle a ajouté encore, avec fondement, que lors même que cette enfant aurait été dénommée dans la sentence, il n'en serait résulté qu'une déclaration émanée de son père présumé, et que par conséquent, même dans ce cas, la sentence aurait été impuissante pour faire réputer l'enfant adultérine, parce que l'article 335 repousse toute reconnaissance spontanée des enfants adultérins.

Les principes que nous venons d'analyser sont repoussés par M. Valette, dans ses notes sur Proudhon, *Traité de l'état des personnes*, t. II, p. 157. Voici le système qu'il propose :

« L'intention du législateur, dans les art. 335 et 342, dit-il, a été de défendre la révélation publique d'un adultère ou d'un inceste. Il n'a pas voulu qu'on pût venir notifier en quelque sorte à la société une faute d'une nature aussi grave, et en requérir la constatation dans un acte authentique, auquel on annoncerait vouloir attacher des effets légaux. Ainsi, dans un cas pareil et dans tous ceux où la preuve de l'adultère ou de l'inceste résulterait de la qualité même des personnes qui font la reconnaissance, les officiers publics devront refuser d'en dresser l'acte. Mais souvent la filiation adultérine ou incestueuse se révélera par la force des choses, et sans qu'on ait pu empêcher cette révélation; ce qui arrivera non-seulement dans le cas de désaveu du mari, mais encore lorsque la reconnaissance résultera de la possession d'état, et enfin lorsque l'officier public en aura reçu l'acte, dans l'ignorance où il était, soit du mariage préexistant, soit de la parenté ou de l'alliance. » Il invoque ensuite à l'appui de son opinion un passage du discours prononcé par M. Siméon au nom du Tribunat à la séance du Corps législatif du 29 germinal an XI.

69. La nullité radicale et absolue des reconnaissances, déclarations et aveux de paternité ou de ma-

ternité adultérines a rencontré des contradicteurs d'un autre genre.

Plusieurs arrêts, en petit nombre il est vrai, ont décidé que cette nullité n'était pas un obstacle à ce que des enfants reconnus, déclarés ou avoués être l'œuvre de l'adultère ou de l'inceste par le père ou par la mère, eussent le droit de leur demander des aliments.

Paris, 22 juin 1839.	Grenoble, 20 janvier 1831.
Lyon, 25 mars 1835.	Nancy, 20 mai 1816.
Paris, 14 décembre 1835.	Bruxelles, 29 juillet 1811.

La même opinion est émise par Toullier, t. II, n° 967.

Quelques arrêts ont jugé aussi que, nonobstant cette nullité, le fait de la paternité ou de la maternité adultérines, de quelque manière qu'il soit constaté, pouvait être opposé à l'enfant pour l'empêcher de recueillir une donation entre-vifs ou testamentaire faite à son profit.

Paris, 22 juin 1839.	Paris, 14 décembre 1835.
Lyon, 17 mai 1837.	Limoges, 31 mars 1808.
Lyon, 25 mars 1835.	

Nous examinerons ces deux questions lorsque nous nous occuperons soit des successions, soit des donations entre-vifs et des testaments.

Admettons, quant à présent, comme constant que la preuve de la filiation des enfants adultérins ou incestueux ne peut être établie, quel qu'en soit le but, par aucun acte, aucune déclaration et au-

7

cun aveu volontaire; qu'elle ne peut résulter que
de décisions judiciaires intervenues à propos de rapt,
de bigamie, de mariage prohibé et de désaveu de paternité.

70. Tout ce qui concerne les enfants issus d'une
union conjugale déférée aux tribunaux pour cause
de rapt, de bigamie, de mariage prohibé et de parenté entre les époux est plutôt du domaine d'un
traité sur le mariage que d'un travail sur les enfants
adultérins et incestueux, parce que dans ce cas-là
l'état des enfants n'est que la conséquence nécessaire et directe des décisions que doivent rendre les
tribunaux. Nous n'avons donc pas à nous en occuper ici.

Les actions en désaveu, au contraire, ayant pour
objet direct et unique de faire déclarer des enfants
adultérins, les difficultés et les questions que soulè-
vent ces actions font partie essentielle de notre travail et vont être l'objet de notre examen.

71. Lorsqu'un homme marié se reconnaît le père
d'un enfant, et que son épouse n'est pas désignée
comme étant la mère, l'illégitimité de l'enfant est
certaine, sauf le cas de suppression ou supposition
d'état, dont la preuve est toujours réservée. Il a suffi
que la loi déclarât nulle la reconnaissance de paternité
adultérine pour affranchir, dans ce cas, l'épouse des
conséquences que pouvait avoir pour elle la violation
du serment de fidélité conjugale commise par son
mari. L'enfant est, par cela seul, rejeté de la famille
sans que la femme ait besoin de former un désaveu.

72. Lorsqu'au contraire une femme mariée est reconnue être la mère d'un enfant, que le mari soit ou non désigné comme étant le père, l'adultérinité de l'enfant n'est presque jamais certaine, parce que la paternité est un mystère de la nature. Dans l'impossibilité où était le législateur de percer ce mystère impénétrable, il a posé en principe, dans l'art. 312, que l'enfant conçu pendant le mariage aura toujours pour père le mari. C'est la traduction de l'axiome romain : *Pater is est quem nuptiæ demonstrant* [1].

Ainsi, à côté de la certitude de maternité, il y a, dans cette circonstance, une présomption légale de paternité qui enlace les enfants dans les liens du mariage.

Toutefois cet état de choses pouvait avoir ses abus. Il désarmait le mari contre les déréglements de sa femme et le forçait d'en subir toutes les conséquences. Il peut arriver cependant qu'il soit évident qu'il n'est pas le père de l'enfant et que l'impossibilité doive l'emporter sur la présomption de paternité. C'était assez de faire subir au mari les conséquences des doutes que font naître à son égard les secrets de la génération, il était juste de lui accorder le droit de dénier sa paternité lorsque les faits démentiraient d'une manière certaine la présomption légale qui règle la filiation paternelle.

De là l'action en désaveu autorisée par les articles

---

[1] Loi 5, ff. *De in jus vocando.*

312 et 313, qui fait fléchir dans certains cas la règle
Pater is est quem nuptiæ demonstrant[1].

Cette action, comme on le voit, n'est ouverte qu'au
mari, parce que lui seul a intérêt à la former.

Zachariæ, t. III, p. 644 ; Proudhon, t. II, p. 51.

73. Les articles 312 et 313, qui spécifient les cas
dans lesquels le mari peut former une action en
désaveu, sont ainsi conçus :

Art. 312. L'enfant conçu pendant le mariage a
pour père le mari.

Néanmoins celui-ci pourra désavouer l'enfant s'il
prouve que pendant le temps qui a couru depuis le
trois centième jusqu'au cent quatre-vingtième jour
avant la naissance de cet enfant[2], il était, soit pour
cause d'éloignement, soit par l'effet de quelque accident, dans l'impossibilité physique de cohabiter
avec sa femme.

Art. 313. Le mari ne pourra, en alléguant son
impuissance naturelle, désavouer l'enfant : il ne
pourra le désavouer, même pour cause d'adultère, à
moins que la naissance ne lui ait été cachée ; auquel
cas il sera admis à prouver tous les faits propres à
justifier qu'il n'en est pas le père.

74. Nous ne parlons pas ici de l'article 314, parce
qu'il rentre dans un ordre d'idées différent de celui

---

[1] Voir pour l'ancienne législation : Bordeaux, 4 thermidor
an XI.

[2] Nous expliquerons n° 124 ce qui a déterminé à adopter
ces chiffres.

qui nous occupe en ce moment. L'enfant désavoué
dans le cas prévu par cet article ne devient pas enfant adultérin ou incestueux, mais seulement enfant
naturel, car il est conçu hors mariage; ce n'est donc
pas ici le lieu de s'en occuper. Cet article trouvera sa
place au chapitre intitulé : *De la légitimation des enfants
naturels*. Nous verrons en effet que, quoiqu'un enfant
soit né avant le cent quatre-vingtième jour du mariage, il n'est réputé légitime s'il n'a pas été désavoué que parce qu'il s'opère à son profit une légitimation légale par le fait seul du mariage.

75. Nous n'avons donc à apprécier ici le désaveu
que dans les trois cas suivants :

1° S'il y a eu impossibilité physique de cohabitation entre le mari et la femme pour cause d'éloignement ;

2° S'il y a eu impossibilité physique pour cause
d'accident ;

3° S'il y a eu, de la part de la femme, adultère et
recel de la naissance de l'enfant.

DÉSAVEU FONDÉ SUR L'IMPOSSIBILITÉ PHYSIQUE DE COHABITATION POUR CAUSE D'ÉLOIGNEMENT.

76. L'éloignement dont parle l'article 312 doit
avoir été tel que toute réunion même momentanée
entre les époux ait été impossible dans l'intervalle
de temps où se place la conception. L'appréciation
de cette impossibilité est du reste abandonnée au pouvoir discrétionnaire des tribunaux.

Zachariæ, t. III, p. 636 ; Merlin, *Répert.*, v° *Légitimité*, sect.

2, § 2, n° 2; Locré et Malleville, sur l'art. 312; Toullier,
t. II, n° 808; Duranton, t. III, n°ˢ 38 et suiv.

77. La meilleure explication que l'on puisse donner
de ce qu'il faut entendre par une impossibilité physique de cohabitation exigée par cet article pour
qu'il y ait lieu à l'action en désaveu, est dans l'analyse des décisions judiciaires qui sont intervenues
sur l'interprétation de cette expression.

La Cour de Rouen a jugé, le 5 mars 1828, qu'un
mari devait être considéré comme ayant été dans
l'impossibilité physique de cohabiter avec sa femme
pour cause d'éloignement dans les circonstances suivantes : Un sieur Adrien Leullier, marié en 1794
avec Suzanne Migeon, est parti quinze jours après
son mariage pour l'armée de Sambre-et-Meuse, il a
fait toutes les guerres de l'Allemagne depuis 1794 jusqu'en 1798. Il était établi spécialement par ses états
de service produits au procès, et par un acte de notoriété signé par quatre officiers de son corps, que le
17 avril 1797 Adrien Leullier avait passé le Rhin avec
son régiment, qu'il avait marché avec lui en combat-
tant en Allemagne, qu'il était revenu à Mayence le
31 décembre 1797, et que ce n'était que le 7 pluviôse
an VI qu'il avait été dirigé, avec son régiment, sur
Boulogne. D'un autre côté, la conception, d'après son
rapport légal avec la naissance, avait dû avoir lieu du
10 juin au 10 septembre 1797.

Le pourvoi formé contre cet arrêt a été rejeté le
25 janvier 1831.

La Cour de Paris a admis par arrêt du 9 août 1813,

qu'il y avait eu impossibilité physique de rapprochement entre un mari demeurant en Amérique et sa
femme demeurant en France.

Le même arrêt a jugé qu'il n'y avait pas eu impossibilité physique de rapprochement entre un
mari demeurant à Bordeaux et sa femme demeurant
en Hollande.

La même Cour a refusé d'admettre, dans un arrêt
du 19 juin 1826, qu'il y eût eu impossibilité physique de rapprochement entre mari et femme,
quoique la femme eût donné le jour à un enfant pendant que son mari était prisonnier de guerre en Es-
pagne, de 1809 à 1812.

La Cour de Rouen a jugé aussi, le 6 juillet 1820,
qu'il n'y avait pas eu impossibilité physique de cohabitation, quoiqu'au moment présumé de la conception, le mari fût détenu prisonnier sur les pontons
anglais.

On trouvera encore des exemples de ce qu'il faut
entendre par impossibilité physique de cohabitation
dans un arrêt de la Cour de Lyon du 7 février
1839.

Dans aucun cas, l'invraisemblance de cohabitation
ne peut avoir le même effet que l'impossibilité physique dont parle l'article 312.

C. RR. Rennes, 2 juin 1840.

A plus forte raison le mari ne peut-il pas se fonder,
pour former un désaveu, sur la circonstance qu'il

plaide en séparation de corps contre sa femme et qu'elle a un domicile séparé.

Caen, 3 mars 1836.

Proudhon, *Traité sur l'état des personnes*, édit. Valette, t. II, p. 25.

78. Nous adoptons l'opinion de Toullier, t. II, n° 809, qui dit que la prison qui sépare les deux époux ne peut être assimilée à l'impossibilité physique de cohabitation, qu'autant qu'elle se trouverait à une distance assez éloignée. Autrement, la complaisance et la corruption des gardes et des geôliers pouvant se prêter à une réunion momentanée, l'impossibilité physique exigée par la loi n'existerait plus. L'appréciation des circonstances rentre dans le domaine du juge.

Duranton, t. III, n° 41.

On présente à tort, comme ayant jugé le contraire, un arrêt de la Cour de Toulouse du 28 juillet 1808.

Cet arrêt a en effet admis, comme preuve de la non-paternité du mari, que sa réclusion avait été exacte et continuelle pendant tout le temps de sa durée; mais cette considération n'a pas seule déterminé sa décision, car il a ajouté qu'à cela se joignaient toutes les circonstances morales qui forcent la raison à transporter l'opinion certaine de la paternité à un autre qu'au mari de la mère, circonstances que la Cour a pris soin d'énumérer fort longuement.

DÉSAVEU FONDÉ SUR L'IMPOSSIBILITÉ PHYSIQUE DE COHABITATION POUR CAUSE D'ACCIDENT.

79. « L'accident dont parle le même article 312, dit Zachariæ, t. III, p. 636, doit avoir rendu le mari absolument incapable d'engendrer pendant l'intervalle de temps auquel remonte la conception. Le doute qui s'élèverait sur l'impuissance accidentelle du mari devrait se résoudre en faveur de l'enfant. Du reste, la loi n'ayant ni défini, ni énuméré les accidents susceptibles de produire l'impuissance, elle a, par cela même, encore abandonné ce point au pouvoir discrétionnaire des tribunaux. Toutefois il résulte de la discussion qui a eu lieu au Conseil d'État que le législateur a voulu attacher au mot *accident* l'idée d'une impuissance évidente et matérielle, résultant, par exemple, d'une blessure ou d'une mutilation. Nous pensons donc, contrairement à l'opinion émise par M. Duveyrier, dans son discours au Corps législatif, qu'une maladie externe ne saurait être regardée comme un accident dans le sens de l'article 312. »

C'est aussi l'opinion de MM. Duranton, t. III, n°s 42 et 43, et Proudhon, édit. Valette, t. II, p. 27.

DÉSAVEU FONDÉ SUR L'ADULTÈRE DE LA FEMME ET RECEL DE LA NAISSANCE DE L'ENFANT.

80. La rédaction de l'article 313, qui autorise le désaveu de paternité lorsqu'il y a adultère de la femme et recel de la naissance de l'enfant, n'est peut-être pas très-correcte. Elle laisse supposer qu'il a été dit

précédemment que le mari pourra être admis à former une demande en désaveu en se fondant sur l'adultère de sa femme, mais que cette faculté est soumise à un correctif que cet article a pour objet de faire connaître. Tel est, du moins, le sens que peut paraître imprimer à la phrase l'adverbe *même*. Cependant, c'est pour la première fois qu'il est parlé dans le Code du droit accordé au mari de former une demande en désaveu pour cause d'adultère de sa femme. Pour exprimer la pensée que l'on a voulu exprimer, il aurait été plus correct de dire : *le mari pourra le désavouer pour cause d'adultère, lorsque la naissance lui aura été cachée, auquel cas, etc.*

Nous adresserons à la rédaction de cet article un autre reproche plus grave. Elle présente l'adultère de la femme comme une des causes pour lesquelles le mari peut former une demande en désaveu, ce qui ferait supposer qu'il peut y en avoir d'autres. Cependant, comment concevoir la moralité et par suite la possibilité d'une demande en désaveu, sans admettre que la femme se soit rendue coupable d'adultère? Si le mari n'est pas le père de l'enfant, ne faut-il pas nécessairement qu'il soit le fruit de relations adultérines entre la mère et une personne autre que son mari? Ainsi, lorsque l'art. 312 dit que le mari pourra désavouer l'enfant s'il prouve que pendant le temps qui a couru depuis le trois centième jusqu'au cent quatre-vingtième jour avant la naissance de l'enfant il était, soit pour cause d'éloignement, soit par l'effet de quelque accident, dans l'impossi-

bilité physique de cohabiter avec sa femme, n'exige-
t-il pas la preuve d'un fait qui implique évidemment la preuve de l'adultère, quoique le nom n'en
soit pas prononcé? L'adultère présenté dans l'art.
313 comme une des causes du désaveu, est donc un
contre-sens, puisqu'à vrai dire il est la cause unique
de toutes les actions en désaveu. Ce que caractérise
le cas de désaveu dont il est question dans cet article,
c'est le recel de la naissance de l'enfant; le législateur
a nécessairement voulu dire ceci : *Lorsque la naissance
d'un enfant aura été cachée au mari, il sera admis à proposer tous les faits propres à justifier qu'il n'en est pas le père
et à le désavouer;* tout le reste de l'article est inutile.

81. La rédaction vicieuse de cet article a servi de
prétexte pour prétendre que l'action en désaveu de
paternité, fondée sur le recel de la naissance de l'enfant, est subordonnée à la preuve préalable de l'a-
dultère de la femme. Cette prétention était dénuée
de fondement, et c'est avec raison qu'elle a été repoussée par la jurisprudence.

C.RR.Bordeaux, 9 mai 1838.   Paris, 29 juillet 1826.
C.RR.Bordeaux, 31 mai 1838.   C. R. Riom, 8 juillet 1812.
C. RR. Lyon, 25 janv. 1831.

Les auteurs interprètent généralement cet article
dans le même sens :

Duranton, t. III, n° 51 ; Valette sur Proudhon, *Traité de
l'état des personnes,* t. II, p. 30 ; Favard, *Répert.,* v° *Paternité,* n° 4 ; Merlin, *Répert.,* v° *Légitimité,* sect. II, § 2, n° 5 ;
Zachariæ, t. III, p. 638.

Contrà Toullier, t. II, n° 815. Merlin avait adopté d'abord
cette dernière opinion.

La jurisprudence a sainement interprété la loi.

Il n'y avait en effet aucune raison pour exiger cette preuve préalable, plutôt lorsque le désaveu de paternité est fondé sur le recel de la naissance de l'enfant et la preuve de non-paternité, que lorsqu'il est fondé sur l'impossibilité physique de cohabitation du mari et de la femme. L'impuissance naturelle n'étant pas admise comme preuve de non-paternité, le mari ne peut établir qu'il n'est pas le père d'un enfant, que lorsqu'il justifie qu'il n'a pas cohabité avec sa femme. Ces deux preuves sont indivisibles, l'une entraine nécessairement l'autre. Ainsi, le fait à établir dans l'un et l'autre cas est identiquement le même. D'ailleurs, l'adultère est la conséquence nécessaire de la preuve acquise de la non-paternité du mari.

Le texte de l'article ne se prêterait même que difficilement à l'interprétation que nous combattons, car on retrouve exactement les mêmes expressions dans les articles 229 et 230; et cependant, jamais au sujet de ces deux articles on n'a eu la pensée d'élever une prétention analogue.

82. Le mari n'est pas davantage dans l'obligation de faire constater préalablement par un jugement le recel de la naissance de l'enfant.

C. RR. Bordeaux, 9 mai 1838.   Metz, 29 décembre 1825.

Il suffit qu'il pose des faits graves et pertinents, propres à la fois à établir le récèlement de la naissance et à justifier la non-paternité, et qu'il les fasse admettre par un seul et même jugement.

83. Il importe même de remarquer que le mari n'est pas obligé de prouver qu'il a ignoré la naissance de l'enfant; la loi exige seulement qu'il établisse qu'on la lui a cachée.

Zachariæ, t. III, p. 368 ; Duranton, t. III, n° 50.

84. La dissimulation de la naissance de l'enfant se manifeste par un concours de précautions prises par la femme pour que le mari ignore sa grossesse et son enfantement. La lecture des arrêts rendus sur cette question, et dont nous donnons ci-après la date, fera suffisamment connaître ce qui caractérise le récèlement de la naissance.

Rouen, 2 avril 1840.   Paris, 29 juillet 1826.
Aix, 20 avril 1837.

Nous mentionnerons spécialement un arrêt de la Cour de Bordeaux du 5 juillet 1843, qui a jugé qu'il y a recel de la naissance d'un enfant, lorsque cet enfant a été inscrit sur les registres de l'état civil sous des noms supposés ;

Un arrêt de la Cour de cassation du 25 janvier 1831, et un arrêt de la Cour de Paris du 28 juin 1819, qui ont jugé qu'il y a recel de la naissance d'un enfant lorsque dans son acte de naissance sa mère est désignée par son nom de demoiselle, et que son père est déclaré inconnu. Dans ce cas, le recel dure jusqu'à ce que l'identité de la femme désignée dans l'acte de naissance comme étant la mère de l'enfant, avec la femme mariée, ait été constatée.

Nous mentionnerons encore un arrêt de la Cour de Paris du 19 juin 1826, qui a décidé qu'il n'y a pas recel de la naissance, lorsque la mère est accouchée dans sa propre demeure et que l'enfant a été inscrit à l'état civil comme né de père et mère mariés, quoique le père ait ignoré cette naissance.

85. Il est impossible d'indiquer d'une manière précise ce qui doit constituer la preuve dont parle l'article 313, que le mari n'est pas le père de l'enfant. Tout ce que nous pouvons dire, c'est que lorsque la femme a caché à son mari la naissance d'un enfant, il n'est plus nécessaire qu'il y ait eu impossibilité physique de cohabitation du mari et de la femme au moment présumé de la conception.

La concession que fait ici le législateur est justifiée par la présomption de non-paternité du mari, qui résulte du récèlement de la naissance de l'enfant. Cette présomption est déjà très-puissante par elle-même, et pour qu'elle acquière un degré de certitude qui la convertisse en preuve, il suffit qu'elle soit corroborée par d'autres présomptions dont l'appréciation appartient exclusivement à la conscience des juges.

C. RR. Agen, 5 avril 1837.   Paris, 4 décembre 1820.
Paris, 29 juillet 1826.   Rouen, 18 juin 1819.
Bastia, 24 mars 1825.

Duranton, t. III, n° 50 ; Zachariæ, t. III, p. 339, 661.

Pour dissiper autant que possible l'incertitude dans laquelle nous sommes obligé de laisser le lecteur sur le degré de force probante que doivent avoir les faits

proposés par le mari pour justifier qu'il n'est pas le
père de l'enfant, nous allons analyser sommairement
les circonstances dans lesquelles sont intervenues des
décisions qui ont accueilli des demandes en désaveu
en faisant application de l'article 313.

La Cour de Paris a admis, le 29 juillet 1826, que la
preuve de non-paternité du mari résultait suffisamment des circonstances suivantes jointes au recel de
la naissance de l'enfant : La dame M...... habitait
à Paris, séparée volontairement depuis un an de son
mari qui demeurait à Versailles, lorsqu'au mois de
mars 1815, le mari a demandé la séparation de
corps, qui a été prononcée le 13 mars 1816, pour in-
compatibilité d'humeur et inconduite de la femme.
Le 11 juillet 1816, la dame M...... est accouchée à
Paris d'un garçon contre lequel son mari a formé une
demande en désaveu. Le tribunal, dans les faits qui
ont motivé la séparation de corps, et dans l'antipathie qui existait entre les époux, a trouvé la preuve
qu'il n'y avait pas eu de rapprochement entre le mari
et la femme au moment de la conception présumée
de l'enfant.

La même Cour a admis, le 4 décembre 1820, que
la preuve de non-paternité du mari résultait des circonstances suivantes : Une dame Bonafou s'est séparée volontairement de son mari, en l'an VII, pour
aller cohabiter avec une autre personne; en l'an VIII,
elle a mis au monde un enfant que l'on a déclaré né
hors mariage, et qui n'a vécu que peu de temps; en
1801, elle a donné le jour à un autre enfant, qui a été

présenté à l'état civil d'un arrondissement différent de
celui dans lequel elle avait son domicile ; les époux
avaient fait prononcer leur divorce par consentement
mutuel, peu de jours avant la naissance de ce second
enfant ; c'était du désaveu de ce second qu'il s'agissait dans la cause.

Il résulte de la jurisprudence de ces arrêts, que l'on
peut considérer comme signe de non-paternité le concours des quatre circonstances suivantes : l'inconduite
et l'adultère de la femme, sa non-cohabitation avec son
mari au moment de la conception de l'enfant, une
demande en séparation de corps intentée avant la naissance de l'enfant et accueillie par le tribunal, un esprit
d'animosité ou d'antipathie entre les époux.

Ces faits constituent ce qu'on est convenu d'appeler une impossibilité morale.

86. La pensée qui a présidé à la rédaction de
l'article 313 est la même qui a dicté l'article 325. La
demande en désaveu, dans les circonstances qui nous
occupent, a beaucoup d'analogie avec la résistance
qu'oppose le mari à être déclaré le père d'un enfant
qui s'est fait reconnaître comme étant le fils de sa
femme, mais auquel l'acte de naissance ne donne
pas la qualité d'enfant légitime, soit que sa mère n'y
soit pas désignée, soit qu'elle y soit désignée sous
son nom de demoiselle. La Cour de Paris a rendu
cette analogie frappante, en jugeant, par un arrêt du
28 juin 1819, que la désignation, par son nom de demoiselle, d'une femme mariée comme mère d'un enfant, établissait le recel de la naissance de l'en-

fant. Aussi verrons-nous tout à l'heure que, par
l'article 325 aussi bien que par l'article 313, le mari
est autorisé à proposer tous les moyens propres à établir qu'il n'est pas le père de l'enfant auquel sa femme
est reconnue avoir donné naissance, mais qui n'a
ni titre ni possession établissant son état d'enfant légitime.

87. Pour admettre l'impossibilité morale et l'inconduite de la femme comme preuves de la non-paternité du mari et comme fondements d'une demande en désaveu de paternité, nous avons raisonné
dans l'hypothèse où la naissance de l'enfant aurait
été cachée au mari. Mais si la naissance de l'enfant
n'a pas été cachée, et s'il a eu connaissance de la
grossesse de sa femme avant son accouchement,
pourra-t-il néanmoins être admis à proposer tous les
faits propres à établir la preuve morale qu'il n'est pas
le père de cet enfant?

La Cour de Rouen a jugé l'affirmative le 28 décembre 1814. Les faits admis par la Cour comme
établissant la preuve de la non-paternité du mari
sont que la séparation de corps avait été prononcée
entre les époux sur la provocation du mari, d'après
la preuve par lui faite de sévices, injures et mau-
vais traitements des plus graves, commis envers lui
par sa femme; que la femme n'était accouchée qu'a-
près une année révolue depuis la séparation de corps
prononcée, qu'aucun fait tendant à établir une ré-
conciliation ou un simple rapprochement avec son
mari n'était articulé par la femme ou par le tu-

teur *ad hoc* de l'enfant objet du désaveu. En droit,
les motifs de l'arrêt sont : que si la séparation de
corps ne dissout pas le mariage, elle rompt au moins
les rapports, les habitudes, les communications entre
les époux; que la maxime *is pater est quem nuptiæ demonstrant*, n'est fondée que sur la cohabitation toujours présumée des époux dans l'état ordinaire du
mariage, mais que dans l'état de séparation de corps
il n'existe plus la même présomption de cohabitation, et qu'alors la présomption de paternité tirée de
la maxime *is pater est*, perd elle-même de sa force, et
est susceptible d'être anéantie par les faits et circonstances de la cause propres à établir qu'il n'y a
point eu de rapprochement entre les époux depuis
la séparation.

Cet arrêt limite, comme on le voit, l'admission de
l'impossibilité morale de cohabitation, au cas où le
mari et la femme sont séparés de corps au moment
de la conception. Mais, même avec cette restriction,
la doctrine qu'il consacre est condamnée par le texte
et par l'esprit de la loi.

D'après l'article 312, l'enfant conçu pendant le
mariage a pour père le mari. Or, le mariage n'est pas
rompu par la séparation de corps ; ainsi, le principe
énoncé dans cet article doit recevoir son application
quoique les époux soient séparés de corps. De plus,
ce principe constitue une présomption légale, qui
dispense de toute preuve celui au profit de qui elle
existe, et l'article 1352 déclare que nulle preuve
n'est admise contre les présomptions de la loi lorsque,

sur le fondement de cette présomption, elle dénie
l'action en justice, à moins qu'elle n'ait réservé la
preuve contraire. Or, la preuve contraire, c'est-à-dire
le désaveu de paternité du mari, n'a été réservée
que dans deux cas :

1° Lorsque pendant le temps qui a couru depuis le
trois centième jusqu'au cent quatre-vingtième jour
avant la naissance de l'enfant, le mari était, soit par
cause d'éloignement, soit par l'effet de quelque accident, dans l'impossibilité physique de cohabiter
avec la femme (art. 312).

2° Lorsque la naissance de l'enfant a été cachée au
mari, et qu'il prouve par un concours de faits et de
circonstances qu'il n'en est pas le père (art. 313).

Hors ces deux cas, la présomption subsiste dans
toute sa force, aussi inattaquable que l'autorité de la
chose jugée. Le désaveu de paternité fondé sur la
séparation de corps et l'impossibilité morale de cohabitation des époux est donc tout à fait en dehors des
dispositions de la loi.

L'esprit de la loi proteste également contre une
pareille doctrine. En effet, il n'est pas exact de dire,
comme le dit l'arrêt, que la maxime *is pater est* n'est
fondée que sur la cohabitation, toujours présumée
dans l'état ordinaire du mariage.

Et d'abord, comment une présomption de cohabitation peut-elle servir de preuve? Nous comprenons
que d'un fait constant on déduise une présomption
qui serve de preuve pour déclarer avéré un fait inconnu; c'est la définition que l'article 1349 donne

des présomptions, mais nous ne comprenons pas
qu'une preuve puisse être le résultat d'un fait présumé. Un pareil argument renverse tous les principes de la logique, c'est vouloir résoudre un problème avec des inconnues.

D'ailleurs, pourquoi vouloir présumer comme
constant, sans qu'il soit prouvé, un fait matériel,
susceptible de preuve jusqu'à l'évidence?

Et puis, si la maxime *is pater est* était fondée, comme
le dit l'arrêt, sur la présomption de cohabitation des
époux, il faudrait admettre, pour être logique, qu'elle
cessera d'être vraie du moment que le mari prouvera
qu'il n'a pas cohabité avec sa femme. L'on ouvrirait
ainsi la porte à une foule de procès scandaleux que
l'on a voulu éviter. Rappelons-nous que c'est précisément pour tarir la source de ces procès qui éner-
vent la moralité de la société en dévoilant l'inconduite et le parjure des époux, que la loi a prohibé,
dans l'article 335, les reconnaissances volontaires au
profit des enfants nés d'un commerce incestueux ou
adultérin.

Nous ne comprendrions pas, pour notre part, un
législateur qui envisagerait la présomption de paternité comme une conséquence unique de la cohabitation des époux. La présomption de paternité a une
source plus philosophique, plus morale, plus reli-
gieuse, et surtout plus logique; elle repose sur le but
que l'on se propose dans le mariage, sur la fidélité
que se sont promise et que se doivent mutuellement
les époux (art. 212, C. civ.), et sur le mystère qui

couvre la paternité d'un voile impénétrable. Or, l'obligation pour les époux de se garder mutuellement fidélité est indispensable, elle subsiste intacte après la séparation de corps comme avant [1], et le mystère de la paternité continue également de protéger la présomption de paternité, quoique la séparation de corps ait été prononcée.

Cette opinion est aussi celle de Toullier (t. II, n° 818). On ne doit jamais, dit-il, admettre l'exception fondée sur l'impossibilité morale que dans le cas de l'article 313, sans l'étendre à aucun autre cas. Nous posons donc en principe, ajoute-t-il, que la présomption capable d'attaquer celle de la loi doit être écrite dans la loi même.

DÉSAVEU A L'ÉGARD DE L'ENFANT DONT LA LÉGITIMITÉ N'EST PAS PROUVÉE PAR L'ACTE DE NAISSANCE.

88. Nous avons vu que l'action en désaveu est fondée sur la maxime qui veut que l'enfant conçu pendant le mariage ait pour père le mari. Or, cette maxime n'est vraie que lorsque la mère de l'enfant a été désignée dans l'acte de naissance de ce dernier par ses noms de femme mariée. Elle n'est plus vraie

---

[1] Le mari peut même, après la séparation de corps prononcée, porter plainte en adultère contre sa femme.

Caen, 13 janvier 1842.   Paris, 13 mars 1826.
C. C. Lyon, 27 avril 1838.

Bedel, *Traité de l'adultère*, n° 53.

lorsque la mère de l'enfant n'a été dénommée que sous
son nom de demoiselle, parce que la demoiselle qui
est désignée comme ayant donné naissance à l'enfant
peut ne pas être la même personne que la femme
mariée à qui l'enfant prétend appartenir. La maternité étant alors incertaine, la présomption de paternité manque de base. La preuve de maternité de la
femme mariée, et par suite la présomption de paternité du mari, sont subordonnées, dans ce cas, à une
question d'identité, dont les éléments de solution
doivent être fournis par l'enfant.

Il est bien vrai, comme le fait observer Toullier
(t. II, n° 893), que la présomption *is pater est*, etc.,
protége l'enfant qui réclame l'état civil dont il avait
été dépouillé, quoiqu'il n'ait en sa faveur ni titre ni
possession...; qu'elle n'est pas limitée au cas où
la maternité est prouvée par un acte de naissance
inscrit sur les registres publics; qu'elle existe également lorsque l'enfant a été obligé, pour découvrir sa
mère, de recourir à l'un des moyens légaux de suppléer à l'acte de naissance. Mais celui qui veut faire
déclarer qu'il est fils de telle femme mariée, pour arriver, par voie de conséquence et en vertu de la
maxime *is pater est*, etc., à avoir pour père le mari
de cette femme et à conquérir ainsi l'état d'enfant
légitime, doit prouver que la femme qui lui a donné
le jour et qui est désignée comme fille dans l'acte de
naissance, est la même personne que la femme mariée dont il se dit le fils.

Le mari n'est plus ici, comme précédemment, dans

la nécessité d'intenter une action en désaveu pour
détruire un titre et une présomption. Au lieu d'a-
voir à attaquer un titre et une présomption légale,
il n'a qu'à se défendre contre la prétention élevée
par l'enfant de se faire reconnaître un titre contraire
à celui qu'il a. Au lieu d'être demandeur, il est défendeur. Les rôles et par conséquent les obligations
ne sont plus les mêmes. C'est à l'enfant à prouver ses
prétentions; le mari peut se borner à opposer des dé-
négations aux allégations qui ne sont pas justifiées.
Les preuves offertes par l'enfant doivent être com-
plètes; le doute, s'il en subsiste, profite au mari.

L'enfant n'ayant plus alors ni titre, ni possession
d'état, et étant réduit à prouver sa filiation par témoins, la loi a dû permettre au mari de faire la
preuve contraire par tous les moyens propres à contredire la filiation que l'enfant prétend avoir à établir; que le réclamant n'est pas l'enfant de la femme
qu'il dit être sa mère, ou même, la maternité prouvée,
qu'il n'est pas l'enfant du mari de sa mère. Telle est
la disposition de l'art. 325.

La différence essentielle qu'il y a entre la position
respective des parties dans les cas pour lesquels l'action en désaveu a été accordée, et leur position respective dans le cas qui nous occupe, expliquent la
liberté laissée dans ce dernier cas au mari, de produire tous les moyens de preuves propres à établir
que le réclamant n'est pas son enfant, quoiqu'il soit
reconnu être l'enfant de sa femme. Cette liberté n'est,
au surplus, que la conséquence de la règle écrite

dans l'article 313; car, en admettant qu'il soit constaté que la femme mariée soit la mère de l'enfant,
la circonstance qu'elle n'a pas été désignée d'une manière ostensible dans l'acte de naissance constitue le
recel [1], qui, d'après cet article, autorise le mari à
proposer tous les moyens de preuve propres à justifier qu'il n'est pas le père de l'enfant.

Zachariæ, t. III, p. 661; Merlin, *Répert.*, v° *Legitimité*, sect.
2, § 4, n° 7; Toullier, t. II, n°⁵ 894 et 895; Duranton, t. III,
n° 137; Valette, notes sur Proudhon, *Traité de l'état personnel*, t. II, p. 75.

Aussi la Cour de Bordeaux, en accueillant par un
arrêt du 28 avril 1841 une demande en désaveu de
paternité fondée sur les dispositions de l'art. 325,
a-t-elle mis au nombre des motifs de son arrêt, que
la naissance de l'enfant avait été cachée au mari.

La même Cour a rejeté, le 12 février 1838, une
demande pareille formée par les héritiers d'un mari
qui avait eu connaissance de la grossesse et de l'accouchement de sa femme. Cette circonstance n'est
pas mentionnée dans l'arrêt; mais nous ne doutons
pas qu'elle n'ait déterminé la décision qui a été
rendue.

---

[1] Paris, 28 juin 1819.

RÈGLES GÉNÉRALES CONCERNANT LES ACTIONS EN DÉSAVEU.

89. Le désaveu peut être formé simplement par une assignation devant le tribunal appelé à le juger. Il peut être fait aussi par un acte extra-judiciaire; mais alors il doit être suivi, dans le délai d'un mois, d'une action en justice dirigée contre l'enfant s'il est majeur, ou contre un tuteur *ad hoc* donné à l'enfant s'il est mineur, en présence de sa mère; autrement il sera considéré comme non avenu (art. 318, C. civ.). Comme nous le verrons ci-après, les actions en désaveu doivent être portées devant le tribunal dans le ressort duquel est le domicile des parties.

90. On n'est pas toujours dans l'obligation d'introduire une action principale pour former un désaveu. On peut former un désaveu comme moyen de défense devant un tribunal saisi d'une contestation dont la solution est subordonnée à l'état des personnes.

91. Le désaveu est nécessairement formé par action principale, lorsque c'est le père ou ses héritiers qui attaquent la légitimité d'un enfant, constatée par son acte de naissance.

Lyon, 23 décembre 1835.

92. Il y a lieu à *désaveu en défense*, lorsque l'on résiste à une demande formée par une personne qui n'a pas le titre d'enfant légitime, et que cette demande aurait pour résultat, si elle était accueillie, de vous faire considérer ou de faire considérer votre auteur comme le père de la personne qui l'a formée:

par exemple, lorsqu'un enfant, inscrit sur les registres
de l'état civil comme né d'une femme mariée et d'un
père inconnu, assigne le mari de sa mère en rectification de son acte de naissance, conformément aux
art. 99 et 100 du Code civil, et que le mari s'oppose à la rectification demandée; ou bien lorsqu'un
enfant, inscrit sur les registres de l'état civil comme
né de père et mère inconnus, assigne une femme
mariée et son mari pour se faire reconnaître comme
le fils de cette femme, et par conséquent de son mari.

93. Le désaveu en défense est explicite ou implicite.

Il est explicite si le mari assigné en rectification
de l'acte de naissance d'un enfant auquel sa femme a
donné le jour pendant leur mariage, et dont la paternité ne lui est pas attribuée, forme en réponse devant le tribunal une demande reconventionnelle en
désaveu de paternité.

Il est implicite si le mari, sans former directement
une action en désaveu, défend à cette demande en
rectification d'acte de naissance, en alléguant l'illégitimité ou l'adultérinité de l'enfant, fondée sur les
causes pour lesquelles la loi accorde l'action en désaveu, c'est-à-dire l'impossibilité de la cohabitation,
l'adultère et le recel de la naissance de l'enfant, et
s'il demande à prouver des faits à l'appui. Une pareille défense équivaut à un désaveu de paternité :
les termes des art. 316 et 317 ne laissent aucun
doute à cet égard.

Grenoble, 5 février 1836.   C. C. Lyon, 31 décembre 1834.

En effet, la loi n'ayant pas défini d'une manière bien précise ce qui caractérise le désaveu de paternité, les juges du fait ont le droit absolu d'apprécier les actes que l'on présente comme constituant un véritable désaveu, et de déclarer, d'après le fait et les circonstances qui l'environnent, qu'il contient ou qu'il ne contient pas un désaveu.

C. RR. Bordeaux, 9 mai 1838.   Lyon, 23 décembre 1835.
Grenoble, 5 février 1836.   C. C. Lyon, 31 décembre 1834.

94. Lorsque le mari est interdit, l'action en désaveu peut-elle être intentée par son tuteur?

La Cour de Colmar a résolu cette question négativement le 21 janvier 1841, par un arrêt longuement motivé. Elle a jugé que l'action doit rester en suspens par l'application de l'art. 2252, jusqu'à ce que l'interdiction ait été levée ou jusqu'à ce que l'interdit soit décédé.

Mais l'arrêt a été cassé le 24 juillet 1844, par des motifs qui méritent d'être rapportés, car ils posent d'une manière nette et précise les principes qui doivent servir de base à la solution de la question.

« Attendu, a dit la Cour, que le subrogé tuteur, dans le cas prévu par l'art. 420, et le tuteur, dans tous les autres cas, exercent les actions de l'interdit qui est censé les exercer lui-même, lorsqu'elles sont exercées par son représentant légal;

« Attendu qu'aucune disposition législative n'a introduit d'exception à cette règle générale, quant à l'action en désaveu de paternité;

« Que cette action n'est pas exclusivement personnelle au mari, puisque, suivant l'art. 317, après le décès du mari elle passe à ses héritiers;

« Attendu qu'il n'en est pas de la capacité légale du tuteur comme du droit des créanciers, restreint dans de justes limites par l'art. 1164; que les créanciers ne représentent pas les personnes de leur débiteur;

« Qu'au contraire le tuteur a non-seulement le droit, mais encore le devoir de représenter l'interdit dans tous les actes civils; qu'il a donc qualité pour agir toutes les fois qu'il y a lieu de prévenir ou de repousser une atteinte à la personne, à l'état ou aux biens de celui qui est placé sous sa tutelle; que de même qu'en cas de réclamation d'état par l'enfant, le tuteur du mari aurait qualité et serait seul partie pour établir, conformément à l'art. 325, la maternité prouvée, que le réclamant n'est pas l'enfant du mari de la mère; de même, en cas de filiation légitime constatée par l'acte de naissance, le tuteur du mari interdit doit être admis à repousser par une action en désaveu la paternité attribuée au mari par l'acte de naissance de l'enfant;

« Attendu qu'en supposant que la prescription ou la déchéance de l'action en désaveu restât suspendue pendant l'interdiction, et que cette action pût être ultérieurement exercée par le mari après la mainlevée de l'interdiction ou par ses héritiers après sa mort, tous les éléments de preuve pourraient disparaître dans l'intervalle si l'on refu sait au tuteur l'exercice immédiat de ladite action;

« Que d'ailleurs l'enfant pourrait être, durant de longues années, en possession de l'état et des droits d'enfant légitime, droits dont les biens du mari seraient grevés pendant tout ce temps, et que celui-ci doit nécessairement être admis à contester, non par lui-même, puisque la loi le frappe d'incapacité, mais par celui qu'elle charge de le représenter, etc. [1];

« Casse. »

Cet arrêt a fourni à M. Pont le texte d'un article remarquable publié dans la *Revue de droit français et étranger* (année 1845, p. 347 et suiv.), dans lequel il justifie, avec sa logique habituelle, la doctrine consacrée par la Cour de cassation.

L'opinion contraire est soutenue par M. Dupret dans un article publié dans la même *Revue* (année 1844, p. 737 et suiv.), et par Zachariæ, t. II, p. 625, et t. III. p. 645.

95. La Cour de Toulouse a jugé, par deux arrêts des 14 juillet 1827 et 29 décembre 1828, que les héritiers présomptifs d'un absent n'ont pas qualité pour intenter une action en désaveu contre un en-

---

[1] Les Cours de Paris et de Colmar avaient déjà jugé précédemment, les 21 août 1841 et 17 février 1832, que le tuteur *ad hoc* ou le subrogé tuteur d'une femme mariée interdite peut former, au nom de cette dernière, une action en séparation de corps. Massol, dans son *Traité de la séparation de corps*, n° 26, reconnaît le même droit au tuteur du mari interdit.

fant né depuis l'absence, quoiqu'ils aient obtenu l'envoi en possession provisoire des biens.

L'opinion contraire a pour elle l'autorité de Merlin (*Quest. de droit*, v° *Légitimité*, § VIII) et de M. Dupret dans l'article que nous venons de citer (p. 741).

Mais M. Dupret (p. 727) refuse à ceux qui sont envoyés en possession des biens d'un absent l'action en désaveu contre les enfants nés antérieurement à l'absence.

Zachariæ (*ub. sup.*) établit une distinction entre les héritiers qui sont envoyés en possession provisoire et ceux qui sont envoyés en possession définitive des biens de l'absent, pour refuser aux premiers l'action en désaveu et l'accorder aux autres. Du reste, il ne fait pas de différence entre l'action en désaveu qui est dirigée contre les enfants nés avant l'absence et celle qui est formée contre les enfants nés pendant l'absence du mari.

96. De quelque manière que le désaveu ait été formé, le jugement qui intervient n'a l'autorité de la chose jugée que vis-à-vis des personnes qui ont été parties dans l'instance. L'état des personnes n'est pas tellement indivisible que la même personne ne puisse être déclarée légitime par un jugement et illégitime par un autre [1].

C. R. Angers, 28 juin 1824. C. C. Toulouse, 9 mai 1821. Montpellier, 24 janvier 1822.

Toullier, t. X, n° 238.

---

[1] Voir chap. I, sect. III, *De la preuve testimoniale de la filiation naturelle*.

97. La faculté de former une demande en désaveu a été circonscrite dans un délai assez court.

D'après l'art. 316, dans les divers cas où le mari est autorisé à réclamer, il doit le faire :

Dans le mois, s'il se trouve sur les lieux de la naissance de l'enfant;

Dans les deux mois après son retour, si à cette époque il était absent ;

Dans les deux mois après la découverte de la fraude, si on lui avait caché la naissance de l'enfant.

98. Lorsque le mari était absent au moment de la naissance de l'enfant, les deux mois qui lui sont accordés, à partir de son retour, pour qu'il puisse former un désaveu, ne courent que du moment de son retour aux lieux, soit de la naissance de l'enfant, soit du domicile conjugal, et non à dater de l'époque de son arrivée en France. Le deuxième paragraphe de l'art. 316 doit être interprété par le premier.

Paris, 9 août 1813.

Pour que le mari puisse former une action en désaveu, il n'est pas nécessaire qu'il ait été absent dans le sens légal du mot. Mais, d'un autre côté, la non-présence du mari dans la commune où l'accouchement a eu lieu ne suffirait pas, si, à raison de la proximité de sa résidence, il n'était pas raisonnablement permis de supposer qu'il ait ignoré cet événement. La loi veut un éloignement qui rende pré-

sumable que l'accouchement de la femme ne soit pas
parvenu à la connaissance du mari.

Zachariæ, t. III, p. 646. — Toullier, t. II, n° 839. — Duranton, t. II, n° 85.

99. Les formes diverses que peut revêtir la fraude
pour cacher la naissance d'un enfant sont susceptibles de deux grandes divisions qui permettent de
préciser assez nettement à quelle époque elle est
censée avoir été découverte.

On peut distinguer si l'enfant a été inscrit sur les
registres de l'état civil comme né soit d'une femme
mariée et de son mari, soit d'une femme mariée et
de père inconnu, ou bien si le nom d'épouse que
porte la mère de l'enfant a été dissimulé dans l'acte
de naissance.

Dans le premier cas, la fraude est découverte du
moment que le mari a connaissance de l'acte de
naissance de l'enfant.

Dans le second cas, la découverte de la fraude ne
date légalement que du jour où il n'existe plus pour
le mari d'incertitude sur la maternité de sa femme.

C. RR. Paris, 19 mai 1840.   C. RR. Rouen, 25 janvier 1831.

Cette distinction ressort des termes de l'art. 325.

100. Il suit de là que le mari n'est limité par aucun
délai pour intenter son action lorsque l'enfant a été inscrit sous des noms supposés. En effet, dans ce cas, il ne
s'agit plus pour le mari de combattre la présomption
de paternité qui n'existe pas ; il s'élève au contraire une
présomption très-forte que l'enfant n'appartient pas

au mariage. L'absence d'une réclamation de la part du mari ne peut donc être regardée comme une acceptation de la qualité de père.

Bordeaux, 5 juillet 1843.

101. Si le mari est mort avant d'avoir fait sa réclamation, mais étant encore dans le délai utile pour la faire, l'action passe à ses héritiers (art. 317).

Par le terme *héritiers*, dit Zachariæ (t. III, p. 64 et 662), on a voulu désigner toutes les personnes appelées à succéder au défunt à titre universel. Il n'existe en effet aucune raison de distinguer entre les héritiers proprement dits et les successeurs universels. Le droit de désaveu est également passé aux uns et aux autres comme formant, quant aux résultats pécuniaires qu'il peut avoir, une partie intégrante de l'hérédité à laquelle ils se trouvent appelés.

C'est aussi l'opinion de MM. Proudhon, *Traité de l'état des personnes*, édit. Valette, t. II, p. 65; Valette, dans la note, *eod. loc.*; Duranton, t. III, n° 80, 158.

M. Toullier (t. II, n°ˢ 835 et 914) semble toutefois n'accorder le droit de désaveu qu'aux successeurs universels jouissant de la saisine, mais cette opinion n'est justifiée par rien.

102. La transmission de l'action en désaveu aux héritiers du mari est indépendante de la cause qui sert de base au désaveu. Ainsi les héritiers du mari peuvent aussi bien que celui-ci exercer l'action en désaveu fondée, soit sur son impuissance accidentelle, soit sur l'adultère de la femme et le récèlement de la naissance de l'enfant.

Zachariæ, t. III, p. 655.

MM. Toullier (t. II, n° 841), Duranton (t. III, n° 75), Proudhon (*Traité sur l'état des personnes*, édit. Valette, t. II, p. 55) et Locré (sur l'article 313) n'accordent en pareil cas l'action en désaveu aux héritier du mari qu'autant que l'adultère a déjà été reconnu sur les plaintes de ce dernier. Mais Zachariæ fait observer avec raison (t. III, p. 646) que cette restriction, contraire à la généralité des termes de l'article 317, est le résultat d'une confusion que ces auteurs ont faite entre l'action principale en adultère qui n'appartient qu'au mari [1], et la preuve de l'adultère offerte à l'appui d'une demande en désaveu. La même opinion est exprimée par M. Valette dans ses notes sur Proudhon, *ub. sup.*, et par M. Duranton, t. III, n° 73.

103. La loi a assigné aux héritiers un délai pour former leur action. L'article 317 leur prescrit de contester la légitimité de l'enfant dans les deux mois à compter de l'époque où cet enfant s'est mis en possession des biens du mari, ou de l'époque où ils sont troublés par l'enfant dans cette possession, sous peine de déchéance.

104. Ce délai court même contre les mineurs.

Zachariæ, t. III, p. 646 ; Duranton, t. III, n° 71.

---

[1] Art. 309 C. civ., et 336, 337 C. pén.

105. Une apposition de scellés à la requête d'une personne qui se prétend habile à succéder établit un conflit d'intérêts qui constitue le trouble dont parle l'article 317.

Rouen, 5 août 1841.

Il en est de même d'un jugement qui ordonne la rectification de l'acte de naissance d'un enfant inscrit comme né d'une femme mariée, désignée seulement par son nom de demoiselle, et de père inconnu, pour donner à sa mère ses noms de femme mariée. Le jugement fait courir le délai de deux mois accordé aux héritiers pour contester la légitimité de l'enfant lorsqu'il est rendu avec ces héritiers, parce qu'à partir de ce moment l'enfant est autorisé à agir contre eux pour leur faire restituer les biens de son père, et que, dès lors, ils doivent être considérés comme étant troublés dans la possession de ces biens.

Grenoble, 5 février 1836.

Il doit en être ainsi quoique les héritiers aient frappé d'appel le jugement qui a ordonné la rectification de l'acte de naissance. Ils devaient prévoir la confirmation de ce jugement.

Grenoble, 5 février 1836.

La Cour de cassation a posé, au surplus, un principe large dans un arrêt du 21 mai 1817, qui a cassé un arrêt de la Cour de Rouen, en jugeant que le législateur n'ayant pas dit que le trouble ne pourra résulter que d'une demande directe formée contre les héritiers, les expressions générales de la loi doivent être entendues suivant les principes du droit. Or, d'après ces principes, les héritiers sont troublés dans leur possession par tous actes judiciaires ou extra-judiciaires dans lesquels l'enfant, ou par lui-même, ou par son tuteur, leur a notifié ses prétentions à la légitimité et par conséquent à une part héréditaire dans la succession.

Orléans, 6 février 1818.

106.   Mais la simple connaissance que les héritiers auraient des prétentions de l'enfant à se faire reconnaître pour l'enfant du mari, de ses démarches et des actes qu'il a faits sans les diriger contre eux, ne serait pas un trouble dans le sens de l'article 317.

Duranton, t. III, n° 88.

107.   Pour contester la légitimité de l'enfant, les héritiers ne sont pas dans l'obligation d'attendre que le réclamant les ait troublés dans la possession des biens de la succession, ou qu'il se soit mis lui-même en possession de ces biens, et que par suite le délai de deux mois ait commencé à courir. Ce délai n'a pas été créé dans la vue de remettre à des termes futurs et éloignés la décision de la contestation qui peut s'élever sur l'état de celui qui croit pouvoir se prétendre enfant légitime. Le législateur a voulu au contraire que l'état des enfants restât le moins long-temps possible incertain. Ainsi, loin de violer la loi, on se conforme à son esprit, lorsque sans délai on

s'adresse aux tribunaux pour faire juger la prétention.

C. R. Liège, 25 août 1806 [1].

108. M. Toullier a prétendu, dans une note mise
au bas de la page 141 du tome II, qu'en disant que les
héritiers ont deux mois pour contester la légitimité
d'un enfant, à compter du moment où ils ont été
troublés dans la jouissance de la succession, l'article 317 n'a entendu circonscrire dans ce délai que
les actions en désaveu de paternité ; mais qu'il n'a pas
entendu parler du cas où l'enfant est né plus de trois
cents jours après la dissolution du mariage, et où les
héritiers n'ont qu'à contester la légitimité , sans
avoir besoin de former une action en désaveu.

C'est aussi l'opinion de MM. Zachariæ, t. III, p. 551,
et Duranton, t. III, n° 91.

M. Sirey a rédigé, dans le même sens, une consultation qui est insérée dans son recueil, année
1822, IIe partie, p. 321.

Cette prétention a été rejetée avec raison par un arrêt de la Cour d'Agen du 28 mai 1821. En effet, l'expression *contester* se trouve dans l'article 315 aussi
bien que dans l'article 317, et on ne voit pas pourquoi elle aurait une signification différente dans un
cas et dans l'autre. Il est bien vrai , comme le fait
observer M. Toullier, que la contestation que des héritiers peuvent élever sur la légitimité de l'enfant,

---

[1] L'arrêt de la Cour de Liège est du 12 fructidor an XIII.

n'est quelquefois que la défense à l'action de celui qui
tente de s'introduire dans une famille où il n'est pas
né, notamment dans le cas prévu par l'art. 315, et
qu'il faut que cette exception dure autant que l'action. Mais il n'y a pas de nécessité que l'exception
dure autant que la demande, il suffit qu'elle dure pendant un certain temps, à partir du moment où la demande est formée. La plupart des exceptions dont
s'occupe le Code de procédure au titre IX, doivent
être proposées dans un délai limité.

109. Quelle que soit la personne qui forme une demande en désaveu de paternité, ou qui conteste la
légitimité d'un enfant, si ce désaveu ou cette contestation de légitimité sont contenus dans un acte extra-judiciaire, en dehors de toute instance, elles sont
comme non avenues, d'après l'article 318, si elles ne
sont pas suivies, dans le mois, d'une action en justice
dirigée contre l'enfant ou contre son tuteur pendant
sa minorité, et dans tous les cas en présence de sa
mère. La loi n'a pas voulu que l'état des enfants restât longtemps incertain.

110. Les héritiers jouissent individuellement du
droit de désaveu; ainsi la renonciation faite ou la déchéance encourue par quelques-uns d'entre eux ne
peut pas être opposée aux autres.

Zachariæ, t. III, p. 646; Duranton, t. III, n° 71.

111. La déchéance de l'acte extra-judiciaire contenant désaveu, prononcée par l'article 318, n'est applicable qu'au cas où l'action n'est pas intentée dans

le mois contre le tuteur *ad hoc* nommé à l'enfant désavoué, et ne s'étend pas à celui où la mère n'a point
été appelée à cette instance dans le même délai. En
effet, le tuteur *ad hoc* étant le représentant de la personne de l'enfant, l'action est valablement intentée
contre lui pour empêcher cette déchéance. Il est vrai
que cette action ne peut être ultérieurement conti-
nuée qu'en présence de la mère, à raison de l'utile
surveillance qu'elle peut y apporter et des renseignements qu'elle est en état de fournir; mais lorsque
la loi ne demande que *la présence* d'une personne dans
un procès, elle suppose nécessairement que le procès existe indépendamment de cette personne, et qu'il
s'y trouve un demandeur et un défendeur compétents.

Caen, 31 janvier 1836.

112. Pour qu'un acte de désaveu doive être suivi
d'une action en justice dans le mois, il n'est pas nécessaire que cet acte ait été signifié, il suffit qu'il ait
date certaine. Ainsi, lorsque, par exemple, dans un
inventaire dressé après décès, à la requête d'une personne qui se prétend habile à succéder, on conteste
à cette personne la qualité d'héritier légitime en
prétendant qu'elle est le fruit de l'adultère, et que l'on
articule tous les moyens de désaveu sur lesquels on
appuie la contestation de légitimité, l'action en désaveu doit être formée dans le mois qui suit ce contredit.

Duranton, t. III, n° 94.

113. La nullité de l'acte extra-judiciaire qui contient un désaveu de paternité et qui n'a pas été suivi d'une action en justice dans le délai d'un mois n'empêche pas toutefois que l'on puisse intenter cette action et régulariser le désaveu si on est encore dans le délai fixé par les articles 316 et 317. En effet, l'article ne porte pas que si l'action n'est pas intentée dans le mois qui suivra le désaveu extra-judiciaire, on ne sera *pas recevable* à former cette action, mais seulement que l'acte extra-judiciaire sera considéré comme n'existant pas. Dès lors, comment pourrait-il enlever au mari ou à ses héritiers le bénéfice des articles 316 et 317?

C. RR. Agen, 4 avril 1837 [1].

Merlin, *Repert.*, v° *Légitimité*, § 2 ; Delvincourt, t. 1, p. 366; Toullier, t. II, n° 842 ; Duranton, t. III, n° 92.

« Il est évident, disait à ce sujet M. Lahary dans son rapport au Tribunat sur le titre *De la paternité et de la filiation*, qu'en déclarant que l'acte extra-judiciaire sera comme non avenu s'il n'est suivi dans le mois d'une action en justice, c'est cet acte seul qui doit demeurer sans effet, et que l'action n'étant pas prescrite, les héritiers peuvent l'intenter ainsi que le mari (dans le cas où le délai de deux mois lui est accordé), si, du moins, il reste encore à courir un temps utile.

114. Une citation en conciliation, quoiqu'elle ne soit pas nécessaire, peut être considérée comme ayant

---

[1] Cet arrêt est rappelé deux fois dans le *Journal du Palais*, une fois à cette date et une autre fois à celle du 5 avril.

commencé l'action en justice exigée par l'article 318.

C. RR. Poitiers, 9 novembre 1809.

115. L'art. 318 exige que l'action en désaveu soit dirigée contre un tuteur *ad hoc* donné à l'enfant ; ainsi, elle ne serait pas régulièrement intentée contre la mère en sa qualité de tutrice naturelle et légale de l'enfant.

Le législateur, en disposant ainsi, a voulu s'assurer que les droits de l'enfant seraient examinés avec une sévère attention, par le conseil de famille dans le sein duquel on nomme le tuteur *ad hoc* qui devra remplir le mandat qui lui est confié. Il a, de plus, considéré que la mère devant être assignée en son nom personnel, ne pouvait pas défendre seule à l'action qui était intentée à son enfant, puisqu'elle avait aussi son honneur à défendre.

Colmar, 15 juin 1831.

116. L'article 318 ne détermine aucune forme particulière pour la nomination du tuteur *ad hoc*, contre lequel doit être dirigée l'action en désaveu de paternité qui concerne un enfant mineur. Il faut donc recourir pour cette nomination aux dispositions du chapitre II, section IV du titre Ier du Code civil, qui traite de la tutelle à déférer par le conseil de famille.

Montpellier, 12 mars 1833.

Quoique l'action en désaveu soit formée par le mari, on n'en doit pas moins appeler au conseil de famille les parents de sa ligne, parce que, jusqu'à preuve contraire, il est considéré comme le père de l'enfant.

Toullier, t. II, n° 843 ; Duranton, t. III, n° 96 ; Proudhon, *Traité de l'état des personnes,* éd. Valette, t. II, p. 59.

117. La loi ne prescrit que la nomination d'un tuteur *ad hoc;* ainsi, il n'est pas nécessaire que ce tuteur soit assisté d'un subrogé tuteur, comme le veulent les articles 420 et 421 du Code civil, pour le cas de tutelle ordinaire ouverte par la mort naturelle ou civile du père ou de la mère. Dans ce dernier cas, un subrogé tuteur est utile et même nécessaire pour défendre les intérêts du mineur, lorsqu'ils sont en opposition avec ceux du tuteur. Mais dans une instance en désaveu de paternité, il ne peut y avoir d'opposition d'intérêts entre le tuteur *ad hoc* et l'enfant. D'ailleurs, lorsque c'est le père qui forme la demande en désaveu, qu'il soit simple administrateur ou tuteur légal de l'enfant, ce tuteur *ad hoc* est, par rapport à lui, l'équivalent d'un subrogé-tuteur.

Colmar, 14 juin 1832.

118. L'action en désaveu qui tend à fixer l'état et la qualité d'un individu dans une famille est éminemment personnelle au mari et ne peut pas être exercée par un créancier, lors même qu'il ferait valoir les droits de son débiteur ; par la même raison, ce créancier n'a pas le droit d'intervenir dans l'instance. Une pareille action intentée, exercée, et jugée avec les contradicteurs légitimes, les membres de la famille,

sans dol et sans fraude, fixe l'état de la famille à l'é-
gard de tous.

C. RR. Paris, 6 juillet 1836.

Duranton, t. III, n° 97 *ter.*

119. Toutefois, l'action en désaveu qui compète
aux héritiers du mari peut être formée en leur nom
par tous ceux qui jouissent, en général, de l'exercice
de leurs actions, par exemple, par leurs créanciers.
Cette différence est fondée sur ce que l'action en désaveu repose, relativement aux héritiers, sur un intérêt pécuniaire.

Zachariæ, t. III, p. 645.

120. Il n'y a pas lieu à former une action en désaveu lorsque l'enfant n'est pas né viable, car alors
cette action serait évidemment sans intérêt.

Duranton, t. III, n° 34.

L'opinion contraire, soutenue par Proudhon,
Traité de l'état des personnes, troisième édit., p. 33, est
victorieusement réfutée par son annotateur, M. Valette, *ub. sup.,* p. 35.

121. L'enfant dont l'état est contesté par les héritiers du sang ou par les collatéraux a droit à une provision pour les aliments et pour subvenir aux frais
du procès, parce que la présomption est toujours favorable à la légitimité de l'enfant.

Domat, *Lois civiles,* t. Ier, p. 364.

En raison de la nature de la provision, le tuteur
ad hoc qui est nommé à l'enfant pour soutenir sa lé-

gitimité peut être dispensé de fournir caution; cela résulte implicitement de l'article 135 du Code de procédure, qui autorise les juges à prononcer sans caution l'exécution provisoire nonobstant appel, pour les pensions et provisions alimentaires.

En effet, comme l'observe l'orateur du gouvernement sur cet article : « Il ne faut pas que celui qui se trouverait hors d'état de fournir une caution soit privé du bienfait de l'exécution provisoire, quand elle est reconnue nécessaire. Ce principe de justice doit bien mieux recevoir son application lorsque le défaut de caution priverait l'enfant dont l'état est contesté des moyens de se défendre, et rendrait par là inutile la protection dont la loi a voulu l'environner en exigeant qu'il fût nommé un tuteur *ad hoc*, si elle dépendait de la possibilité où le tuteur pourrait être de donner caution ou non. »

Aix, 6 avril 1807.   Besançon, 23 mai 1806.

La demande en provision peut être formée pour la première fois en appel.

Bordeaux, 3 janvier 1826.

L'arrêt de la Cour d'Aix que nous venons de citer a été rendu dans une contestation ayant pour but de faire déclarer illégitime un enfant né trois cents jours après le décès du mari de sa mère. Le tribunal et la Cour ont eu à examiner la question de savoir si l'article 315, en déclarant que la légitimité de l'enfant né trois cents jours après la dissolution du mariage

pourra être contestée, veut que l'on considère cet enfant comme étant de droit illégitime, ou bien si les
juges peuvent, suivant les circonstances, admettre ou
rejeter la légitimité. Dans le premier cas, en effet, il
n'y aurait pas lieu d'accorder une provision alimentaire. Cette question est traitée dans le chapitre suivant.

CHAPITRE III.

DANS QUELS CAS UN ENFANT DOIT ÊTRE RÉPUTÉ NÉ HORS MARIAGE.

(Art. 314, 315.)

SOMMAIRE.

122. Il n'est pas toujours facile de reconnaître si un enfant est légitime ou naturel. La difficulté provient de ce qu'il faut se régler pour cela sur l'état des parents, non pas au moment de la naissance, mais au moment de la conception de l'enfant, et que la conception est un mystère de la nature dont la science ne saurait indiquer la date d'une manière précise.

123. Lorsque l'enfant est né pendant le mariage ou peu de temps après sa dissolution, et que les père et mère étaient mariés depuis assez longtemps pour

que la conception soit évidemment postérieure à la célébration du mariage, la question n'est pas douteuse; l'enfant doit être réputé appartenir au mariage. Il en est ainsi, par exemple, lorsque les époux étaient mariés depuis plus d'un an, et que le mariage n'a pas été dissous plus de trois mois avant la naissance.

Mais il n'en est pas de même lorsque, au moment de la naissance de l'enfant, l'union conjugale n'existait pas depuis un temps suffisant pour qu'il soit incontestable que la conception a été postérieure à la célébration du mariage, ou lorsqu'il s'est écoulé assez de temps entre la dissolution du mariage et la naissance de l'enfant pour que la conception puisse être postérieure à cette dissolution.

L'état de l'enfant comme légitime ou naturel est alors un problème dont la solution dépend de l'époque à laquelle il convient de placer sa conception.

Ce qui va suivre précisera plus nettement la difficulté.

124. À défaut de règle plus positive pour déterminer à quelle époque il y a présomption légale qui doive faire remonter la conception d'un enfant, le législateur s'en est référé à la durée probable de la gestation de la femme.

La durée ordinaire de la gestation de la femme est de deux cent soixante-dix jours ou neuf mois. Cependant elle peut être plus longue comme elle peut être plus courte; les observations physiologiques ont appris qu'elle peut varier entre cent quatre-vingts et trois cents jours.

Le législateur s'est emparé de ces calculs et les a fait passer dans les dispositions de la loi qui règlent l'état des personnes.

Ainsi, d'après l'article 314, l'enfant né cent quatre-vingts jours après la célébration du mariage est réputé légitime. Il est au contraire réputé illégitime s'il est né avant cette période de temps, excepté dans trois cas, qui sont :

1° Si le père a eu connaissance de la grossesse de la mère avant son mariage avec elle ;

2° S'il a assisté à l'acte de naissance, et si cet acte est signé de lui, ou s'il contient la déclaration qu'il ne sait pas signer ;

3° Si l'enfant n'est pas déclaré viable.

Et, d'après l'article 315, la légitimité d'un enfant né après la dissolution du mariage ne peut être contestée que s'il est né trois cents jours après cette dissolution.

Bruxelles, 15 juillet 1822.

Le commentaire de l'article 314 trouvera sa place au chapitre intitulé *De la légitimation des enfants naturels*.

125. L'application de l'article 315 a donné lieu à une difficulté grave qui divise les tribunaux et les jurisconsultes. Pour bien la comprendre, il est nécessaire d'avoir sous les yeux le texte de la loi.

L'article 315 est ainsi conçu : « La légitimité de « l'enfant né trois cents jours après la dissolution du « mariage *pourra être contestée.* »

On s'est demandé si par cela seul que les parties intéressées contestent la légitimité d'un enfant né plus de trois cents jours après le décès du mari, il en résulte pour le juge l'obligation absolue de déclarer l'enfant illégitime, ou si, en présence de cette contestation, le juge conserve le libre arbitre de reconnaître ou de dénier la légitimité, d'après les faits et les circonstances qui sont révélés par les débats?

La première opinion est enseignée par MM. Toullier, t. II, n° 828; Duranton, t. III, n° 56 et suiv., 3ᵉ édit.; Chabot, *Successions*, t. I, sur l'article 725; Delvincourt, t. I, p. 202, 357; Richefort, sur l'article 315, *De la paternité et de la filiation*, p. 82; Zachariæ, *Droit civil français*, t. III, p. 633; Proudhon, *Traité de l'état des personnes*, 3ᵉ édit., t. II, p. 38; Valette, *Notes sur Proudhon*, eod. loc., p. 46; *Dissertation* de M. Fievet, dans la *Revue étrangère et française*, 8ᵉ année, janv. 1841, p. 52 et suiv. Elle a été, en outre, consacrée par un arrêt de la Cour de Grenoble du 12 avril 1809, et par un arrêt de la Cour d'Aix du 8 janvier 1812.

La seconde opinion est enseignée par MM. Favard de Langlade, vᵒ *Paternité*, n° 6; Malleville, *Analyse raisonnée*, t. I, p. 314; Merlin, *Répertoire*, vᵒ *Légitimité*, sect. II, § 3, n° 5; Locré, *Esprit du Code civil*, sur l'art. 315; Delaporte, *Pandectes françaises*, sur l'art. 315; Deleuric, *Cours de droit civil*, t. II, n° 2216; Villemartin, *Etudes du droit français*, t. III, p. 207, et a été adoptée par un arrêt de la Cour de Limoges

du 18 juin 1840, et par un arrêt de la Cour d'Aix
du 6 avril 1807.

Pour soutenir la première opinion, on dit :

Le délai de trois cents jours est le terme fatal fixé par
le législateur pour les naissances tardives et pour les
gestations les plus prolongées, car on le retrouve men-
tionné dans les articles 228, 296 et 312 du Cod. civ.

L'interprétation de l'article 315, qui accorderait
aux juges le pouvoir d'apprécier les raisons sur lesquelles on se fonde pour contester la légitimité d'un
enfant né trois cents jours après la dissolution du
mariage, et qui leur permettrait d'admettre que la
grossesse de la mère ait pu se prolonger au delà de
trois cents jours, serait inconciliable avec les dispositions des articles 228, 296 et 312.

Cette interprétation serait inconciliable avec les
dispositions des articles 228 et 296. En effet, ces articles, qui fixent l'époque à laquelle la femme peut
convoler en secondes noces, supposent que le terme
le plus retardé de la grossesse d'une femme est de
trois cents jours, puisque, malgré l'attention du législateur à éviter la confusion des familles, ils permettent
à la veuve et à la femme divorcée de se remarier à l'expiration de dix mois après la dissolution du mariage.

Elle serait inconciliable également avec l'art. 312,
car cet article implique également la supposition
que la durée la plus prolongée de la gestation d'une
femme est de trois cents jours, puisqu'il autorise le
mari à désavouer un enfant conçu et né pendant le
mariage, à la seule condition de prouver l'impossi-

bilité de la cohabitation avec sa femme pendant les dix mois qui ont précédé la naissance de l'enfant.

M. Duveyrier, chargé de présenter au Corps législatif le vœu du Tribunat, a indiqué suffisamment le véritable sens de l'art. 315, lorsqu'après avoir dit que la légitimité de l'enfant pourra être contestée, il a ajouté : « Pourquoi n'est-il pas illégitime et mis au « rang des enfants naturels? Parce que tout intérêt « particulier ne peut être combattu : la loi n'est pas « appelée à réformer ce qu'elle ignore, et si l'état de « l'enfant n'est pas attaqué, il reste à l'abri du si- « lence, que personne n'est autorisé à rompre. » Il suit de là que si l'art. 315 ne déclare pas de droit illégitime l'enfant né trois cents jours après la dissolution du mariage, et s'il se borne à dire que sa légitimité pourra être contestée, on ne doit en conclure rien autre chose, sinon qu'elle exige, pour le faire déclarer tel, qu'il en soit fait la demande par ceux qui ont intérêt de lui contester son état. La raison en est qu'il s'agit d'un intérêt privé, et que tout intérêt privé doit être combattu par un intérêt contraire. Mais du moment que l'état d'enfant légitime est contesté par ceux qui ont intérêt à l'attaquer, l'effet de leur dénégation est péremptoire.

En accordant aux héritiers du mari le droit de contester la légitimité de l'enfant né trois cents jours après la dissolution du mariage, le législateur a voulu faire produire à cette contestation le même effet qu'au simple désaveu du père dans le cas prévu par l'art. 312. Les deux mots *désaveu* et *contestation*, dont

se sert le législateur dans les art. 312, 315, 317 et
318 ont la même signification. Ainsi, de ce que,
d'après l'art. 312, le mari, pour faire admettre son
action en désaveu, n'a qu'à prouver qu'il a été dans
l'impossibilité de cohabiter avec sa femme pendant
seulement trois cents jours avant la naissance de l'enfant, il faut en conclure que les héritiers qui contestent la légitimité de l'enfant n'ont qu'à justifier, pour
faire déclarer l'enfant illégitime, qu'il est né plus de
trois cents jours depuis le décès du mari.

Le législateur ayant déjà donné une extension de
trente jours au terme de neuf mois, qui est le plus généralement observé dans l'ordre naturel, étendre encore
ce terme au delà de trente jours, ce serait tout à la fois
relâcher les liens de la morale, troubler le repos des
familles, introduire une latitude qui n'aurait plus de
bornes, ouvrir la porte à l'arbitraire, et accorder aux
tribunaux un pouvoir discrétionnaire que la loi n'a
pas voulu et qu'elle ne devait pas leur accorder. Il
peut arriver sans doute, s'il faut en croire les hommes
qui ont illustré la science médicale, que la durée de
la gestation dépasse non-seulement le dixième, mais
même le onzième mois; mais ce n'est là qu'une exception très-rare, et le législateur, ayant un principe
à poser, n'a pas pu considérer un cas exceptionnel
qui n'arrive presque jamais, au préjudice des cas généraux qui se présentent journellement.

Pour soutenir que le juge devant lequel on conteste
la légitimité d'un enfant né plus de trois cents jours
après le décès du père est libre d'admettre ou de

rejeter sa légitimité, selon les circonstances et d'après sa conviction, on répond :

Les mots *pourra être contestée* expriment que l'enfant est légitime de plein droit, puisque autrement il serait superflu de contester son état; seulement, sa légitimité est contestable, et peut être contestée à raison de sa naissance tardive. Or, puisqu'il est nécessaire que sa légitimité soit contestée pour qu'il cesse d'être l'enfant du mari, cette contestation doit être nécessairement, comme toutes les autres, soumise, dans ses causes et dans ses résultats, au pouvoir discrétionnaire des juges, qui ont pleine liberté pour apprécier les faits et les circonstances qu'ils sont appelés à juger.

Une contestation suppose une contradiction, une lutte entre deux systèmes, dans laquelle chacun des deux adversaires doit avoir des armes pour combattre, tandis que dans le système de l'illégitimité de plein droit, les héritiers n'ayant qu'à faire entendre la voix pour être écoutés et pour réussir, il n'y aurait pas contestation dans le sens ordinaire et rationnel du mot. Lorsque la loi dit que la légitimité pourra être *contestée*, est-il juste de penser qu'elle ait voulu dire que celui qui sera en possession se laissera dépouiller sans avoir la faculté de se défendre? Si elle l'eût voulu, ne se fût-elle pas exprimée d'une manière plus explicite?

Cette interprétation trouve sa confirmation dans les explications qui ont été données par les orateurs chargés de la présentation et de la discussion de la loi. En effet, M. Bigot de Préameneu s'exprimait en ces termes au sujet de l'art. 315 : « La naissance tardive « peut être opposée à l'enfant s'il naît trois cents « jours après la dissolution du mariage. Néanmoins, « la présomption qui en résulte ne sera décisive « contre lui qu'autant qu'elle ne sera pas affaiblie « par les circonstances. » Et M. Lehary, dans son rapport au Tribunat, s'exprime ainsi au sujet du même article : « Il déclare, non d'une manière abso-« lue, que l'enfant né après les trois cents jours sera il-« légitime, mais qu'il pourra être déclaré tel. Le mot « *pourra* donne la mesure de cette prévoyante dis-« position. L'article veut que la légitimité puisse « être contestée; mais il veut aussi qu'elle puisse « triompher de toutes les attaques qui ne seraient « pas fondées. »

Cette interprétation reçoit une confirmation plus puissante encore de ce qui s'est passé au Tribunat, lors des travaux préparatoires de la loi. On voit dans le compte-rendu de ces travaux, que la section de législation voulant que le terme de trois cents jours fût l'époque fatale d'une fin de non-recevoir péremp-toire, proposa d'adopter une nouvelle rédaction ainsi conçue : « La loi ne reconnaît pas la légitimité de « l'enfant né trois cent un jours après la dissolution « du mariage »; et, nonobstant cette proposition, la rédaction primitive a été maintenue.

Doit-on être étonné au surplus que la loi n'ait pas voulu interdire toute défense utile dans l'intérêt de l'enfant, lorsque l'on voit chaque jour les calculs de la science démentis par des faits? D'ailleurs, les organes de la science avouent eux-mêmes qu'elle n'est pas encore parvenue à fixer le temps de la gestation d'une manière précise. Ainsi, M. Orfila dit dans son *Traité de médecine légale* (t. I, p. 256) qu'il est difficile de ne pas admettre que dans certains cas les naissances aient lieu après les trois cents jours révolus.

Nous n'hésitons pas à nous prononcer pour cette dernière opinion, mais il est nécessaire de la justifier, car on a laissé jusqu'ici sans réponse plusieurs des objections soulevées par les partisans de l'opinion contraire. Ce sont celles qui sont tirées des articles 228, 296 et 312.

L'objection tirée des articles 228 et 296, qui fixent à dix mois après la dissolution du mariage l'époque à laquelle la femme peut convoler en secondes noces, n'est pas sérieuse. Cette disposition ne peut être d'aucune considération dans la question qui nous occupe. En effet, le temps qui sépare la conception de la naissance de l'enfant a une limite minimum qui a été fixée à cent quatre-vingts jours ou six mois par les articles 312 et 314.

Ainsi, lorsqu'une femme se remarie dix mois après la dissolution d'un premier mariage, l'enfant qu'elle met au monde dans les six mois qui suivent ces dix mois ne peut pas être réputé le fruit légitime de son second mari, l'article 314 est formel à cet égard. Ce serait donc, par le fait, dix mois augmentés de six mois, ou une durée totale de seize mois et non pas seulement dix mois, que la combinaison de ces ar-

ticles, si on voulait en faire application à la question
qui nous occupe, aurait assignés à la durée possible
de la gestation de la femme pour éviter la confusion
des familles.

L'objection que fournit la disposition de l'article
312 est plus spécieuse, mais elle perd de sa force si
on se pénètre bien de la différence essentielle qu'il y
a entre la pensée qui a présidé à la rédaction de
cet article et la pensée qui a présidé à la rédaction
de l'article 315.

Le mari qui désavoue un enfant et les héritiers qui
contestent la légitimité d'un enfant ne sont pas placés
dans une position identique.

Le mari qui se trouve placé dans les circonstances
dans lesquelles le désaveu est autorisé par l'article
312, se consulte, délibère, hésite, interroge tous les
secrets de la science, et prolonge dans ses calculs les
délais fixés par la loi. Il veut croire à sa paternité,
quelque improbable qu'elle soit; il aime mieux, pour
nous servir de l'expression d'un jurisconsulte émi-
nent, croire à un phénomène qu'à une faute, et il ne
se décide à désavouer l'enfant que lorsque le doute
est absolument impossible. Cette circonspection lui
est dictée par le sentiment conjugal et par le sentiment paternel. Et d'ailleurs, n'eût-il aucun de ces
sentiments, n'éprouvât-il aucune sympathie pour
sa femme, aucune joie paternelle pour l'enfant
qu'elle a mis au monde, il serait encore retenu
dans sa précipitation par l'intérêt de son honneur
et de sa réputation. Désavouer un enfant, c'est

jeter sur sa femme un déshonneur qui rejaillit sur
lui. En stigmatisant sa femme il se couvre de honte
et souvent de ridicule; l'intérêt personnel supplée
chez lui, s'il en est besoin, à l'absence du sentiment conjugal et du sentiment paternel. Dans de
pareilles circonstances, la loi a pu s'en rapporter
au mari et lui laisser plus de liberté pour faire usage
de l'arme du désaveu.

Les héritiers du mari, au contraire, ne sont arrêtés
par aucun de ces sentiments et de ces scrupules. Dé-
sireux avant tout de repousser l'enfant du sein de la
famille, ils comptent les jours, les heures, les mi-
nutes, pour calculer le moment précis où ils pourront accomplir leurs projets. La cupidité les porte à
rejeter bien loin de leur esprit une supposition de
phénomène; tous les doutes sont interprétés à leur
avantage. Il y aurait eu du danger d'abandonner à
des personnes dominées par une pareille prévention
un droit rigoureux et absolu. Les gestations prolongées au delà de trois cents jours sont extraordinaires
sans doute; ce sont, si on veut, des phénomènes, mais
enfin il y a un parti dans la science qui soutient que
ce phénomène peut se produire. Le législateur ne devait donc pas laisser le droit de le nier à celui qui
a intérêt à le faire; seulement toutes les probabilités
sont dans ce cas contre l'enfant, et c'est à lui à prouver par les témoignages des médecins, que le phénomène s'est opéré à son égard.

La différence entre ces deux situations est carac-
térisée par des expressions différentes. Dans l'article

312, on se sert du mot *désaveu*, et dans l'article 315 il y a le mot *contester*. Il n'est pas exact de dire que ces deux mots sont synonymes et qu'on les a employés indifféremment l'un pour l'autre dans les articles 312, 315, 317 et 318. Le législateur a employé le mot *désaveu* lorsqu'il a voulu exprimer la prétention élevée par le mari de ne pas être le père de l'enfant auquel sa femme a donné le jour, et il s'est servi du mot *contestation* lorsqu'il a voulu parler de la prétention que peuvent avoir les héritiers du mari de dépouiller l'enfant pour le faire déclarer adultérin. Si le mot *désaveu* est employé dans l'article 318 pour exprimer l'une et l'autre action, c'est que l'on a voulu ne se servir que d'un seul terme, qui exprimât le plus exactement possible la pensée multiple insérée dans l'article, pour abréger la rédaction.

Le sens propre à chacune de ces expressions est au surplus expliqué par d'autres dispositions de la loi où on les retrouve. Ainsi, le *désaveu*, en matière de procédure, remet en question les dispositions du jugement relatives aux chefs qui ont donné lieu au désaveu (article 360, Cod. procéd.). Si devant un tribunal de commerce la qualité d'une veuve ou d'un héritier est *contestée*, les parties doivent être renvoyées devant le tribunal civil pour faire statuer sur cette contestation (article 426, *id.*). On retrouve le mot *contestation* employé dans le même sens, dans les articles 665, 667, 758 et 759 du Code de procédure.

Cette opinion trouve sa justification dans l'exposé des motifs du titre *De la paternité et de la filiation,* rédigé par M. Bigot de Préameneu. Ce jurisconsulte avoue d'abord qu'il peut arriver que la gestation d'une femme se prolonge au delà de trois cents jours; qu'ainsi, les rédacteurs de la loi, en s'arrêtant à ce délai, n'ont pas eu l'intention de poser une vérité absolue, mais seulement de donner aux juges une règle qui fixât leur incertitude ; puis il ajoute :

« Il n'en résulte pas que l'enfant qui serait né avant les cent quatre-vingts jours ou depuis les trois cents jours, doive être par cela même déclaré non légitime. Il faudra que la présomption résultant d'une naissance trop avancée ou trop tardive se trouve confirmée, lorsque le mari vit [1], par une présomption qui paraîtra plus forte encore à quiconque observe le cœur humain. Il faudra que l'enfant soit désavoué par le mari ; comment croire qu'il étouffe tous les sentiments de la nature, comment croire qu'il allume dans sa maison les torches de la discorde, et qu'au dehors il se dévoue à l'humiliation, s'il n'est pas dans la conviction intime que l'enfant n'est point né de son mariage? »

Plus loin, il s'exprime dans des termes encore plus précis :

« La naissance tardive, dit-il, peut être opposée à l'enfant, s'il naît trois cents jours après la dissolution du mariage. Néanmoins, la présomption qui en résulte ne sera décisive contre lui qu'autant

---

[1] M. Bigot de Préameneu raisonnait ici dans l'hypothèse du divorce.

qu'elle ne sera pas affaiblie par d'autres circonstances. »

Les magistrats qui ont admis l'opinion que nous
combattons ne paraissent pas, au surplus, avoir eu
pleine confiance dans leur doctrine, car ils ont pris
soin d'analyser en détail, dans leurs arrêts, toutes les
circonstances de fait qui leur ont fait croire à l'illégitimité de l'enfant dont l'état était contesté.

126. Les auteurs ne sont pas d'accord sur le point
de savoir comment doivent être calculés les deux délais de la gestation la plus courte et de la gestation
la plus longue, déterminés par les articles 314 et 315.
M. Duranton, t. III, n° 44, veut que l'on comprenne
le jour du mariage pour calculer le temps de la gestation la plus courte, et que l'on ne comprenne pas
le jour de sa dissolution pour calculer la gestation la
plus longue. Toullier, t. II, n°s 791, 792 et 828, veut
que l'on comprenne indistinctement, dans le premier
cas, le jour du mariage, et dans le second cas le jour
de sa dissolution. Zachariæ, au contraire, rejette sans
distinction le jour qui sert de point de départ pour
calculer l'un et l'autre délai.

L'opinion de M. Duranton nous paraît plus conforme au texte des articles 314 et 315. C'est aussi
celle qui est exprimée par M. Valette dans ses notes
sur Proudhon, *Traité de l'état des personnes,* t. II, p. 27.
M. Delvincourt abonde dans le même sens, t. I,
note 2 de la page 88.

127. Toutes les fois qu'il s'agit de savoir si un enfant doit être considéré comme ayant été conçu après

la dissolution du mariage, l'état d'enfant légitime qu'il prétendait avoir peut lui être enlevé sans qu'il soit nécessaire de recourir à une action en désaveu. On peut agir simplement par voie d'action en contestation de légitimité. Ces deux actions diffèrent l'une de l'autre, au fond, en ce que dans la première le litige porte principalement sur le point de savoir si, en fait, le mari est le père de l'enfant, et que la légitimité ou l'illégitimité de celui-ci n'est que la conséquence de la solution affirmative ou négative de la question. Tandis que le litige soulevé par la seconde action porte exclusivement sur la légitimité, c'est-à-dire sur le point de savoir si l'enfant a été conçu pendant l'existence du mariage. Dans le premier cas, il s'agit d'une question de personne, dans le second cas, il n'y a qu'une question de date.

Zachariæ, t. III, p. 619.

128. L'enfant dont l'état est contesté a droit, pendant l'instance, à une provision pour ses aliments et pour subvenir aux frais du procès. (Voir ci-dessus, p. 139, n° 121.)

CHAPITRE IV.

DE LA JOUISSANCE DES DROITS CIVILS.

(Art. 9.)

SOMMAIRE.

129. *Nationalité de l'enfant naturel reconnu par un Français.*
130. *Nationalité de l'enfant naturel reconnu par un étranger.*
131. *Opinion de M. Duranton à cet égard.*
132. *Comment un enfant naturel né en France d'un étranger peut-il devenir Français?*

129. Les enfants naturels légalement reconnus par leur père suivent la condition de ce dernier, lors même qu'ils seraient également reconnus par leur mère. Ainsi, l'enfant né hors mariage, d'un Français, même en pays étranger, est Français (art. 10 Cod. civ.).

Toullier, t. I⁰ʳ, n⁰ 259 ; Proudhon, *Traité de l'état des personnes*, éd. Valette, t. I⁰ʳ, p. 120, t. II, p. 159, et note de M. Valette, t. I⁰ʳ, p. 122.

130. Par la même raison, un enfant naturel, quoique né en France d'une mère française, est étranger s'il a été reconnu par un étranger, sauf le droit qu'il a de contester et de faire annuler cette reconnaissance.

C. RR., 15 juillet 1840.

131. M. Duranton, t. I⁰ʳ, n⁰ˢ 124 et suiv., veut au

contraire que les enfants naturels suivent dans tous les cas la nationalité de leur mère. Toutefois, après avoir posé cette règle, il finit, nous ne savons trop en vertu de quel principe, par leur laisser l'option entre la nationalité de leur père et celle de leur mère.

Cette opinion est partagée par Zachariæ, t. 1er, p. 154.

132. Ici se présente la difficulté de savoir dans quel délai l'enfant né en France, mais reconnu par un père étranger, et qui voudra se faire naturaliser Français, devra former sa demande pour profiter de la faveur attachée par la loi (art. 9) à son état.

Ce cas n'a pas été prévu par le législateur; il faut donc recourir par analogie à l'art. 9 du Code civil, qui dit que l'enfant né en France, d'un étranger, pourra réclamer la qualité de Français dans l'année qui suivra sa majorité, en remplissant certaines formalités qu'il indique. Par voie d'analogie, la demande de l'enfant naturel doit être formée dans l'année qui suit sa reconnaissance.

CHAPITRE V.

DES ACTES DE NAISSANCE [1].

(Art. 55, 56, 57, 101.— 346 C. pén.)

SOMMAIRE.

133. L'article 55 du Code civil exige que les déclarations de naissance soient faites dans les trois jours de l'accouchement à l'officier de l'état civil du lieu, et que l'enfant lui soit présenté.

D'après les articles 55 et 56, la naissance de l'en-

---

[1] Pour compléter ce qui concerne les actes de naissance, il faut se reporter au chapitre XV, *Des preuves de la filiation des enfants légitimes*, où nous nous occuperons du crime de suppression d'état

fant doit être déclarée dans les trois jours de l'accouchement, par le père, ou, à défaut du père, par les docteurs en médecine ou en chirurgie, sages-femmes, officiers de santé ou autres personnes qui auront assisté à l'accouchement; et lorsque la mère sera accouchée hors de son domicile, par la personne chez qui elle sera accouchée.

La disposition de cet article a sa sanction dans l'article 346 du Code pénal, qui dit que toute personne qui, ayant assisté à un accouchement, n'aura pas fait la déclaration qui lui est prescrite par l'article 56 du Code civil, et dans le délai fixé par l'article 55, doit être punie d'un emprisonnement de six jours à six mois, et d'une amende de 16 francs à 300 francs.

134. L'acte de naissance doit être rédigé de suite en présence de deux témoins.

L'article 57 prescrit d'énoncer dans les actes de naissance le jour, l'heure et le lieu de la naissance, le sexe de l'enfant et les prénoms qui lui sont donnés, les prénoms, noms, professions et domiciles des père et mère et ceux des témoins.

Cet article dispose pour le cas où l'enfant est légitime; lorsque l'enfant est illégitime, ces dispositions souffrent quelques modifications.

L'officier de l'état civil ne doit alors y énoncer le nom du père que du consentement de ce dernier [1] (art. 35, 334, 340). « De l'obligation de nommer le

---

[1] Le père peut se faire représenter par un fondé de procuration spéciale et authentique (art. 36 C. civ.).

père, dit M. Siméon, dans son rapport au Tribunat,
on n'induira pas qu'il doive être nommé, s'il ne le
déclare pas, ou s'il n'est pas connu par son mariage
avec la mère; ce sont des faits certains qui doivent
être déclarés. »

Toullier, t. I, n° 316, p. 288 ; Loiseau, p. 397 et 426; Locré, sur les art. 35 et 57; Zachariæ, t. I, p. 136; Valette,
Notes sur Proudhon, *Traité de l'état des personnes*, t. I,
p. 222; Duranton, t. I, note de la page 247, et n°⁸ 306, 314.

La personne qu'on aurait indiquée sans son consentement comme étant le père de l'enfant naturel
pourrait demander la rectification de l'acte, et même,
suivant les circonstances, des dommages-intérêts
contre celui qui aurait fait la déclaration et contre
l'officier de l'état civil.

Besançon, 3 juin 1808.

Toullier, *eod. loc.*

L'officier de l'état civil doit énoncer le nom de
la mère lorsqu'il est déclaré (art. 334, 336, 341), sans
pouvoir toutefois rechercher si le nom déclaré est
véritablement celui de la mère.

Toullier, t. I, n° 318; Valette, *ubi sup.*

M. Duranton émet la même opinion (t. I, n° 315);
mais dans un autre passage (t. I, n° 307), il déclare
que l'énonciation du nom de la mère d'un enfant
naturel n'est pas de la substance de l'acte de naissance; que dès lors, si elle a été faite sans l'aveu de
la personne désignée comme mère, elle est sans effet.

Toutefois il reconnaît que la Cour de cassation s'est prononcée contre cette opinion.

Dans tous les cas, l'officier de l'état civil n'a pas le droit d'exiger de la personne qui fait la déclaration de naissance qu'elle dise si la mère est mariée ou si elle ne l'est pas, à moins que celle-ci n'y consente.

Toullier, t. I, n° 317, p. 288.

135. La Cour de cassation a jugé que l'on n'était pas obligé, sous la peine portée par l'article 346 du Code pénal, de déclarer le nom de la mère, parce que cet article ne se réfère qu'à l'article 56 du Code civil, et ne s'occupe que de la déclaration qu'il prescrit, celle du fait de la naissance, sans parler de l'article 57 du même Code.

C. R. 16 septembre 1843.

Toullier, t. I, n° 317; Duranton, t. I, n° 315.

Les Cours de Paris et de Dijon ont jugé le contraire les 20 avril 1843 et 14 août 1840.

Mais la Cour de cassation a persisté dans sa jurisprudence par un arrêt du 1er juin 1844. Dans ce dernier arrêt, elle a tiré un nouvel argument en faveur des médecins et des sages-femmes, qui ne connaissent le nom de la mère qu'en raison de leur état, de la disposition de l'article 378 du Code pénal, qui leur défend, sous des peines sévères, de révéler les secrets qui leur ont été confiés.

Il y a un arrêt conforme de la Cour d'Agen du 20 avril 1844.

On lira avec fruit, sur cette question, une consultation rédigée par M⁽ᶜ⁾ Amable Boullanger, avocat à la Cour royale de Paris, qui est rapportée en grande partie dans le *Journal du Palais* avec l'arrêt de la Cour de cassation du 16 septembre 1843.

136. En général, l'officier de l'état civil ne doit faire aucune interpellation, recherche ou inquisition sur la véracité des déclarations qui sont faites par les parties. Son ministère doit se borner à recevoir les déclarations, lorsqu'elles sont conformes à la loi; il n'a le droit ni de les commenter, ni de les contredire, ni de les juger; si elles sont fausses, on poursuivra les faussaires. « Le ministère des officiers de l'état civil, dit M. Siméon, dans son rapport au Tribunat sur le titre des actes de l'état civil, est entièrement passif; simples instruments de la rédaction des actes, ils ne doivent y insérer que ce qui leur est déclaré par les comparants. »

Mais les officiers de l'état civil peuvent s'assurer que les déclarants et les témoins ne se présentent pas sous une fausse qualité, et ils peuvent suspendre la rédaction de l'acte s'ils leur sont inconnus, et s'ils soupçonnent de la fraude (Locré, *Législat. civ.*, t. II, p. 87); autrement ce serait abandonner aux premiers venus le droit d'attribuer un enfant à un citoyen.

Toullier, t. I, p. 280.

137. Ils doivent dans tous les cas s'abstenir d'insérer dans l'acte des déclarations qui auraient pour effet de contrevenir aux dispositions de la loi. Ainsi

lorsqu'un enfant est présenté à l'officier de l'état civil comme né d'une femme non mariée et d'un homme marié qui veut le reconnaître, le nom seul de la mère doit être inscrit dans l'acte. Il en est de même dans le cas où l'individu qui se présente comme père de l'enfant est parent de la mère au degré auquel le mariage est prohibé (arg. de l'art. 335).

Zachariæ, t. I, p. 136 ; Duranton, t. I, nᵒ 316.

138. Les actes de naissance, rédigés conformément à la loi, constatent l'accouchement de la femme qui y est désignée.

Paris, 7 juillet 1838.   Rouen, 20 mai 1829.

Proudhon, *Traité de l'état des personnes*, éd. Valette, t. II, p. 78 ; Toullier, t. II, nᵒ 866.

MM. Duranton (t. III, nᵒ 23), et Zachariæ (t. IV, p. 80), combattent cette opinion. D'après eux, ces actes ne prouvent que la naissance de l'enfant.

Suivant Delvincourt (t. Iᵉʳ, p. 233), ils valent comme commencement de preuve par écrit de l'accouchement de la femme qui y est dénommée.

139. Le ministre de l'intérieur a adressé, sous la date du 25 fructidor an XII, aux officiers de l'état civil, par l'intermédiaire des préfets, des modèles indiquant la manière de rédiger les actes de leur ministère; mais ces formules, destinées seulement à servir de guide, n'ont aucune autorité législative. (Avis

du Conseil d'État des 12-25 thermidor an XII[1].)

Locré. *Esprit du C. civ.*, éd. in-4° de 1805, t. 1, p. 360 ;
Zachariæ, t. I, p. 138.

140. D'après l'article 101 du Code civil, les jugements de rectification des actes de naissance doivent
être inscrits sur les registres par l'officier de l'état
civil aussitôt qu'ils lui auront été remis, et mention
doit en être faite en marge de l'acte réformé.

L'autorité municipale et l'autorité judiciaire ayant
été en désaccord à Paris relativement à l'application
de cette disposition, il est intervenu, à la date du

---

[1] Avis du Conseil d'État.

« Le Conseil, considérant que s'il peut être dangereux, surtout
en cette matière, de prescrire textuellement telle ou telle rédaction, de manière que l'emploi de toute autre soit interdit et
puisse compromettre la substance même des actes (inconvénient qu'on a voulu éviter en n'insérant point de formules
spéciales dans le Code civil) ; il y a cependant de grands avantages à offrir des guides à une classe nombreuse de fonction-
naires, qui n'ont pas tous un égal degré d'expérience ; mais
que cet objet n'est ni du ressort de la loi ni de celui des dé-
crets impériaux, attendu qu'en admettant des formules, elles
devront tenir lieu de conseils et non de préceptes, d'exemples
et non de dispositions strictement obligatoires ; est d'avis que
les formules présentées sont essentiellement bonnes et utiles
dans les vues qu'on vient d'indiquer ; mais qu'elles ne doivent
être publiées que par voie d'instruction ministérielle, d'après
les ordres que S. M. jugerait à propos de donner. »

Nous donnons, à la fin de l'ouvrage, le texte de ces formules, qui sont spécialement applicables aux enfants naturels.

4 mars 1808, un avis du Conseil d'État qui l'a interprétée en ces termes :

« Le Conseil d'État qui, d'après le renvoi ordonné par Sa Majesté, a entendu le rapport de la section de législation sur celui du grand juge, ministre de la justice, tendant à faire statuer sur la difficulté qui existe à Paris entre l'autorité administrative et l'autorité judiciaire, relativement au mode de transcription sur le registre de l'état civil des jugements de rectification, et à la délivrance des actes rectifiés;

« Considérant qu'aux termes de l'article 101 du Code civil, les jugements de rectification des actes de l'état civil doivent être inscrits sur les registres aussitôt qu'ils ont été remis à l'officier de l'état civil, et que mention en doit être faite en marge de l'acte réformé;

« Que le greffier du tribunal de première instance d'un côté, et de l'autre les maires de Paris, et le préposé au dépôt des registres qui existent à la préfecture, suivent un mode différent dans l'exécution de cet article;

« Que le greffier, après avoir, conformément à la disposition du Code, fait mention de la rectification en marge de l'acte réformé, le délivre aux parties avec la mention expresse de la rectification;

« Qu'au contraire, les maires et le préposé au dépôt de la préfecture se bornent à indiquer la date du jugement de rectification en marge de l'acte réformé, et délivrent cet acte dans son état primitif, en sorte

que les parties ne sont point dispensées de lever une
expédition du jugement de rectification;

« Que le mode adopté par le greffier du tribunal
de première instance est incontestablement plus ex-
péditif et plus économique;

« Est d'avis que les maires de Paris et le préposé
au dépôt de la préfecture doivent se conformer, dans
les transcriptions, sur leurs registres, des jugements
de rectification des actes de l'état civil, et dans la
délivrance des actes rectifiés, à la méthode adoptée
par le greffier du tribunal de première instance du département de la Seine;

« Que le procureur du roi près le tribunal de première instance doit veiller, conformément à l'article
49 du Code civil, à ce que la mention de la rectification soit faite uniformément sur les deux registres. »

CHAPITRE VI.

DE LA RECTIFICATION DES ACTES DE L'ÉTAT CIVIL.

(Art. 99, 100, 101 C. civ.; 855, 856, 857, 858 C. proc.)

141. Les demandes en rectification des actes de l'état civil ne doivent pas être confondues avec les demandes en recherche de maternité ou en réclama-tion d'état d'enfant légitime. Ces deux natures d'ac-tions diffèrent à la fois pour le fond et pour la forme.

Pour préciser dans quels cas l'enfant peut procé-der par voie de demande en rectification de son acte de naissance, il faut distinguer entre les rectifications qui concernent l'indication de la mère et celles qui concernent l'indication du père.

Lorsqu'un acte de naissance contient une énon-

ciation erronée des noms de la mère, on ne peut faire
rectifier ces noms en procédant par voie de demande
en rectification de l'acte de naissance, que si l'état
civil qui doit être constaté par la nouvelle rédaction
n'est pas contesté.

Zachariæ, t. III; Duranton, t. III, n° 152.

Mais si cet état est l'objet d'une contestation, il faut
qu'il soit réglé par les tribunaux par voie d'action
principale, et la rectification de l'acte de naissance
n'est plus alors qu'un accessoire de cette action.

À l'égard du père, les énonciations de l'acte de
naissance ne peuvent jamais être modifiées que par
voie de demande en rectification. En effet, s'il s'agit
d'une paternité naturelle, la recherche d'une pareille
paternité étant interdite (art. 340), il faut nécessairement le concours de celui qui doit être désigné
dans l'acte de naissance comme étant le père de l'enfant, pour qu'on substitue ses noms à ceux qui y
étaient précédemment. Si au contraire il s'agit d'une
paternité légitime, l'enfant conçu pendant le mariage
ayant toujours pour père le mari (art. 312), et étant
ainsi de droit en possession d'état d'enfant légitime,
l'énonciation dans l'acte de naissance, comme père
de l'enfant, du mari de la femme qui y est désignée
pour mère, ne peut jamais être considérée comme
une action en réclamation d'état, quelque erronées
que soient d'ailleurs les énonciations de l'acte de
naissance.

Zachariæ, t. III, p. 618.

142. Les demandes en rectification des actes de l'état civil doivent être formées par simple requête présentée au président du tribunal civil (art. 855 C. proc.).

Besançon, 12 juillet 1811.

Il est statué sur ces demandes après rapport et sur les conclusions du ministère public (art. 99 C. civ., 856 C. proc.).

Les juges ordonnent, s'ils l'estiment convenable, que les parties intéressées soient appelées, et que le conseil de famille soit préalablement convoqué (art. 99 C. civ., 856 C. proc.).

Besançon, 12 juillet 1811.

Par exemple, l'enfant qui est né pendant le mariage de sa mère, et qui a été inscrit sur les registres de l'état civil comme né de père inconnu, ne peut obtenir sur simple requête la rectification de son acte de naissance et l'inscription du mari de sa mère, comme étant son père. Cette rectification ne doit être ordonnée qu'après avoir appelé ceux qui peuvent avoir intérêt à la contester; du moins, la rectification qui serait opérée en vertu d'un jugement rendu sur simple requête ne pourrait pas être opposée aux tiers. (V. n° 144.)

Colmar, 29 novembre 1843.   Bordeaux, 11 juin 1828.

Lorsqu'il y a lieu d'appeler les parties intéressées, la demande doit être formée par exploit sans préliminaire de conciliation. Elle peut être formée par acte d'avoué à avoué si les parties sont en instance (art. 856 *id.*).

143. Aucune rectification, aucun changement ne peut être fait sur l'acte; mais les jugements de rectification doivent être inscrits sur les registres par l'officier de l'état civil, aussitôt qu'ils lui ont été remis : mention en doit être faite en marge de l'acte réformé; et l'acte ne doit plus être délivré qu'avec les rectifications ordonnées, à peine de dommages-intérêts contre l'officier qui l'aura délivré (art. 857 *id.*, 101 C. civ.). (V. n° 140.)

Dans le cas où il n'y aurait d'autre partie que le demandeur en rectification, et où il croirait avoir à se plaindre du jugement, il pourrait se pourvoir à la Cour royale dans les trois mois depuis la date du jugement, en présentant au président une requête, sur laquelle doit être indiqué un jour auquel il sera statué à l'audience sur les conclusions du ministère public (art. 858 *id.*..

144. Le jugement de rectification ne peut, dans aucun cas, être opposé aux parties intéressées qui ne l'auront point requis, ou qui n'y auront point été appelées (art. 100 C. civ.). Ainsi, il n'est pas nécessaire que les parties se pourvoient contre ces jugements pour les faire anéantir.

Colmar, 29 novembre 1843. C. R. Paris, 28 juin 1815.

145. Les parents collatéraux ont action pour faire réformer des actes de l'état civil dont les énonciations mensongères auraient pour résultat de faire

entrer dans la famille des personnes qui lui sont
étrangères, et cela, quoiqu'il ne résulte pas pour eux
de cette rectification un intérêt pécuniaire né et ac-
tuel.

Paris, 19 avril 1834.

146. Quoique l'enfant ait été inscrit sous de faux
noms, il n'y a pas lieu de procéder par voie d'inscription de faux pour faire rectifier l'acte de naissance. Il n'y a lieu à inscription de faux que lorsque
l'auteur du faux était en même temps rédacteur de
l'acte. L'officier rédacteur d'un acte de l'état civil dans
lequel il insère des déclarations qui lui sont faites
par les parties en présence de témoins n'est pas responsable de la sincérité de ces déclarations; leur
fausseté est un mensonge qui n'altère point la substance matérielle de l'acte qu'il a dû rédiger. Aussi,
les articles 323 et 341, qui disposent pour le cas où
l'enfant aurait été inscrit sous de faux noms, disent-
ils, que la preuve de la filiation sera faite par témoins,
ce qui exclut évidemment la voie de l'inscription de
faux.

C. R. Poitiers, 7 déc. 1842.   C. RR. Amiens, 12 juin 1823.

Toullier, t. II, n° 852.

Celui qui déclare dans l'acte de naissance d'un
enfant dont il se dit le père que la mère est sa femme
légitime, tandis qu'elle n'est que sa concubine, fait
un mensonge, mais ne commet pas le crime de faux.

C. R. 5 février 1808.

147. Les demandes en rectification doivent être portées devant le tribunal dans le greffe duquel se trouve le double du registre dont on demande la rectification, à moins qu'elles ne soient formées incidemment.

Duranton, t. I, n°s 340 et 341.

CHAPITRE VII.

DU MARIAGE.

(Art. 148, 149, 151, 152, 153, 154, 155, 158, 159, 161, 162, 163.)

SOMMAIRE.

148. *Nécessité du consentement du père et de la mère pour le mariage des enfants illégitimes âgés de moins de 25 ans.*

149. *Après cet âge, les enfants doivent faire des actes respectueux.*

150. *Cas d'absence des père et mère ou du survivant d'eux.*

151. *Quid pour les enfants illégitimes qui n'ont pas été reconnus ou qui ont perdu leurs père et mère?*

152. *Dispositions communes aux enfants illégitimes et aux enfants légitimes.*

153. *Prohibition de mariage en ligne directe et en ligne collatérale.*

154. *Qu'arrive-t-il lorsque la filiation se révèle par une reconnaissance postérieure au mariage de l'enfant?*

155. *Quid lorsque la reconnaissance de l'enfant est nulle?*

156. *Peut-on rechercher la paternité ou la maternité naturelle, pour s'opposer au mariage de l'enfant?*

148. Le fils illégitime reconnu, qui n'a pas atteint l'âge de vingt-cinq ans, et la fille illégitime reconnue qui n'a pas atteint l'âge de vingt-un ans, ne peuvent, aussi bien que le fils et la fille légitimes, contracter mariage sans le consentement de leurs père et mère : en cas de dissentiment, le consentement du père suffit (art. 148, 158).

Si l'un des deux est mort ou s'il est dans l'impos-

sibilité de manifester sa volonté, le consentement de
l'autre suffit (art. 149, 158).

149. Les enfants illégitimes reconnus qui ont atteint l'âge ci-dessus fixé sont tenus, avant de contracter mariage, de demander par un acte respectueux et formel le conseil de leur père et de leur
mère (art. 151, 158).

Depuis cet âge jusqu'à l'âge de trente ans accomplis pour les fils, et jusqu'à l'âge de vingt-cinq
ans accomplis pour les filles, si l'acte respectueux
n'a pas été suivi du consentement au mariage, il doit
être renouvelé deux autres fois de mois en mois; et
un mois après le troisième acte, il peut être passé
outre à la célébration du mariage (art. 151, 158).

Après l'âge de trente ans il peut être, à défaut de
consentement sur un acte respectueux, passé outre,
un mois après, à la célébration du mariage (art. 151,
158).

L'acte respectueux doit être notifié par deux notaires ou par un notaire et deux témoins; et dans le
procès-verbal qui doit en être dressé, il doit être fait
mention de la réponse (art. 154, 158).

150. En cas d'absence des père et mère ou du
survivant d'eux, il doit être passé outre à la célébration du mariage, en représentant le jugement qui
aurait été rendu pour déclarer l'absence, ou, à défaut de ce jugement, celui qui aura ordonné l'enquête, ou s'il n'y a pas encore eu de jugement, un
acte de notoriété délivré par le juge de paix du lieu
où l'ascendant a eu son dernier domicile connu. Cet

acte doit contenir la déclaration de quatre témoins appelés d'office par le juge de paix (art. 155, 158).

151. L'enfant illégitime qui n'a pas été reconnu, et celui qui, après l'avoir été, a perdu ses père et mère, ou dont les père et mère ne peuvent manifester leur volonté, ne peut se marier avant l'âge de vingt et un ans révolus, qu'en obtenant le consentement d'un tuteur *ad hoc* qui doit lui être nommé par un conseil de famille composé d'amis et convoqué par le juge de paix [1] (art. 159).

Valette, notes sur Proudhon, *Traité de l'état des personnes,* t. Ier, p. 399 ; Zachariæ, t. III, p. 271 ; Toullier, t. I, n° 551 : Duranton, t. II, n° 116.

Après l'âge de vingt-un ans, l'enfant n'a aucun consentement à demander.

152. Du reste, tout ce qui est relatif à la défense qui est faite aux enfants légitimes de se marier sans le consentement de leurs parents, s'applique également aux enfants illégitimes. Toutefois, dit Zachariæ, le mariage qu'un enfant illégitime aurait contracté en contravention aux dispositions de l'article 159, sans le consentement d'un tuteur nommé à cet effet, ne pourrait être argué de nullité, ni par le tuteur, ni par l'enfant. Zachariæ se fonde pour soutenir cette opinion, sur la discussion qui a eu lieu au Conseil d'État.

---

[1] Pour la composition du conseil de famille, voir au chapitre XI, section I, *De la tutelle.*

12

MM. Vazeille, t. I⁰ʳ, n⁰ˢ 269, et Duranton, t. II,
n° 294, enseignent au contraire que le mariage peut,
en pareil cas, être attaqué par l'enfant, mais par l'enfant seul, attendu que nul ne peut dire qu'il avait le
droit d'imposer son consentement.

153. Le mariage est prohibé en ligne directe : entre tous les ascendants et descendants naturels et les
alliés de la même ligne (art. 161).

D'après Zachariæ (t. III, p. 273), le mariage n'est
pas prohibé entre l'adoptant et les enfants illégitimes
de l'adopté, parce qu'il ne peut exister aucun lien
de parenté ni civile, ni naturelle entre eux. Mais il
y a, selon M. Duranton (t. II, n° 173, note) prohibition de mariage entre l'adopté et les enfants illégitimes de l'adoptant.

En ligne collatérale, le mariage est prohibé entre
le frère et la sœur illégitimes et les alliés au même
degré (art. 162.

Il est indifférent que la parenté d'où vient l'alliance soit adultérine, incestueuse ou naturelle simple : la loi ne distingue pas. Ainsi, dit M. Duranton
(t. II, n° 160), un mari devenu veuf ne pourrait
épouser la fille que sa femme aurait eue d'un premier mariage et qui avait été désavouée par le premier mari. Pareillement, un oncle, au mépris de la
loi, avait épousé sa nièce ; de ce mariage, qui a été
annulé, est née une fille ; la mère, après s'être rema-
riée, est venue à décéder ; la fille ne pourra pas épouser le second mari de sa mère.

154. «Une fille naturelle reconnue, dit le même

auteur (t. II, n° 167), épouse Paul, qui, âgé de plus de vingt-cinq ans, s'est marié sans le consentement de son père, et après lui avoir fait signifier les actes respectueux prescrits par la loi. Le père reconnaît ensuite comme sa fille naturelle celle qui est maintenant sa bru ; le mariage devra-t-il être annulé ? »

« En principe, nous ne le croyons pas : 1° parce qu'il ne doit pas être laissé au pouvoir du père, de faire ainsi arbitrairement annuler un mariage, qui est peut-être très-valable; 2° parce que ce serait mettre dans la main des époux le moyen très-facile de divorcer par consentement mutuel; 3° enfin, parce qu'il faut, du moins en général, pour que la parenté soit un obstacle au mariage, qu'elle soit constante et légalement établie au moment où l'empêchement est opposé. Nous répondons ainsi à l'argument tiré de ce que la reconnaissance a un effet rétroactif au jour de la naissance. Mais si la reconnaissance ne présentait aucun caractère de fraude, si elle était le résultat d'un concours de circonstances propres à porter une conviction intime dans l'esprit des juges, surtout si elle était faite par une mère, alors il devrait y avoir lieu à l'annulation du mariage, qui produirait toutefois tous ses effets civils, attendu la bonne foi des époux.»

Comme le Code ne reconnaît d'empêchements pour les enfants illégitimes, à la faculté de se marier qu'entre les ascendants et les descendants, les frères et sœurs, on voit, en comparant l'article 163 du Code civil avec les articles 161 et 162 dont nous venons d'indiquer les dispositions, que le mariage

n'est défendu qu'entre l'oncle et la nièce, la tante et
le neveu légitimes, et non entre les mêmes parents
naturels ou simplement unis par alliance.

Toullier, t. Ier, n° 538, p. 452; Merlin, *Répert.*, v° *Empêchement de mariage*, § IV, art. 1er, n° 2 : Malleville, t. Ier,
p. 158 ; Duranton, t. II, n° 172.

155. Nous retrouvons encore ici la question de
savoir quel est l'effet d'une reconnaissance d'enfant
naturel nulle, pour n'avoir pas été faite dans les formes voulues par la loi [1].

MM. Rolland de Villargues, v° *Enfant naturel*,
n° 305; Merlin, *Répert.*, v° *Empêchement de mariage*,
§ 4, art. 4, et Proudhon dans son *Traité de l'état des
personnes*, t. II, p. 78, soutiennent que la filiation de
l'enfant naturel reconnu par acte sous seing privé,
est assez vraisemblable, pour que l'honnêteté publique s'oppose, en pareil cas, à un mariage qui
pourrait être incestueux.

Mais cette opinion est critiquée avec raison par
M. Zachariæ, t. IV, p. 58.

« Les auteurs, dit-il, nous paraissent peu consé-
quents avec eux-mêmes. M. Merlin enseigne en effet,
ub. sup. (§ 4, art. 3, n° 4 et art. 6), que le Code civil
n'admet plus, comme autrefois, d'empêchements
d'honnêteté publique, d'où nous concluons qu'un
motif d'honnêteté publique ne peut, à lui seul, former

_____

[1] Voir des questions analogues : chap. II, *De la preuve de
la filiation des enfants adultérins ou incestueux*, et chap. VIII,
Des demandes d'aliments.

obstacle à un mariage auquel ne s'oppose aucun empêchement de parenté ou d'affinité légalement justifié.
Quant à M. Rolland de Villargues, il avoue que l'empêchement ne serait en pareil cas que prohibitif et non
dirimant, et il se met, par cette concession, en contradiction formelle avec l'article 184, d'après lequel les
empêchements de parenté et d'affinité établis par les
articles 161 à 163, sont toujours dirimants. Nous fe-
rons, au surplus, remarquer que s'il existe à cet égard
quelque lacune dans la loi, ce n'est pas au juge qu'il
appartient d'y porter remède. »

M. Valette émet la même opinion dans ses notes
sur Proudhon, *ub. sup.*, p. 180.

156. Zachariæ soutient à plus forte raison (t. IV,
p. 68), qu'on n'est pas reçu à prouver la filiation
paternelle d'un enfant naturel pour lui faire appliquer les dispositions des articles 161 et 162, relatives
aux empêchements de mariage résultant de la paternité et de l'alliance. C'est aussi l'opinion de M. Duranton, t. II, p. 166, et de Loiseau, p. 577 et suiv.

A l'égard de la filiation maternelle, M. Duranton admet, *eod. loc.*, que le ministère public pourrait l'établir pour prévenir un inceste, s'il avait le commencement de preuve par écrit dont parle l'article 341.

CHAPITRE VIII.

DES DEMANDES D'ALIMENTS.

(Art. 203, 337.)

157. L'article 203 du Code civil fait une obligation aux père et mère unis en légitime mariage de nourrir, entretenir et élever leurs enfants. L'obligation, d'après cet article, est contractée par le fait seul du mariage. Mais le Code est complétement muet sur l'obligation pour les père et mère, de pourvoir aux frais de nourriture, d'entretien et d'éducation de leurs enfants nés d'une union illégitime. Suit-il de là que les enfants illégitimes n'aient pas une action contre les auteurs de leurs jours pour obtenir d'eux

des aliments? évidemment non. L'obligation pour les père et mère naturels de nourrir, entretenir et élever leurs enfants, n'est pas une pure obligation naturelle; elle est également positive et civile.

Pour ce qui regarde les enfants adultérins ou incestueux, cette obligation est écrite dans l'article 762; nous nous en occuperons au titre *Des successions*, auquel cet article appartient. À l'égard des enfants naturels proprement dits, elle ressort au moins implicitement de l'ensemble et de l'esprit de la législation sur les enfants illégitimes. Laissons parler, au surplus, la Cour de cassation, qui a parfaitement résumé, dans un arrêt du 27 août 1811, toutes les raisons d'équité et de texte qui sont décisives dans la question.

« Attendu, dit cet arrêt, que la nature elle-même, indépendamment de toute loi positive, impose aux pères l'obligation de fournir des aliments à leurs enfants, et que cette obligation, qui dérive nécessairement du fait de la paternité, s'applique au père qui a reconnu son enfant naturel comme au père d'un enfant légitime; — que la novelle XCIX, chap. XII, donnait à cet égard les mêmes droits aux enfants naturels qu'aux enfants légitimes, et qu'ils leur étaient également accordés en France, par une jurisprudence constante et uniforme; — qu'à la vérité le Code civil ne contient aucune disposition expresse, quant aux aliments, en faveur des enfants naturels reconnus; mais que, dans le silence des lois positives, il faut recourir au droit naturel; — qu'il n'y a dans le Code civil aucune disposition contraire; — que les articles 756 et 757 ne s'occupent que de la *Succession*, et que, suivant la maxime du droit, *viventis nulla est hereditas*, ils devaient nécessairement supposer le décès des père et mère de l'enfant naturel, pour régler leur succession; — qu'au surplus, ils ne déclarent pas que l'enfant naturel n'aura de droits sur les biens des père et mère qu'après leur décès; — qu'ils décident seulement que, pour avoir des droits sur les biens des père et mère *après leur décès*, il faut qu'il ait été légalement reconnu; mais qu'il n'en résulte pas que le père vivant ne doive pas d'aliments à l'enfant naturel qu'il a reconnu; — qu'on ne peut et ne doit pas supposer que les auteurs du Code civil aient voulu affranchir les pères naturels de la dette la plus sacrée, du devoir le plus impérieux de la paternité: — qu'en effet l'un des rédacteurs du Code disait, en parlant au nom du gouvernement, sur le titre *De la paternité et de la filiation*, que la loi serait à la fois impuissante et barbare, qui voudrait étouffer le cri de la nature entre ceux qui donnent et ceux qui reçoivent l'existence, et que les pères ont, avec leurs enfants naturels, des devoirs d'autant plus grands, qu'ils ont à se reprocher leur infortune; — qu'il résulte d'ailleurs de plusieurs dispositions du Code civil qu'il n'a pas eu réellement l'intention de refuser des aliments aux enfants naturels reconnus; — qu'avant les lois nouvelles, l'enfant naturel ne succédait jamais à son père, et que cependant il avait le droit de lui demander une pension alimentaire; — que, dans le droit romain, il succédait.

mais que la successibilité ne faisait pas obstacle à la
demande en aliments; et que, le Code civil ayant accordé à l'enfant naturel des droits sur la succession
de son père qui l'a reconnu (art. 756, 757 et 758), et
ayant même donné au père la succession de son enfant naturel décédé sans postérité (art. 765), on doit
conclure de ces rapports établis entre le père et l'enfant, qu'ils se doivent mutuellement des aliments
pendant leur vie ; — qu'enfin, ce qui ne permet plus
de doute à cet égard, c'est que le Code ayant expressément accordé par l'article 762, des aliments
aux enfants adultérins ou incestueux, il serait contradictoire qu'il en eût refusé aux enfants nés de personnes libres, qui, sans doute, sont bien favorables,
et qu'en effet il a traité avec beaucoup plus de faveur; — que déjà la Cour a décidé en faveur d'un
enfant naturel, par arrêt du 19 novembre 1808, et
qu'elle doit maintenir cette décision qui est conforme
au vœu de la nature, à la morale, à la justice, et au
véritable esprit de la législation, etc. »

Le même principe a été consacré depuis par trois
arrêts, l'un de la Cour de Toulouse, du 19 janvier
1813, l'autre de la Cour de Colmar, du 24 mars de la
même année, et le troisième de la Cour de Paris, du
1er février 1812. Nous sommes heureux de constater
que depuis 1813, les recueils d'arrêts n'ont enregis-
tré aucune décision sur cette question.

Cette opinion est également adoptée par tous les
auteurs.

Zachariæ, t. IV, p. 88 ; Loiseau. p. 552, et suiv. ; Chabot,

Traité des Successions, sur l'art. 756, nº 36; Duranton, t. II,
nº 377; Vazeille, *Traité du mariage*, t. II, p. 599; Merlin,
Répert., vº *Aliments*, § 1, art. 2, nº 5; Favard, *Répert.*,
vº *Enfant naturel*, § 1, nº 1; Rochefort, *De la paternité*,
sur l'art. 334; Valette, sur Proudhon, *Traité de l'état des per-*
sonnes, t. Iᵉʳ, p. 446; Toullier, t. II, nº 976.

158. Toutefois, la reconnaissance faite pendant le
mariage, par l'un des époux, au profit d'un enfant naturel qu'il aurait eu d'une autre que de son épouse, ne
donne pas à cet enfant un droit absolu à demander
des aliments à l'époux qui lui a donné le jour. L'article 337 met à ce droit une certaine restriction, en
déclarant que cette reconnaissance ne pourra nuire
ni à l'autre époux, ni aux enfants nés du mariage.

Il suit de la disposition de cet article, que l'enfant
naturel reconnu pendant le mariage par l'un des
époux, ne peut poursuivre le payement des aliments
qui lui sont dus, que sur les biens qui sont personnels à l'époux qui l'a reconnu et dont ce dernier a la
libre disposition.

Ainsi, par exemple, l'enfant reconnu par une femme
mariée ne peut pas poursuivre le payement des aliments
qu'elle lui doit, au préjudice des droits d'usufruit qui
appartiennent au mari sur les biens de sa femme.

Zachariæ, t. IV, p. 64; Loiseau, p. 435.

Mais l'enfant reconnu par un homme marié peut
poursuivre pendant le mariage le payement des aliments que son père lui doit, sur les biens de ce dernier et sur ceux de la communauté.

C. RR. Toulouse, 27 août 1811.

L'enfant reconnu par une femme mariée peut
également poursuivre pendant le mariage le payement des aliments que sa mère lui doit, sur les
biens dont elle a l'administration et la jouissance,
et notamment sur ses biens paraphernaux, lorsqu'elle est mariée sous le régime dotal.

La disposition de l'article 337 n'empêche pas
l'enfant reconnu pendant le mariage par l'un des
époux de réclamer contre la succession de celui-ci,
l'acquittement de la dette alimentaire.

Agen, 17 mars 1817.   Paris, 13 juin 1809.

Zachariæ, *ub. sup.*

La raison en est, dit Zachariæ (*eod. loco*), que le
but de l'article 337 est de garantir l'intégrité des
droits assurés aux enfans issus du mariage et à l'autre conjoint, soit par la loi, soit par le contrat de
mariage, mais non de soustraire ces personnes aux
obligations que leur impose la qualité d'héritiers ou
de successeurs universels de celui qui a fait la reconnaissance, et aux conséquences de la règle *bona
non intelliguntur nisi deducto ære alieno*. En d'autres termes, ce n'est qu'une lésion de droits et non une lésion d'intérêts que l'article 337 a voulu empêcher.

Delvincourt, t. 1er, p. 244 ; Chabot, *Des Successions*, sur l'art.
756, n° 42 ; Favard, *Répert.*, v° *Enfant naturel*, sect. I, n° 1 ;
Duranton, t. III, p. 252 ; Toullier, t. II, n° 957.

L'opinion contraire a été adoptée par un arrêt de

la Cour de Toulouse, du 6 mai 1826, et par Loiseau, p. 435.

159. L'obligation de pourvoir aux aliments est évidemment réciproque entre les enfants naturels et les auteurs de leurs jours.

Zachariæ, t. IV, p. 87 ; Loiseau, p. 557 ; Delvincourt, t. Ier. p. 223 ; Chabot, *Des Successions*, sur l'article 756 ; Duranton, t. II, nᵒ 396 ; Favard, *Répert.*, vᵒ *Enfant naturel*, § 1, nᵒ 3 ; Merlin, *Répert.*, vᵒ *Aliments*, § 1, art. 2, nᵒ 11.

Il suit de là, qu'en cas de filiation naturelle, aussi bien qu'en cas de filiation légitime, le gendre doit, d'après l'article 206, des aliments à son beau-père et à sa belle-mère, et que cette obligation ne cesse que lorsque la belle-mère a convolé en secondes noces, ou lorsque celui des époux qui produisait l'affinité, est décédé sans laisser d'enfants issus de l'union dont il est question.

Paris, 28 mars 1840.

160. La renonciation que ferait un enfant naturel à demander des aliments à ses père et mère, devrait être réputée non avenue.

Bruxelles, 17 juin 1807.

161. L'enfant naturel reconnu ne peut s'adresser pour avoir des aliments, qu'à son père et à sa mère ; même après leur décès, il n'a aucune action contre son aïeul pour en obtenir de lui. En effet, l'article 756, en déclarant que les enfants naturels n'ont aucun droit sur les biens des parents de leurs père et

mère, indique assez que la reconnaissance d'un enfant naturel est personnelle au père et à la mère, qu'elle est étrangère aux parents de ces derniers, que les enfants naturels ne sont pas dans la famille de leur auteur, et que par suite, les membres de cette famille ne sont liés envers eux par aucun droit, aucun devoir et aucune obligation. Le législateur a prohibé, il est vrai, par l'article 161, le mariage entre les ascendants et les descendants naturels, mais cette prohibition a été dictée uniquement par des motifs d'honnêteté publique, qui sont tout à fait étrangers à la question qui nous occupe en ce moment.

C. C. Douai, 7 juillet 1817 [1].

Zachariæ, t. IV, p. 36 ; Chabot, *Des Successions*, sur l'article 456, n° 45 ; Merlin, *Répert.*, v° *Aliments*, § 1, article 2, n° 12 ; Favard , *Répert.*, v° *Enfant naturel* , § 1, n° 2 ; Loiseau, p. 558 et suiv. , et *Append.* , p. 36 et suiv. ; Delvincourt, note 2 sur la page 94 du tome I.

Zachariæ va même jusqu'à prétendre que les père et mère d'un enfant naturel n'ont pas d'action alimentaire contre les descendants légitimes de ce dernier. M. Vazeille émet avec raison, selon nous, une opinion contraire, dans son *Traité du mariage,* t. II, p. 501.

162. Ici se place tout naturellement la question de savoir si une reconnaissance d'enfant naturel, qui est nulle pour n'avoir pas été faite en la forme authentique, comme le veut l'article 334, peut au moins

---

[1] L'arrêt de la Cour de Douai, qui a été cassé, est du 19 mars 1816.

servir de base à une demande d'aliments, dans l'intérêt de l'enfant.

Quelques Cours royales ont admis l'affirmative.

Grenoble, 29 août 1818.   Paris, 25 prairial an XIII.
Montpellier, 28 juin 1806.   Angers, 25 thermidor an XII.

Mais la Cour de cassation a jugé le contraire, par un arrêt du 4 octobre 1812, qui exprime en ces termes, à la fois nets et concis, les principes d'après lesquels cette question doit être résolue. Cet arrêt est ainsi conçu :

Attendu que depuis la promulgation du Code civil, la reconnaissance d'un enfant naturel doit être faite dans un acte authentique, lorsqu'elle ne l'a pas été dans son acte de naissance;

Attendu que la paternité et les effets civils ou naturels qui en découlent étant indivisibles, l'interdiction indéfinie de la recherche de la paternité, prononcée par l'article 340 du Code civil, reçoit son application à tous les cas où le titre de la demande dérive de la paternité non reconnue légalement, etc.

Plusieurs arrêts de Cours royales ont résolu la question dans le même sens.

Montpellier, 7 déc. 1843.   Limoges, 27 août 1811.
Bourges, 11 mai 1811.   Pau, 18 juillet 1810.
Paris, 23 juillet 1811.   Rouen, 18 février 1809.

Ces principes sont aussi enseignés par la majorité des auteurs :

Loiseau, p. 561 et suiv., *Dissertation* de M. Rolland de Villargues, dans Sirey, t. XII, 2ᵐᵉ part., p. 41; Chabot, *Des*

Successions, sur l'art. 756, n° 43; Belost-Jolimont, sur Chabot, observ. XIII, sur l'art. 756; Maleville, t. II, p. 243 et suiv. ; Merlin, *Répert.*, v° *Aliments*, § 1, art. 2, n° 8; Favard, *Répert.*, v° *Enfant naturel*, § 1, n° 4; Duranton, t. III. n° 231; Zachariæ, t. IV, p. 57; Valette, dans ses notes sur Proudhon, *Traité sur l'état des personnes*, t. II, p. 179; Toullier. t. II, n° 976.

MM. Proudhon, *ub. sup.*, et Delvincourt, note 3, sur la page 94 du tome Ier, expriment une opinion contraire.

163. La Cour de cassation a admis toutefois un correctif à sa doctrine, en jugeant, le 10 mars 1808, qu'une personne peut être condamnée à servir une pension à un enfant, lorsque cette pension est motivée, non pas sur des présomptions de paternité, mais sur des promesses qui ne sont pas déniées.

Les Cours de Dijon et de Grenoble ont rendudes décisions analogues, les 7 décembre 1843, 24 mai 1817, 3 août 1836, 9 novembre 1823, et 24 février 1825.

Cette exception a aussi pour elle l'assentiment de plusieurs auteurs.

Zachariæ, t. IV, p. 57 et 92; Loiseau, p. 571; Duranton, t. III, n° 229.

Toutefois, elle est repoussée par Merlin, v° *Aliments*, § 1, art. 2, n° 9.

164. La Cour de Paris a jugé, le 3 août 1825, que dans tous les cas on ne pourrait pas répéter les sommes volontairement payées pour la nourriture et l'éducation d'un enfant naturel, quoiqu'il ne soit pas reconnu par acte authentique.

165. Le droit que peuvent avoir les enfants illégitimes de demander des aliments à leurs auteurs, est discuté sous diverses formes dans plusieurs parties de l'ouvrage. Nous avons déjà vu, sect. III, chap. I, nº 45, si un enfant naturel peut rechercher son père pour lui demander des aliments. Nous verrons au chap. XII *Des Successions*, si la reconnaissance d'une filiation adultérine ou incestueuse, quoique prohibée par l'article 335, peut cependant donner droit à une demande d'aliments de la part de l'enfant.

Toutes ces questions sont résolues négativement, toujours par suite des mêmes principes.

CHAPITRE IX.

DE L'ADOPTION.

(Art. 351.)

SOMMAIRE.

166. L'enfant naturel peut-il être adopté par son père ou sa mère qui l'a reconnu?

Cette grave question est l'objet de sérieuses controverses.

Presque tous les auteurs se sont prononcés pour la négative.

Toullier [1], t. II, n° 988; Merlin [2], *Répert.*, v° *Adoption*, § 4; Loiseau, *Append.*, p. 10; Magnin, *Traité des Minorités*, t. I, n° 262 ; Belost Jolimont sur Chabot, sur l'art. 756, t. I, p. 468 ; Colette, *Code Napoléon approfondi*, t. I, p. 92; *En-*

[1] [2] Ces deux auteurs avaient d'abord embrassé l'opinion contraire.

cyclopédie du Droit, v° *Adoption*, n° 32 et suiv. (art. de M. Odilon Barrot): Dubodan, *Dissert. dans la Revue étrangère*, t. IV, p. 703 et 814; Benech, *De l'illégalité de l'adoption des enfants naturels*, broch. in-8°; Pont, *Dissert. dans la Revue de législat. et de jurisp.*, t. XVII, p. 750 et suiv.

Et cette opinion a été consacrée par plusieurs arrêts de Cours royales.

Angers, 21 août 1839.	Paris, 15 germinal an XII.
Bourges, 22 mars 1830.	Nîmes, 18 floréal an XII.
Pau, 1er mai 1826.	Nîmes, 3 prairial an XII.
Besançon, 1er pluviôse an XIII.	

Mais la grande majorité des Cours royales se sont prononcées pour l'affirmative[1].

Bastia, 7 février 1842.	Bordeaux, 1er février 1826.
C. R. Riom, 28 avril 1841.	Grenoble, 10 mars 1825.
Limoges, 4 juin 1840.	Douai, 13 février 1824.
Rennes, 10 janvier 1838.	Angers, 29 juin 1824.
Riom, 14 mai 1838.	Caen, 18 février 1811.
Rennes, 30 mars 1835.	Agen, 10 avril 1811.
Toulouse, 2 juin 1835.	Grenoble, 27 mars 1809.
Paris, 13 novembre 1835.	Grenoble, 19 décembre 1808.
Lyon, 6 février 1833.	Grenoble, 28 mars 1808.
Orléans, 4 mai 1832.	Rouen, 12 mai 1808.
Rennes, 14 février 1828.	Bruxelles, 22 avril 1807.
Rennes, 24 mars 1828.	Paris, 9 novembre 1807.
Angers, 28 mars 1828.	Bruxelles, 16 prairial an XII.
Poitiers, 17 mai 1828.	

---

[1] La jurisprudence s'est prononcée dans le même sens à l'égard des adoptions antérieures au Code civil.

Paris, 22 juillet 1826.	C. C. Toulouse, 24 juillet 1811.
Paris, 13 juillet 1822.	C. RR., 24 novembre 1806.
Toulouse, 5 mars 1817.	

Quelques auteurs se sont rangés à cette opinion :

Proudhon, *Traité de l'état des personnes*, éd. Valette, t. II, p. 217, et la *Note* de M. Valette; Locré, *Esprit du Code civil*, t. V, p. 378, et *Législ. civ. et commerc.*, t. VI, p. 364; Grenier, *De l'Adoption*, n° 35; Duranton, t. III, n° 293; Zachariæ, t. IV, p. 7.

Jusqu'en 1841, la question qui nous occupe n'avait pas été soumise à la Cour de cassation, et elle paraissait ne pas devoir lui être soumise, d'après les articles 356 et 357 du Code civil, parce que les décisions qui interviennent en pareille matière ne doivent pas être motivées. Pour que la Cour de cassation ait été appelée à faire connaître son opinion à cet égard, il a fallu que des collatéraux de l'adoptant attaquassent l'adoption, en se fondant sur ce que l'adopté était un enfant naturel reconnu par l'adoptant, pour ressaisir une succession qui leur avait échappé. La prétention des collatéraux, ainsi posée, soulevait en effet une pure question de droit destinée à traverser tous les degrés de juridiction, et sur laquelle les magistrats étaient obligés de prononcer une décision motivée.

C'est dans ces termes que la question s'est présentée devant la Cour de cassation le 28 avril 1841.

La Cour de Riom, qui avait été saisie de la demande des héritiers collatéraux, avait rendu, le 14 mai 1838, un arrêt longuement et solidement motivé qui avait reconnu l'adoption, et le pourvoi formé contre cet arrêt a été rejeté sur les conclusions de M. le procureur-général Dupin.

La jurisprudence paraissait devoir être considérée comme fixée désormais par ce dernier arrêt, lorsqu'un arrêt plus récent de la même Cour est venu jeter de nouveau de l'incertitude sur la question, en consacrant l'opinion contraire par un arrêt de rejet du 16 mars 1843, rendu contrairement aux conclusions de M. le premier avocat-général Laplagne-Barris, sur le pourvoi formé contre l'arrêt de la Cour d'Angers, du 20 août 1839.

Toutefois les Cours royales qui ont été appelées à se prononcer depuis sur la question ont persisté à admettre l'adoption.

Rennes, 19 août 1844.   Dijon, 30 mars 1844.
Angers, 12 juillet 1844.

Les arguments que l'on a fait valoir de part et d'autre devant la Cour de cassation lors de l'arrêt du 28 avril 1841, et le réquisitoire de M. le procureur-général, ont été reproduits en détail dans les recueils de jurisprudence. Nous y renvoyons le lecteur qui voudra faire une étude approfondie des éléments qui entrent dans la solution de la question. Nous nous bornerons à reproduire ici l'arrêt de la Cour de Riom et celui de la Cour de cassation, qui résument les principaux moyens qui ont été développés dans l'intérêt des parties, et qui ont nettement posé les principes de la matière. Nous donnerons ensuite le texte de l'arrêt de la Cour de cassation du 16 mars 1843.

167. Arrêt de la Cour de Riom du 14 mai 1838.

La Cour, — « considérant que l'on ne trouve dans le Code civil, au titre *De l'Adoption*, ni ailleurs, aucune disposition prohibitive de la faculté d'adopter les enfants naturels, par le père et la mère qui les ont reconnus;

« Que l'on ne pourrait donc déclarer que cette faculté a été interdite, qu'en admettant une incapacité et une défense qui n'ont point été prononcées par la loi;

« Considérant que c'est inutilement que l'on prétend, pour établir une incapacité, que les principes qui déterminent la nature de l'adoption s'opposent à ce que les enfants naturels reconnus puissent en recevoir le bénéfice;

« Que l'on ne trouve dans le Code civil ni les règles, ni les défenses du droit romain, et qu'on y chercherait vainement les conditions qui établiraient que l'on a voulu faire de l'adoption une imitation exacte de la nature;

« Que d'après les dispositions qu'il renferme, loin de s'identifier avec la famille nouvelle dans laquelle il est admis, de manière à devenir étranger à celle qu'il avait, l'adopté reste au contraire dans cette dernière, y conserve tous ses anciens droits, et ne fait qu'ajouter le nom de l'adoptant à celui qu'il avait déjà;

« Qu'il n'est pas exact de dire que l'adoption ne confère à l'enfant naturel rien de plus que ce que lui avait donné la reconnaissance faite par son père; que les liens qui l'unissent à ce dernier après l'adoption

sont plus étendus et plus resserrés en même temps ;
qu'à la place d'une filiation naturelle il s'est établi
une filiation nouvelle, plus avantageuse et plus honorable aux yeux de la société, et que dès lors, au lieu
d'être indiqué dans les actes de l'état civil et dans
les relations ordinaires de la vie sous le nom de fils
naturel, l'adopté ne le sera plus que sous celui de fils
adoptif;

« Considérant qu'on ne peut invoquer les articles
746, 747 et 748 du même Code pour induire les conséquences que, si la défense d'adopter les enfants naturels reconnus n'a pas été faite au père ou à la mère
de ces enfants d'une manière expresse, elle se trouve
implicitement dans la loi;

« Que les expressions dans lesquelles ces articles
sont conçus n'ont rien qui soit exclusif des personnes qui n'y sont pas indiquées; que la loi, qui n'était
pas uniquement faite pour les enfants naturels, n'a
dû s'occuper que des cas ordinaires, laissant sous
l'empire du droit commun et de ses dispositions générales ceux qu'elle n'a pas désignés;

« Qu'on ne pourrait donc conclure, de la manière
dont elle s'est exprimée, qu'elle a défendu l'adoption des enfants naturels, à moins d'établir qu'elle a
créé une exception toute particulière contre cette
classe d'individus ;

« Considérant que la défense d'adopter les enfants
naturels reconnus n'existe pas davantage dans les
dispositions du Code civil sur la légitimation ;

« Qu'il y a des différences essentielles et capitales entre les effets de l'adoption et ceux de la légitimation, qui ne permettent pas de confondre l'une avec l'autre; que si par la première l'enfant reçoit une vie nouvelle et des avantages qu'il n'avait pas auparavant, les rapports civils et les droits qu'il acquiert sont cependant bornés à un cercle étroit dans lequel la loi n'a pas restreint l'enfant légitime, qui est considéré par elle comme enfant légitime et traité comme tel;

« Que, l'adoption ne conférant ni les droits, ni le titre d'enfant légitime, on doit nécessairement en conclure qu'elle ne se confond point avec la légitimation, et que, par là même, elle n'est pas un moyen détourné d'appeler l'enfant naturel aux avantages d'une légitimation qui ne peuvent lui être assurés que par le mariage de ses père et mère;

« Considérant que, l'adoption ayant pour but principal et direct de créer un état civil entre l'adoptant et l'adopté, en les unissant par des rapports de parenté et de famille, et les droits de successibilité réciproque qui en dérivent n'en étant qu'une conséquence nécessaire, c'est le Code civil, qui a déterminé les règles de cet état et la successibilité même qui en résulte, qu'il faut interroger pour savoir quels sont ceux qui peuvent être adoptés;

« Que dès que l'incapacité que l'on oppose aux enfants naturels reconnus ne s'y trouve ni d'une manière expresse, ni d'une manière implicite, on ne peut la rechercher dans les articles 756, 757, 908 et autres, sur les successions, qui n'ont statué sur la dévolution des biens que d'après les principes et les

règles précédemment établis sur l'état des personnes,
sans aucun retour sur ces principes et ces règles,
auxquels le législateur n'a pas songé à toucher;

« Que les dispositions invoquées, uniquement relatives aux enfants naturels, comme celles de l'article
338, ne se sont point occupées des enfants qui auraient été adoptés; qu'ainsi, pour les entendre et les
appliquer sainement, il ne faut pas les séparer de la
qualité des personnes pour lesquelles elles ont été faites; que c'est pour les enfants naturels reconnus, mais
restés tels, qu'elles ont été créées; que, si elles sont
prohibitives, ce n'est évidemment que des droits qui
dépasseraient, en faveur de ces enfants, ceux qu'elles
leur accordent, et non des droits dont elles ne parlent pas, et qui seraient la conséquence d'une qualité
ou d'un titre sur lequel elles n'avaient pas à s'expliquer;

« Que ce serait donc manifestement en étendre l'application et les effets à des personnes et à des cas
auxquels elles n'ont pas pensé, que d'y voir la défense d'adopter les enfants naturels reconnus, et de
leur donner par là les droits de successibilité que
confère l'adoption;

«Considérant qu'on ne pourrait admettre que les
dispositions du Code civil, qui bornent les droits des
enfants naturels sur la succession du père ou de la
mère qui les ont reconnus, renferment la défense à ces
derniers de les adopter, qu'autant qu'il existerait entre l'état d'un enfant naturel reconnu et celui d'un
enfant adoptif une opposition diamétrale qui ne per-

mettrait pas de les confondre, en passant du premier au second;

« Que cette opposition n'existe pas ; qu'il ne répugne ni à la raison, ni à la loi, que des liens de famille plus étroits que des rapports civils, plus intimes et plus étendus, s'établissent entre le père et le fils naturel ; qu'en usant du bénéfice de l'adoption, le père fait plus qu'il n'avait fait par la reconnaissance ; mais qu'il ne fait rien de contradictoire à ce premier acte, qui ne pourrait avoir pour effet de l'enchaîner si irrévocablement qu'il lui fût défendu d'améliorer, par des moyens que la loi indique elle-même, l'état de son enfant ;

« Considérant encore, sur les articles relatifs aux droits des enfants naturels sur la succession de leurs père et mère, que la loi leur accorde, dans le cas où il n'y a ni enfants légitimes, ni héritiers collatéraux, tous les biens de cette succession ;

« Qu'alors, l'incapacité que l'on fait principalement résulter contre eux, pour l'adoption, de la restriction opposée à leurs droits sur ce point, devrait nécessairement disparaître, puisque la base fondamentale donnée à cette incapacité n'existerait plus ;

« Qu'il faut donc conclure de cette application de la loi, dont la justesse ne peut être contestée, que des prohibitions qui ne sont ni générales, ni absolues, ne peuvent renfermer la défense que l'on veut en faire résulter ;

« Considérant que l'argumentation que l'on a tirée contre l'adoption des enfants naturels, de l'art. 911

du Code civil, ne présente, pour raison de décider, que la question même qu'il s'agit de résoudre :

« Qu'en admettant, en effet, qu'on peut faire l'application des dispositions qu'il renferme à un contrat aussi solennel que l'adoption, il faudrait toujours démontrer l'incapacité de l'enfant naturel reconnu à être admis au bénéfice de l'adoption par ses
père et mère ;

« Considérant que l'article 366 Code civil, qu'on a
également invoqué, en le rapprochant des articles
908 et 911, établit, dans le cas tout particulier qu'il
prévoit, non une manière nouvelle de donner ou de
transmettre par testament les biens de l'adoptant à
l'adopté, mais bien un mode nouveau d'adoption que
réclamaient l'intérêt de l'enfant et la position dans
laquelle pouvait se trouver placé celui qui voudrait
l'adopter;

« Que, si alors l'enfant acquiert des droits de successibilité sur les biens de ce dernier , c'est par une
suite naturelle et nécessaire de l'adoption exceptionnelle dont il a été l'objet, et non parce que le testament où elle se trouve renferme en sa faveur une
disposition de ces biens; qu'on ne pourrait donc lui
appliquer que les dispositions des articles 908 et 911,
et que ce serait encore la question de savoir s'il a pu
être adopté;

« Considérant enfin que, si malgré le silence de la
loi et la généralité de ses dispositions, on proscrivait
l'adoption des enfants naturels par le père et la mère
qui les ont reconnus, on n'aurait aucun moyen,

sauf le pouvoir discrétionnaire des tribunaux, de prévenir celle des enfants naturels non reconnus, ou celle des enfants adultérins et incestueux dont l'origine ne serait pas attestée par des faits incontestables ;

« Que, s'il était immoral, cependant, de permettre l'adoption des enfants naturels reconnus, il ne le serait pas moins de laisser la liberté d'appeler, par des moyens détournés, ceux qui n'ont pas été reconnus, ou ceux même qui ont une origine plus vicieuse, au bénéfice de l'adoption; et qu'il serait tout à la fois inconséquent et injuste de repousser sur ce point les premiers, parce que leur naissance est reconnue, et d'accueillir les seconds, parce que la leur est ignorée;

« Qu'on ne peut opposer, pour justifier une semblable distinction, que les enfants naturels sont, dans le sens légal, des étrangers aux yeux de la loi et de la justice; que le vice de leur naissance n'en est pas moins réel pour n'avoir point été révélé ; que c'est, non de l'ignorance où l'on peut être de cette origine, mais de son existence même, que l'incapacité, qu'on en fait résulter, dépend ;

« Qu'il arrivera, néanmoins, journellement que les enfants qui en sont frappés éluderont les dispositions prohibitives de la loi, par cela seul que le secret de leur naissance aura été soigneusement caché, tandis que ceux qu'on aura reconnus en subiront toutes les rigueurs;

« Qu'un système qui se prêterait si aisément à la

violation de la loi, et qui conserverait des effets si
contraires à la raison et à une exacte justice, ne
peut être admis; etc.»

168. Arrêt de la Cour de cassation du 28 avril
1841 :

La Cour, — « après délibération en la Chambre du
conseil;

« Attendu que le Code civil contient un chapitre
spécial qui établit les conditions, les formes et les
effets de l'adoption;

« Que ni dans ce chapitre, ni dans aucune autre
partie du Code civil, il n'existe de disposition tex-
tuelle et formelle qui prohibe l'adoption, par leurs
père et mère, des enfants naturels reconnus;

« Que, dans l'absence de disposition expresse, on
ne peut prononcer l'incapacité des enfants naturels
reconnus qu'autant que cette incapacité résulterait
virtuellement et par des conséquences rigoureuses
et nécessaires, soit des conditions de l'adoption, soit
des limites imposées par la loi aux effets de la reconnaissance des enfants naturels;

« Attendu qu'en considérant l'adoption comme
l'institution d'une paternité fictive, le bénéfice de
cette institution semblerait ne pouvoir appartenir au
père de l'enfant naturel; mais que, d'une part, l'article 343 du Code civil n'interdit la faculté de l'adoption qu'à ceux qui ont des enfants ou descendants
légitimes, et que, d'autre part, on ne peut mécon-
naitre que sous le rapport de la filiation et de ses
effets il existe une différence immense entre l'état de

l'enfant naturel reconnu et l'état que confère l'adoption;

« Que, par la reconnaissance, le père naturel n'obtient ni pour son enfant ni pour lui-même les avantages de la filiation légale que crée l'adoption;

« Qu'ainsi le motif d'une paternité préexistante qui a fait exclure le père légitime de la faculté de l'adoption ne peut recevoir une exacte application au père naturel;

« Attendu, en ce qui concerne les conditions établies par les articles 346, 347 et 348 du Code civil, relativement au consentement des père et mère de l'adopté, à son nom et à son maintien dans sa famille naturelle; que ces diverses conditions sont établies par la loi d'une manière générale, et que, du fait que les deux premières existent déjà pour l'enfant naturel reconnu, et que la troisième est sans application à son égard, il est impossible d'induire la conclusion exorbitante que la loi l'a frappé d'incapacité;

« Attendu que la légitimation et l'adoption ont des règles et des effets essentiellement distincts;

« Que, séparées de leurs conditions et de leurs conséquences, ces deux institutions ne peuvent exercer l'une à l'égard de l'autre une influence qui ait dû exciter la sollicitude de la loi;

« Qu'au surplus, la forme de procéder pour l'admission de l'adoption assure à la société et aux familles les garanties nécessaires, et qu'en investissant les magistrats d'un pouvoir discrétionnaire qui couvre l'indépendance de leurs motifs d'un silence obligé,

la loi a pleinement satisfait à tous les intérêts moraux
et d'ordre public;

« Attendu, en ce qui concerne la successibilité,
que l'adoption constitue entre l'adoptant et l'adopté
un état dont les effets, relatifs à la transmission des
biens, sont spécialement réglés par le chapitre du
Code civil sur l'adoption;

« Que c'est dans ce chapitre, et non dans les dispositions générales sur les successions, que devrait se
trouver exprimée l'incapacité des enfants naturels
reconnus, s'il eût été dans la volonté de la loi de la
prononcer;

« Que les art. 756, 757 et 758, qui refusent aux
enfants naturels reconnus la qualité d'héritiers; l'article 338 qui leur interdit de réclamer les droits des
enfants légitimes, et l'article 908, qui ne leur permet
de rien recevoir au delà du simple droit qui leur est
attribué, ne disposent sur la transmission des biens
respectivement à eux qu'en les considérant dans leur
état d'enfants naturels reconnus;

« Que ces dispositions générales deviennent inap-
plicables lorsque l'adoption, opérant un changement
d'état, fait entrer l'enfant naturel reconnu sous le
régime d'une législation différente et spéciale; que,
ce changement d'état n'étant pas textuellement prohibé par la loi, on ne peut induire cette prohibition
de ce que, dans l'état antérieur à l'adoption, l'enfant
naturel est frappé, sous le rapport successif, d'une
incapacité que ne comporte plus le changement de
son état;

« Attendu que de l'ensemble des motifs qui viennent d'être développés, il résulte que l'incapacité qu'on oppose aux enfants naturels reconnus n'existe ni dans la lettre ni dans le sens virtuel de ses prescriptions; que la généralité des dispositions du Code civil sur l'admisssibilité au bénéfice de l'adoption, l'absence de toute exception à l'égard des enfants naturels reconnus, l'impossibilité de fonder juridiquement l'incapacité sur des inductions assez rigoureuses et assez formelles pour équipoller nécessairement à une prohibition expresse, ne permettent pas de placer les enfants naturels reconnus hors du droit commun relativement à l'adoption; qu'en le jugeant ainsi, la Cour royale de Riom n'a point violé les articles du Code civil invoqués par le demandeur en cassation, et qu'au contraire elle en a fait une juste application; — Rejette, etc. »

169. Arrêt de la Cour de cassation du 16 mars 1843 (chambre civile), qui a rejeté le pourvoi formé contre un arrêt de la Cour d'Angers.

« Attendu que, pour décider si le père naturel peut valablement adopter l'enfant naturel par lui reconnu, il faut considérer si une telle adoption est ou non compatible avec les principes essentiels et fondamentaux de notre législation tant sur l'état des enfants naturels que sur l'adoption;

« Attendu que le Code civil, en réglant la condition des enfants naturels reconnus, a voulu, d'une part, les traiter avec équité et leur attribuer des droits; que, d'autre part, il a voulu, par respect pour le mariage, gage de la famille et des liens de parenté, ne pas les traiter comme les enfants du mariage;

« Attendu qu'aux termes de l'art. 338, l'enfant naturel reconnu ne peut réclamer les droits d'enfant légitime, et que cet article renvoie au titre *Des Successions* le règlement de ses droits; que l'art. 766 déclare que l'enfant naturel n'est point héritier; que les art. 757 et suivants fixent définitivement la mesure et l'étendue de ses droits sur les biens de ses père et mère décédés; que l'art. 908 lui interdit de rien recevoir au delà de ce qui lui est accordé au titre *Des Successions;*

« Attendu que ces dispositions sont conçues en termes généraux et absolus; que la loi ne prévoit qu'un seul cas de modification des droits qu'elles ont réglés, celui de sa légitimation par mariage subséquent; que, si sa volonté avait été de permettre qu'ils pussent aussi être modifiés par l'adoption, elle aurait nécessairement exprimé cette volonté par une disposition formelle, qui n'est écrite nulle part;

« Attendu que, si la loi a admis le mariage subséquent comme unique voie de légitimation d'un enfant naturel, c'est parce qu'elle a considéré qu'il y a en ce cas réparation envers l'institution du mariage, que le vice de naissance de l'enfant naturel avait blessée;

« Attendu que l'adoption d'un enfant naturel n'aurait eu pour cause ni pour résultat de réparer envers la société l'offense faite à l'institution du mariage; que ce serait une voie ouverte pour modifier

l'état de l'enfant naturel, fixé irrévocablement, avec
les restrictions légales comme avec les avantages, par
le fait de la reconnaissance; que ce serait effacer les
distinctions créées par la sagesse de la loi, dans des
vues élevées de morale et d'ordre, entre les effets de
la paternité naturelle et ceux de la paternité légitime;

« Attendu que le but unique de l'adoption, manifesté par toutes les dispositions du chapitre du Code
civil qui y est relatif, est de suppléer, par la création
d'une paternité fictive, à l'absence de paternité réelle,
et que l'existence d'une paternité naturelle constatée
par la naissance est essentiellement inconciliable
avec une simple fiction de paternité;

« Attendu qu'il suit de ce qui précède que le demandeur reproche à tort à l'arrêt attaqué la violation des
art. 343, 345 et 350 du Code civil et la fausse application des art. 331, 333, 756, 757 et 908, même Code;
que l'arrêt attaqué a, au contraire, fait de ces articles
une saine interprétation. Rejette, etc.»

L'examen de cette grave question sera de notre
part l'objet d'un travail spécial que nous publierons
séparément.

170. A l'égard des enfants adultérins ou incestueux,
on est généralement d'accord qu'ils ne peuvent pas
être adoptés par leurs père et mère.

Ces enfants ne pourront pas être adoptés, a dit
M. le procureur-général Dupin dans le réquisitoire
qu'il a prononcé devant la Cour de cassation, et qui
a servi de texte à l'arrêt du 28 avril 1841, car le Code

14

ne réduit pas seulement cette classe d'enfants à des aliments (art. 762), mais il leur refuse tout changement d'état. Il y a plus, il leur refuse également tout état de famille. En effet, il ne défend pas seulement de les légitimer (art. 331), mais il défend même de les reconnaître (art. 335). Le Code leur interdit la base et le sommet; ils ne peuvent jamais être rattachés qu'à une famille qui leur soit étrangère. Le seul danger qui existe est créé par la disposition qui ne permet pas même que les enfants adultérins ou incestueux puissent être reconnus. Et c'est bien là, il faut le dire, un de ces cas où le mieux semble devenir l'ennemi du bien : car, s'ils ne peuvent pas être reconnus, leur incapacité restera le plus souvent un mystère; or, en justice, ce qui n'apparaît pas et ce qui n'existe pas sont la même chose : *In judicio quod non est et quod non apparet idem sunt.* Il est donc possible que ces enfants trouvent leur salut sous l'incognito même dont on a voulu les envelopper. Mais n'oublions pas que si, en matière ordinaire, les Cours, obligées de motiver leurs arrêts, se sont vues quelquefois dans la nécessité de confirmer des donations universelles faites au profit d'enfants adultérins, même en présence de reconnaissances auxquelles la rigueur du droit leur défendait d'avoir égard (arrêt de rejet du 8 février 1836, chambre civile [1]), il n'en est pas de même en matière d'adoption. Là, en effet,

---

[1] Voir au chapitre XIII *Des Donations entre vifs et des Testaments.*

les Cours royales sont vraiment souveraines; elles
ont pour mission d'examiner toujours la question
de moralité, et partout où il leur apparaîtra qu'un
enfant est le résultat de l'adultère ou de l'inceste, elles
répondront : non, sans qu'il soit jamais possible de
les contraindre à prononcer autrement[1].

C. RR. Grenoble, 13 juillet 1826.   Nancy, 18 août 1814.
C. R. Nancy, 23 décembre 1816.
  Loiseau, p. 346.

Toutefois la Cour de Rouen a admis, par un arrêt
du 15 février 1813, que l'on pouvait adopter son enfant adultérin. Cette opinion est partagée par Zacha-

---

[1] Une jurisprudence constante décide que l'adoption des
enfants adultérins par leur père ou par leur mère était également prohibée antérieurement à la publication du Code civil.

C. C. Dijon, 26 juin 1832.   C.R. Nancy, 23 décembre 1816.
C. RR. Grenoble, 13 juill. 1826. Nancy, 18 août 1814.
Grenoble, 27 avril 1825.   C. R. Aix, 12 novembre 1811.
C. R. Bordeaux, 9 fév. 1824.   Aix, 10 janvier 1809.

Cette jurisprudence n'a été divisée que sur le point de savoir si la loi transitoire du 25 germinal an XI avait ou non
validé ces adoptions.

Pour la négative :

C. C. Dijon, 26 juin 1832.   C.R. Nancy, 23 décembre 1816.
C. RR. Grenoble, 13 juill. 1826. Nancy, 18 août 1814.
Grenoble, 27 avril 1825.

Pour l'affirmative :

C. R. Bordeaux, 9 février 1824.   Aix, 10 janvier 1809.
C. R. Aix, 12 novembre 1811.

riæ, t. IV, p. 9, qui admet même que l'on peut adopter un enfant incestueux.

171. D'après l'art. 351, si l'adopté meurt sans descendant légitime, les choses données par l'adoptant ou recueillies dans sa succession et qui existent en nature lors du décès de l'adopté, retournent à l'adoptant ou à ses descendants, à la charge de contribuer aux dettes, et sans préjudice des droits des tiers.

Malgré les termes explicites de cet article, Zachariæ admet que les enfants naturels du donataire, et, en cas de prédécès de ces enfants, leurs descendants légitimés ou légitimes empêchent l'exercice du droit de retour pour la quote-part que leur attribuent les art. 757 et 759. De sorte que d'après cet auteur, les biens donnés par l'adoptant ne retournent au donateur, à l'exclusion des ascendants et des collatéraux, que défalcation faite de la portion revenant aux enfants naturels dans les biens donnés.

Cette doctrine est même conforme à l'interprétation que presque tous les auteurs donnent à l'art. 747 qui contient une disposition analogue. Mais elle est contraire à un arrêt de la Cour de cassation du 3 juillet 1832, qui a jugé, en cassant un arrêt de la Cour d'Amiens, que le droit de retour dont parle cet article peut être exercé lorsque le donataire décède sans postérité légitime, quoiqu'il laisse des enfants naturels [1].

---

[1] Voir au chapitre XII *Des Successions*.

CHAPITRE X.

DE LA PUISSANCE PATERNELLE.

(Art. 376, 377, 378, 383, 384, 390.)

---

172. La puissance paternelle dérivant du fait de la procréation des enfants, est nécessairement commune aux père et mère légitimes et naturels. La naissance seule, disait M. Tronchet au Conseil d'Etat, établit des devoirs entre les pères et les enfants naturels; ces enfants doivent être sous une direction quelconque : il est juste de les placer sous celle des personnes que la nature oblige à leur donner des soins.

173. La mère naturelle n'est, en général, appelée à exercer l'autorité paternelle sur un enfant qui a

été également reconnu par son père, que lorsque ce
dernier est décédé ou dans l'impossibilité de manifester sa volonté. Mais les tribunaux pourraient apporter à cette règle les modifications qu'ils jugeraient
convenables à l'intérêt de l'enfant.

Zachariæ, t. IV, p. 85; Toullier, t. II, n° 1076; Duranton,
t. III, n° 360; Delvincourt, t. I, p. 250; Vazcelle, *Du Mariage*, t. II, p. 474.

174. Le plus important des droits de la puissance
paternelle, le droit de correction, a été notamment
accordé en termes exprès aux père et mère des enfants naturels reconnus par l'article 383, qui déclare
communes à ces père et mère les dispositions des
articles 376, 377, 378 et 379.

Le droit de correction des père et mère naturels
est même plus étendu que celui des père et mère légitimes, en ce qu'il n'est pas, comme ce dernier, soumis
aux restrictions résultant des articles 380, 381 et 382.

Zachariæ, t. IV, p. 83; Duranton, t. III, n° 360; Proudhon,
Traité sur l'état des personnes, édit. Valette, t. II, p. 248.
(Voir cependant les notes de M. Valette.)

175. Si l'enfant naturel (dit M. Valette, *ubi sup.*) a été
reconnu par son père et par sa mère, et que ceux-ci
soient encore vivants, auquel des deux appartiendra
le droit de correction? Dans le silence de la loi, il
semble qu'on doive l'accorder à celui des deux parents qui, à raison d'arrangements amiables ou de
la décision des tribunaux, a la garde de l'enfant. Si
les père et mère vivant ensemble ont en commun la

garde de l'enfant, il faudrait nécessairement accorder de préférence au père le droit de correction.

176. L'exercice de la puissance paternelle par les père et mère des enfants naturels reconnus présente quelques difficultés en ce qui concerne la garde des enfants. Comme le plus souvent le père et la mère ne demeurent pas ensemble, qu'il n'y a aucun lien qui les unisse, qu'ils deviennent même quelquefois étrangers l'un à l'autre, la jurisprudence a dû s'interposer entre eux pour décider auquel des deux il convient de confier le soin et la garde des enfants.

A défaut de disposition expresse à cet égard dans la loi, les juges ont usé du pouvoir discrétionnaire qui leur appartenait, pour régler ce point selon les circonstances, en consultant uniquement le plus grand avantage des enfants. Le pouvoir discrétionnaire des juges à cet égard résulte implicitement de la disposition de l'article 383, qui accorde aux père et mère naturels des droits de correction sur leurs enfants. En effet, cette disposition témoigne que le législateur n'entendait pas leur conférer la puissance paternelle d'une manière aussi entière et aussi absolue qu'aux père et mère légitimes, et qu'il laissait soumise à l'arbitrage des tribunaux les diverses modifications qu'elle devrait subir dans l'intérêt des enfants.

Paris, 4 juillet 1836. Pau, 13 février 1822.
Bruxelles, 3 décembre 1830. Rennes, 30 juillet 1812.
Caen, 27 août 1828. Agen, 16 frimaire an XIV.

Zachariæ, t. IV, p. 85; Favard, *Répert.*, v° *Enfant naturel*, § 1, n° 6 et § 2; Loiseau, p. 350; Merlin, *Répert.*, v° *Educa-*

tion, § 2; Toullier, t. II, n° 1076 ; Vazcelle, t. II, p. 473 ;
Delvincourt, t. I, p. 251 ; Duranton, t. III, n° 360.

Ces principes pourraient se justifier au besoin par
les dispositions de la loi concernant les enfants des
époux divorcés, car ces enfants sont dans une position identique à celle des enfants naturels. Or, sous
l'empire de la loi du divorce, on ne conservait pas
de plein droit au père la garde de ses enfants ; l'article 267 du Code civil conférait à cet égard aux tribunaux un pouvoir discrétionnaire qui leur permet-
tait d'ordonner que les enfants seraient confiés même
à une tierce personne.

177. Les père et mère naturels n'ont pas la jouissance légale des biens de leurs enfants mineurs. L'article 384 ne concerne que les enfants légitimes.

Pau, 13 février 1822.

Proudhon , *Traité sur l'état des personnes*, édit. Valette,
t. II, p. 252 et la *Note* de M. Valette ; Merlin, *Quest.*, v° *Tuteur*, § 4 ; Proudhon, *De l'usufruit*, t. I, n° 124 ; Vazcelle,
Traité du Mariage, t. II, p. 477 ; Toullier, t. II, n°s 975 et
1073 ; Duranton, t. III, n° 364 ; Delvincourt, t. I, p. 406,
note 2 ; Zachariæ, t. IV, p. 87.

Toutefois cette question est controversée.

Salviat, *De l'usufruit*, t. II, p. 110 ; Loiseau, p. 550 ; Favard, *Répert.*, v° *Enfant naturel*, § 2, n° 2.

178. L'usufruit légal des père et mère sur les biens de
leurs enfants naturels légitimés par leur mariage ne
commence que du jour de la célébration du mariage.

Zachariæ, t. III, p. 673.

179. D'après Zachariæ, t. I, p. 97, les père et mère des enfants incestueux ou adultérins n'ont aucun droit de puissance paternelle sur ces derniers. C'est aussi l'opinion de presque tous les auteurs :

Bedel, *De l'Adultère*, n° 102; Favard, *Répert.*, v° *Enfant adultérin*, n° 2; Chabot, sur l'art. 765; Malpel, *id.*; Poujol, *id.*

Loiseau enseigne une opinion contraire, p. 741.

CHAPITRE XI.

DE LA TUTELLE ET DE L'EMANCIPATION.

SECTION I.

DE LA TUTELLE.

SOMMAIRE.

180. *Les père et mère ont-ils la tutelle légale de leurs enfants naturels mineurs?*
181. *Comment doit être composé le conseil de famille des enfants naturels?*
182. *Un mineur peut-il reconnaître un enfant naturel?*
183. *Les père et mère d'enfants adultérins ou incestueux ont-ils la tutelle légale de ces enfants?*
184. *Tutelle des enfants admis dans les hospices.*
185. *Durée de cette tutelle.*
186. *Gestion des biens de ces enfants.*

180. On a contesté aux père et mère des enfants naturels le droit d'avoir la tutelle légale de leurs enfants, en prétendant que dans ce cas la tutelle devait être dative. Pour soutenir cette prétention, voici comment on a raisonné :

Aucune disposition du Code civil ne confère aux père et mère des enfants naturels la tutelle de leurs enfants; cependant, lorsque le législateur a voulu rendre communes aux enfants naturels les dispositions du Code civil qui concernent les enfants légitimes, il s'en est formellement expliqué. Ainsi, au titre *Du Mariage*, l'article 158 déclare applicables aux enfants naturels légalement reconnus les dispositions des articles 148, 149, 151, 152, 153, 154 et 155 relatives à la nécessité pour les enfants d'obtenir le consentement de leurs père et mère pour pouvoir contracter mariage, et aux actes respectueux qui doivent être faits à ces derniers s'ils refusent leur consentement, pour pouvoir passer outre au mariage. Ainsi encore, au titre *De la Puissance paternelle*, l'article 383 confie au père d'un enfant naturel le droit de correction paternelle qui appartient au père d'un enfant légitime, d'après les articles 376, 377, 378 et 379. Il suit nécessairement de là que si le législateur avait eu l'intention de déférer aux père et mère des enfants naturels reconnus la tutelle de ces enfants, il s'en serait expliqué de même. Le silence que le législateur a gardé sur ce point autorise à penser qu'il a entendu leur dénier ce droit aussi bien que tous les autres dont il n'a fait aucune mention. Les dispositions explicites contenues dans les articles 158 et 383 qui viennent d'être cités, prouvent en effet que l'on a voulu régler d'une manière distincte les rapports des père et mère naturels avec leurs enfants, et préciser spécialement ceux des droits des père et mère auxquels on a jugé convenable de faire participer les père et mère des enfants naturels :

Ce système a été accueilli par plusieurs arrêts :

Agen, 19 février 1830.
Grenoble, 5 avril 1819 ; sous l'arrêt de cassation du 7 juin 1820.

Amiens, 23 juillet 1814 ; sous l'arrêt de cassation du 31 août
1815.

Paris, 9 août 1811.   Toulouse, 25 juillet 1809.

Certains auteurs se sont aussi prononcés dans le
même sens :

Duranton, t. III, n⁰ 431 ; Rolland de Villargues, *Disserta-*
tion dans Sirey, t. XIII, deuxième partie, p. 19.

M. Valette paraît adopter la même opinion dans
ses notes sur Proudhon, *Traité de l'état des personnes*,
t. II, p. 290.

Cependant les raisons sur lesquelles cette opinion
est appuyée sont plus spécieuses que solides. Pour
que ce système pût être admis, il faudrait que l'on
trouvât dans le Code, au titre *De la Tutelle*, une
disposition spécialement ou du moins directement
applicable aux enfants naturels reconnus, qui sup-
pléât à la tutelle légale, sans qu'on fût dans la nécessité, pour leur créer une tutelle, de se poser constamment à côté de la loi, et même en contradiction
avec elle, ainsi que nous allons le démontrer. Or,
il n'existe aucune disposition de ce genre.

Nous venons de dire que pour soumettre les enfants naturels reconnus au régime exclusif de la tutelle dative, il fallait innover dans les dispositions de
la loi et même violer ouvertement son texte ; la simple lecture des articles du Code civil (405 et suiv.)
qui concernent la tutelle dative, suffit pour le reconnaître.

En effet, l'article 405 porte qu'il sera pourvu à la

nomination d'un tuteur par un conseil de famille lorsqu'un enfant mineur et non émancipé restera *sans père ni mère*, ni tuteur élu par ses père et mère, ni ascendants mâles, comme aussi lorsque le tuteur de l'une des qualités ci-dessus exprimées se trouvera ou *dans le cas des exclusions* dont il est parlé plus loin, ou valablement excusé. Ainsi il faut, ou que l'enfant soit sans père ni mère, ou que le père et la mère soient exclus de la tutelle ; nous ne sommes évidemment pas placés dans la première hypothèse, nous ne sommes pas davantage placés dans la seconde, car le père et la mère des enfants naturels ne sont exclus de la tutelle par aucune disposition du Code civil. En écartant ces deux suppositions, nous trouvons que l'article 405 dénie formellement au conseil de famille le droit de nommer un tuteur à un enfant mineur, sans qu'il fasse aucune distinction entre les enfants légitimes et les enfants naturels. Il faut donc violer ouvertement cet article pour admettre que ce soit un conseil de famille qui doive nommer un tuteur à un enfant naturel mineur pendant l'existence de ses père et mère.

Nous voulons bien concéder toutefois que cette conséquence, quelque rigoureuse et quelque fâcheuse qu'elle soit, ne devrait pas être une raison décisive pour faire prévaloir la tutelle légale des enfants naturels sur la tutelle dative, si, d'un autre côté, on ne pouvait accorder aux père et mère des enfants naturels la tutelle de leurs enfants, qu'en violant aussi ouvertement une autre disposition du

Code. Il resterait seulement, dans ce cas, à discuter
pour laquelle de ces deux violations il serait préféra-
ble d'opter, car entre deux maux, il faut toujours
choisir le moindre. Mais nous cherchons en vain
dans le Code une disposition qui s'oppose d'une manière non-seulement explicite, mais même implicite,
à ce que le père ou la mère d'un enfant naturel soit
son tuteur légal.

Les articles 389 et 390, qui sont les seuls qui puissent se prêter à quelque interprétation à cet égard,
disent que le père est, durant le mariage, administrateur des biens personnels de ses enfants mineurs, et
qu'après *la dissolution du mariage* arrivée par la mort
naturelle ou civile de l'un des époux, la tutelle des
enfants mineurs et non émancipés appartient de
droit au survivant des père et mère. Ces deux articles, qui créent la tutelle légale, parlent, il est vrai,
des père et mère mariés; mais le mariage n'y est pas
énoncé comme une condition indispensable pour
que la tutelle soit déférée au père ou à la mère ; loin
de là, il y est dit que la tutelle ne commence que
quand le mariage est dissous. Ainsi le mariage y est
considéré uniquement comme un empêchement à
la tutelle. C'est le sens logique et même grammatical
de la rédaction des deux articles que nous venons de
citer.

La loi, après avoir signalé le mariage comme étant
un empêchement, parle du cas où il a existé, et exige,
comme elle devait le faire, qu'il ait disparu. Eh bien !
supposez maintenant que l'empêchement qui s'op-

pose à ce qu'il y ait lieu à tutelle légale n'ait jamais
existé, faudra-t-il en conclure qu'il ne peut pas y
avoir de tutelle légale? Évidemment il faut en tirer
une conséquence toute contraire, car ce serait admettre que ce qui a empêché une chose d'exister a
pu être la cause de son existence.

Nous pouvons dire, d'après cela, que la question
qui nous occupe se trouve résolue en faveur de la
tutelle légale dans des conditions plus favorables que
nous ne l'avons fait supposer d'abord. Nous avions
admis sans contradiction que le Code était muet
sur cette question, et nous nous trouvons conduit à ce résultat, que les dispositions des articles 389
et 390, au lieu de repousser la tutelle légale des père
et mère des enfants naturels, impliquent cette tutelle
comme une conséquence forcée des doctrines qu'elles
consacrent.

Après avoir exposé les principes qui nous paraissent les seuls vrais en matière de tutelle des enfants
naturels, il nous restait à faire la critique des arrêts
qui ont consacré une opinion contraire à la nôtre.
Mais les principes émis par ces arrêts sont tellement
en dehors de la question, que nous croyons pouvoir
borner à la discussion à laquelle nous venons de
nous livrer, la démonstration de la proposition que
nous avions à cœur d'établir. D'ailleurs, la meilleure
critique que nous puissions faire de ces arrêts, c'est
de constater les contradictions manifestes qui existent dans les motifs qui servent de base à leurs décisions. En effet, la Cour d'Amiens se fonde, dans son

arrêt du 23 juillet 1814, sur ce que la tutelle ne dérive pas de la puissance paternelle, et la Cour de Toulouse, dans son arrêt du 25 juillet 1809, arrive à la même conséquence en partant d'un principe tout à fait opposé. La Cour d'Amiens, à défaut de la tutelle légale, admet l'application des dispositions du Code civil, qui concernent la tutelle dative, et la Cour de Toulouse rejette même ces dispositions, par le motif que les enfants naturels n'ont pas de famille. C'est ainsi qu'en s'écartant des vrais principes on arrive à la confusion.

L'opinion que nous soutenons a été consacrée par des arrêts des Cours de Grenoble, du 21 juillet 1836; de Riom, du 13 juin 1817; de Colmar, du 24 mars 1813; de Bruxelles, du 4 février 1811 ; de Toulouse, du 1er septembre 1809.

Toutefois, ces Cours se sont gravement trompées en donnant pour motif de leur décision, que la tutelle est une suite de la puissance paternelle, et que le droit naturel, d'accord avec le droit civil, constituant les père et mère des enfants naturels les protecteurs nés de ces enfants, la tutelle légale leur appartient par ce seul fait. La Cour d'Amiens a fait observer avec raison, dans son arrêt précité du 23 juillet 1814, que la tutelle légale est une institution de droit civil, et qu'elle ne dépend nullement de la puissance paternelle ; aussi le droit pour les père et mère des enfants naturels d'avoir la tutelle légale de leurs enfants ne peut-il être discuté que par des arguments tirés du texte de la loi.

On s'est pourvu en cassation contre l'arrêt de la Cour de Bruxelles du 4 février 1811, et le pourvoi a été rejeté le 22 juin 1813. Toutefois, la Cour de cassation n'a pas statué sur la question qui nous occupe, elle l'a écartée par une fin de non-recevoir. Jusqu'à présent, la Cour de cassation n'a pas été appelée à se prononcer d'une manière explicite sur cette importante question.

Cette opinion a été adoptée par les auteurs suivants :

Zachariæ, t. IV, p. 86 ; Delvincourt, t. I, p. 269 ; Vazeille, *Traité du Mariage*, t. II, p. 478 ; Magnin, *Traité des Minorités*, t. I, p. 52.

181. La parenté des enfants naturels ne s'étendant pas au delà du père et de la mère qui les ont reconnus, le conseil de famille doit être exclusivement composé d'amis (art. 409), et le choix des amis qui doivent composer le conseil de famille est abandonné à la sagacité du juge de paix. La délibération du conseil de famille ne serait pas viciée par cela seul que les membres convoqués seraient tous des amis, soit du père exclusivement, soit de la mère exclusivement, et qu'ils ne seraient pas tous domiciliés dans la commune où s'est ouverte la tutelle, comme le veut l'article 407.

C. RR. Grenoble, 7 juin 1820.　C. RR. Montpellier, 3 septembre 1820.

Zachariæ, t. I, p. 191 ; Valette, notes sur Proudhon, *Traité de l'état des personnes*, t. I, p. 399.

15

182. Nous avons examiné au chapitre I, sect. II, *De la preuve de la filiation résultant d'un acte de reconnaissance*, la question de savoir si un mineur peut valablement reconnaître un enfant naturel. (Voir page 29, n° 32.)

183. La plupart des auteurs refusent aux père et mère des enfants adultérins le droit de tutelle sur ces enfants.

Zachariæ, t. IV, p. 98; Bedel, n° 102; Favard, *Répert.*, v° *Enfants adultérins*, n° 2; Chabot, sur l'article 765; Malpel, *id.*; Poujol, *id.*

L'opinion contraire est enseignée par Loiseau, p. 471.

184. Les enfants admis dans les hospices, à quelque titre et sous quelque dénomination que ce soit, notamment les enfants trouvés ou abandonnés, sont sous la tutelle des commissions administratives de ces maisons, lesquelles désignent un de leurs membres pour exercer, le cas advenant, les fonctions de tuteur, et les autres forment le conseil de tutelle (article 1er, loi du 15-25 pluviôse an XIII; art. 15, décret du 19 janvier 1811).

Cette tutelle doit cesser quand les parents se présentent et se font connaître, ou lorsque l'hospice donne son consentement à une tutelle officieuse.

Colmar, 5 avril 1838.   Bordeaux, 28 novembre 1833.

Si le tuteur vient à mourir avant la majorité de l'enfant, ce dernier ne rentre pas nécessairement sous le patronage de l'administration de l'hospice où il était précédemment placé. Lorsqu'il a un patrimoine personnel qui le met à l'abri du besoin, il convient de le pourvoir d'un tuteur et d'un subrogé tuteur nommés par un conseil de famille. En effet, la tutelle des administrations des hospices ne tient pas à l'ordre public ni aux rapports essentiels de famille, comme la tutelle naturelle des père et mère ou des ascendants : elle est simplement un acte de bienfaisance qui ne doit être exercé que pour le plus grand intérêt du mineur. Angers, 26 juin 1844.

Quand l'enfant sort de l'hospice pour ère placé comme ouvrier, serviteur ou apprenti dans un lieu éloigné de l'hospice où il avait été placé d'abord, la commission de cet hospice peut, par un simple acte administratif, visé du préfet ou du sous-préfet, déférer la tutelle à la commission administrative de l'hospice du lieu le plus voisin de la résidence actuelle de l'enfant (art. 2, loi du 15-25 pluviôse an XIII).

Le tiers auquel on confie l'enfant n'est pas substitué dans la tutelle à la commission administrative du lieu.

Bordeaux, 28 novembre 1833.

185. La tutelle des enfants admis dans les hospices dure jusqu'à leur majorité ou leur émancipation par mariage, ou autrement (art. 3, *id.*).

186. Si les enfants admis dans les hospices ont des biens, le receveur de l'hospice remplit, à cet égard, les mêmes fonctions que pour les biens des hospices (art. 5, *id.*).

Aussi, les biens des administrateurs tuteurs ne peuvent-ils, à raison de leurs fonctions, être passibles d'aucune hypothèque. La garantie de la tutelle réside dans le cautionnement du receveur chargé de la manutention des deniers et de la gestion des biens (*id.*).

Les capitaux qui appartiennent ou échoient aux enfants admis dans les hospices sont placés dans les Monts-de-Piété. Dans les communes où il n'y a pas de Mont-de-Piété, ces capitaux sont placés à la caisse d'amortissement, pourvu que chaque somme ne soit pas au-dessous de 150 francs; dans le cas contraire, il en est disposé d'après le règlement de la commission administrative (art. 6, *id.*).

Les revenus des biens et capitaux appartenant aux enfants admis dans les hospices sont perçus, jusqu'à leur sortie desdits hospices, à titre d'indemnité des frais de leur nourriture et entretien (art. 7, *id.*).

SECTION II.

DE L'ÉMANCIPATION.

SOMMAIRE.

187. *Les père et mère peuvent émanciper leurs enfants naturels.*
188. *Émancipation des enfants admis dans les hospices.*

187. Le pouvoir de l'émancipation est tout à fait indépendant de la qualité de tuteur; il est exclusivement attaché à celle de père ou de mère. Or, nous avons vu que la loi a admis les père et mère naturels à participer à la puissance paternelle attribuée

aux père et mère légitimes. Ainsi, quelle que soit l'o-
pinion que l'on ait sur la question de savoir si les
père et mère des enfants naturels ont la tutelle légale
de leurs enfants, il faut tenir pour constant que l'é-
mancipation est un droit commun aux père et mère
légitimes et naturels. Ces inductions sont confirmées
par la généralité des termes de l'article 477, généralité qui ne permet d'établir aucune distinction entre
les père et mère légitimes et naturels, par rapport au
droit d'émancipation. On ne peut pas d'ailleurs supposer une exception de cette nature, qui n'est pas
formulée dans la loi.

Limoges, 2 janvier 1821.

Zachariæ, t. IV, p. 86; Proudhon, t. II, p. 252; Loiseau,
p. 545 ; Favard, *Répert.*, v° *Emancipation*, § 1, n° 1 ; Duranton, t. III, n° 657; Toullier, t. II, n° 1287.

Par la même raison, le droit qu'ont les père et
mère naturels d'émanciper leurs enfants, ne doit pas
être plus étendu que celui qui appartient aux père et
mère légitimes. Ils n'ont donc pas plus que ces derniers la faculté de nommer un curateur à leur enfant émancipé; ce curateur ne peut être nommé que
par un conseil de famille composé ainsi que nous
l'avons dit précédemment.

Limoges, 2 janvier 1821.

188. Les commissions administratives des hospices jouissent relativement à l'émancipation des mineurs qui sont sous leur tutelle, en qualité d'enfants
trouvés ou abandonnés, ou à quelque titre que ce

soit, des droits attribués aux père et mère par le
Code civil (art. 4, loi du 15-25 pluviôse an XIII).

L'émancipation est faite, sur l'avis des membres de
la commission administrative, par celui d'entre eux
qui a été désigné tuteur, et ce dernier est seul tenu
de comparaître à cet effet devant le juge de paix (*id.*).

L'acte d'émancipation est délivré sans autre frais
que ceux d'enregistrement et de papier timbré (*id.*).

CHAPITRE XII.

DES SUCCESSIONS.

SECTION 1.

DES DROITS SUCCESSIFS EN MATIÈRE DE FILIATION ILLÉGITIME [1].

(Art. 724, 747, 756, 757, 758, 759, 761, 762, 763, 765, 766.)

SOMMAIRE.

§ 1. DROITS DES ENFANTS NATURELS SUR LES BIENS DE LEURS PÈRE ET MÈRE.

189. *Motif qui a fait refuser aux enfants naturels la qualité et les droits d'héritier et leur a fait attribuer seulement une part dans la succession de leurs père et mère.*

190. *Les enfants naturels n'ont pas la saisine de ce qui leur revient dans les successions de leurs père et mère* (art. 724).

191. *Quote-part attribuée aux enfants naturels dans les successions de leurs père et mère* (art. 757).

192. *Comment se calcule cette quote-part?*

193. *Les enfants naturels qui viennent en concours avec un neveu de leur père ou de leur mère, ont droit aux trois quarts de la succession* (id.).

194. *Réfutation de l'opinion contraire de Toullier.*

195. *Quel est le droit des enfants naturels lorsque leur père ou leur mère ne laissent d'ascendants que dans une ligne* (id.)?

---

[1] Nourrir les enfants est une obligation du droit naturel, leur donner sa succession est une obligation du droit civil ou politique. De là dérivent les différentes dispositions sur les bâtards dans les différents pays du monde ; elles suivent les lois civiles ou politiques de chaque pays. (Montesquieu, *Esprit des lois*, liv. XXVI, chap. VI.)

196. *Le droit des enfants naturels est le même, quoique les héritiers légitimes soient écartés par un testament* (id.).

197. *Droit des enfants naturels lorsque leurs père et mère ne laissent pas de parents au degré successible* (art. 758).

198. *Les enfants légitimes de l'enfant naturel prédécédé le représentent dans la succession de ses père et mère* (art. 759).

199. *Quid lorsque l'enfant naturel a renoncé à la succession de ses père et mère* (id.)?

200. *Les enfants naturels ne peuvent rien réclamer dans les successions de leurs père et mère, lorsque ces derniers leur ont donné de leur vivant la moitié de ce qui leur reviendrait dans ces successions, avec déclaration que leur intention est de les réduire à cette quotité* (art. 761).

201. *Quid si la donation est inférieure à la moitié de la quote-part* (id.)?

202. *Comment doit-on calculer pour savoir si l'enfant a reçu la moitié de sa quote-part?*

203. *Quid lorsque la donation est grevée d'usufruit?*

204. *L'enfant naturel ne pourrait pas renoncer du vivant de son père à l'action en supplément de la moitié* (art. 791-1130).

205. *Le conjoint survivant et l'État peuvent-ils se prévaloir de l'article 761?*

206. *Droits des enfants naturels qui sont reconnus pendant le mariage ou qui font établir judiciairement leur filiation maternelle.*

207. *Lorsque les enfants naturels ne sont pas en concours avec des enfants légitimes, les ascendants peuvent reprendre dans les successions des père et mère de ces enfants les biens qu'ils avaient donnés en se prévalant de l'article 747.*

208. *Le père et la mère d'un enfant naturel peuvent-ils exercer le droit de retrait au bénéfice l'un de l'autre?*

§ 2. DROITS DES ENFANTS ADULTÉRINS OU INCESTUEUX DANS LES SUCCESSIONS DE LEUR PÈRE ET MÈRE.

209. *Les enfants adultérins ou incestueux n'ont droit qu'à des aliments dans les successions de leurs père et mère* (art. 762, 763, 764).

210. *Il faut même pour cela que leur état soit établi par un jugement.*

211. *L'obligation de fournir des aliments est-elle réciproque entre les enfants adultérins ou incestueux et les auteurs de leurs jours.*

§ 3. DÉVOLUTION DE LA SUCCESSION DES ENFANTS NATURELS DÉCÉDÉS SANS POSTÉRITÉ.

212. *Droits des père et mère des enfants naturels dans la succession de ces derniers* (art. 765).

213. *Les père et mère succèdent à leur enfant naturel décédé sans postérité, quoiqu'ils l'aient reconnu après son décès.*

214. *A qui appartient la succession d'un enfant naturel reconnu, en cas de prédécès de ses père et mère* (art. 766)?

§ 4. DÉVOLUTION DE LA SUCCESSION DES ENFANTS ADULTÉRINS OU INCESTUEUX.

215. *Les père et mère d'enfants adultérins ou incestueux n'ont aucun droit dans la succession de ces derniers.*

216. *Ce principe est applicable, quoique la reconnaissance soit purement volontaire.*

§ 1er. DES DROITS DES ENFANTS NATURELS DANS LES SUCCESSIONS DE LEURS PÈRE ET MÈRE.

189. Des motifs d'intérêt public, fondés sur la nécessité de faire respecter la morale en favorisant les mariages légitimes [1], ont fait refuser aux enfants naturels la qualité d'héritiers [2] (art. 756). Le

---

[1] C'est une règle tirée de la nature, que plus on diminue le nombre des mariages qui pourraient se faire, plus on corrompt ceux qui sont faits ; moins il y a de gens mariés, moins il y a de fidélité dans les mariages ; comme lorsqu'il y a plus de voleurs il y a plus de vols. (Montesquieu, *Esprit des lois*, livre XXIII, chap. XXI.)

[2] Du principe que les enfants naturels ne sont point héritiers, la Cour de Paris a conclu, dans un arrêt du 10 novembre

législateur a opposé le sentiment de l'amour paternel et maternel au libertinage, pour lui servir de digue.

Toutefois, la loi accorde aux enfants naturels une part dans la succession de leurs père et mère, mais à cela se borne la bienveillance du législateur pour eux; ils n'ont aucun droit sur les biens des parents de leurs père et mère.

190. Les enfants naturels, n'étant point héritiers, n'ont point la saisine de la part que la loi leur accorde dans les successions de leurs auteurs; ils sont obligés d'en demander la délivrance à ceux qui sont les véritables héritiers, ou de se faire envoyer en possession par justice (art. 724).

191. Le droit de l'enfant naturel sur les biens de ses père et mère décédés est réglé ainsi qu'il suit par l'article 757 :

« Si le père ou la mère a laissé des descendants légitimes, ce droit est d'un tiers de la portion héréditaire que l'enfant aurait eue s'il eût été légitime.

« Il est de la moitié de cette portion, ou ce qui est la même chose, de la moitié de l'hérédité, lorsque les père ou mère ne laissent pas de descendants, mais bien des ascendants ou des frères ou sœurs.

« Il est des trois quarts lorsque les père ou mère ne laissent ni descendants, ni ascendants, ni frères, ni sœurs. »

1835, qu'un enfant naturel mineur ne peut pas se prévaloir de l'article 1013 du Code de procédure, pour prétendre que le compromis signé par son auteur a pris fin.

192. Pour exécuter ces dispositions de la loi et calculer la quote-part que doit avoir l'enfant naturel dans la succession de son auteur, il faut l'admettre momentanément au nombre des enfants légitimes et le faire concourir figurativement avec eux. De manière que s'il n'existe qu'un enfant légitime, il doit être procédé comme s'il y en avait deux; et s'il en existe deux, comme s'il y en avait trois, etc.

Le droit de l'enfant naturel doit être calculé sur l'intégralité de la succession de son auteur lorsqu'il décède *ab intestat*, et non pas seulement sur la portion non disponible.

C. RR. Pau, 28 janvier 1808.

Merlin, *Répert.*, v° *Succession*, sect. II. § 2, art. 1, n° 4; Favard, *Répert.*, *eod. verb.*, sect. IV, § 1, n° 9.

Le mode de supputation ci-dessus indiqué doit également être suivi, dit Zachariæ, t. IV, p. 208, lorsqu'il existe plusieurs enfants naturels; on fait d'abord, entre les enfants légitimes et les enfants naturels, un partage fictif dans lequel ces derniers sont tous simultanément envisagés comme enfants légitimes, et on obtient ensuite la portion revenant en réalité à chaque enfant naturel, en prenant le tiers de celle que lui attribue ce partage fictif. En supposant, par exemple, une hérédité d'une valeur de vingt-sept mille francs, à laquelle se trouvent appelés un enfant légitime et deux enfants naturels, on commencera par partager l'hérédité entre les trois enfants, comme s'ils étaient tous légitimes, ce qui

donnera à chacun d'eux neuf mille francs, et le tiers
de cette somme indiquera la portion effective de
chaque enfant naturel. Ils recevront ainsi ensemble six mille francs, et les vingt-un mille francs restants
appartiendront à l'enfant légitime [1].

---

[1] On a proposé, dit le même auteur, pour l'hypothèse où il
existe plusieurs enfants naturels, deux autres manières de calculer la portion qui doit revenir à chacun d'eux. On a prétendu, d'une part, que si un enfant naturel a droit au tiers de
la portion d'un enfant légitime, deux enfants naturels auront
droit aux deux tiers de cette portion, et que trois enfants naturels devront prendre ensemble autant qu'un enfant légitime.
Ainsi, en appliquant ce mode de supputation à l'espèce indiquée au texte, on dirait : une hérédité de vingt-sept mille francs,
à laquelle seraient appelés un enfant légitime et trois enfants
naturels, se partagerait en deux parts égales, l'une de treize
mille cinq cents francs pour l'enfant légitime, l'autre de treize
mille cinq cents francs pour les enfants naturels, ce qui donnerait à chacun de ces derniers quatre mille cinq cents francs.
Mais comme il n'y a réellement que deux enfants naturels, la
part qui serait revenue au troisième reste à l'enfant légitime,
qui obtiendra ainsi dix-huit mille francs. Ce mode de supputation est tout à fait inconciliable avec le texte de l'art. 757,
qui attribue à l'enfant naturel, non le tiers de la part d'un enfant légitime, mais le tiers de la part qu'il aurait eue lui-même
s'il eût été légitime, ce qui est bien différent. En effet, l'enfant naturel qui se trouve en concours avec un enfant légitime
pour partager une hérédité de six mille francs, par exemple,
n'a droit qu'au tiers de la moitié qu'il aurait obtenue s'il eût
été légitime. Sa portion n'est donc que d'un sixième de l'hérédité ou de mille francs, et les cinq sixièmes de celle-ci, ou
les cinq mille francs restants reviennent à l'enfant légitime.

Nous verrons au chapitre XIII, *Des Donations* entre-
vifs et des testaments, comment ce droit doit être
calculé lorsque l'auteur de l'enfant naturel a disposé
de la totalité ou seulement d'une partie de sa succession.

La part de l'enfant naturel n'est donc pas, ainsi qu'on le suppose faussement dans le système que nous combattons, du
tiers de la portion revenant à l'enfant légitime. Car s'il en était
ainsi, l'enfant naturel devrait obtenir quinze cents francs au
lieu de mille, et l'enfant légitime n'obtiendrait que quatre
mille cinq cents francs au lieu de cinq mille. On a prétendu,
d'autre part, que dans le partage fictif à faire entre les enfants
légitimes et les enfants naturels, il ne fallait assimiler les derniers aux premiers que successivement, et non simultanément,
de manière à attribuer à chaque enfant naturel le tiers de la
part qu'il aurait eue comme enfant légitime en concours avec
des enfants naturels. Ainsi, dans l'espèce dont il s'agit au texte,
l'un des enfants naturels dirait : Si j'étais légitime et que je me
trouvasse en concours avec un autre enfant légitime et un enfant naturel, ce dernier n'aurait droit qu'à un neuvième de
l'hérédité, c'est-à-dire à trois mille francs; il resterait donc
vingt-quatre mille francs à partager entre moi et mon frère
légitime, ce qui donnerait douze mille francs à chacun de
nous; il me revient donc en réalité le tiers de douze mille
francs, c'est-à-dire quatre mille francs. L'autre enfant naturel
tiendrait ensuite le même langage, et réclamerait aussi quatre
mille francs. En sorte que l'enfant légitime se trouverait réduit à dix-neuf mille francs. Le vice de ce mode de supputation, que défend M. Unterholzner, consiste en ce que chaque
enfant naturel suppose, pour déterminer sa propre part, que
celle de son frère naturel se trouve fixée, tandis qu'elle ne l'est
point encore, et finit par réclamer une part supérieure à celle

193. Les dispositions de l'article 757 sont spéciales et exceptionnelles, elles doivent donc être prises
dans un sens limitatif et exécutées littéralement. Par
suite, les neveux du défunt n'étant pas compris dans
aucun des cas dont parle cet article, et aucune ex-

---

qu'il attribue fictivement à ce dernier, quoique les enfants naturels aient tous des droits égaux. Ce système aurait d'ailleurs,
dans l'hypothèse où il existerait plus de trois enfants naturels,
pour résultat de leur attribuer plus de la moitié de l'hérédité,
et cette conséquence est évidemment inadmissible, puisque les
enfants naturels en concours avec un ascendant ne peuvent,
quel que soit leur nombre, prendre au delà de cette moitié. Il
faut donc s'en tenir au mode de supputation que nous avons
indiqué au texte, quoiqu'il ne donne à l'enfant naturel, en concours avec d'autres enfants naturels, qu'une part égale à celle
qu'il aurait eue, si ces derniers eussent été légitimes. Ce résultat peut facilement se justifier. Ce n'est en effet que dans
l'intérêt des parents légitimes que le législateur a réduit la portion de l'enfant naturel. Lors donc que plusieurs enfants naturels se trouvent simultanément appelés à l'hérédité, il ne
peut être permis à aucun d'eux de se prévaloir, pour faire augmenter sa portion, de l'illégitimité des autres. Cette circonstance
doit exclusivement tourner au profit des parents légitimes.
Aussi, le mode de supputation que nous avons admis, et à
l'appui duquel on pourrait encore invoquer la maxime *in du-
bio contra liberos naturales*, a-t-il été adopté par la plupart
des auteurs.

Chabot, sur l'art. 757, n° 3; Delvincourt, t. II, p. 49; Loiseau, p. 624 et 625, et *Append.*, p. 101; Toullier, t. IV,
n° 252; Malpel, *Des Successions*, n° 161; Favard, *Répert.*,
v° *Succession*, sect. IV, § 1, n° 8; Duranton, t. VI, n°s 275
à 278; Dalloz, *Jur. gén.*, v° *Succession*, p. 318, n° 12.

pression de la loi ne se prêtant d'ailleurs à admettre qu'ils puissent intervenir par représentation dans les successions dont il s'agit ici, l'enfant naturel reconnu qui se trouve en concours avec des neveux de son père ou de sa mère, a droit aux trois quarts de leur succession.

Cette interprétation de l'article 757 a été consacrée par la jurisprudence.

Rouen, 14 juillet 1840.
C. RR. Poitiers, 28 mars 1833.
C. RR. Nîmes, 20 fév. 1823.
Agen, 16 juin 1823.
Agen, 16 avril 1822.

Rouen, 17 mars 1813.
C. RR. Paris, 6 avril 1813.
Montpellier, 13 juillet 1812.
Riom, 29 juillet 1809.

Elle a aussi pour elle l'opinion de plusieurs auteurs :

Grenier, *Traité des Donations*, t. II, n° 667 ; Favard, *Répert.*, v° *Succession*, sect. IV, § 1, n° 7 ; Malpel, *Des successions*, n°ˢ 159 et suiv. ; Vazeille, *Des successions*, sur l'art. 757, n° 6 ; Bellost-Jolimond sur Chabot, observ. 1ʳᵉ sur l'art. 757 ; Loiseau, p. 648[1].

D'un autre côté, le système de la représentation a été admis par deux arrêts :

Rennes, 26 juillet 1843.   Pau, 4 avril 1810.

Il a été soutenu aussi par des auteurs recommandables :

Malleville sur l'art. 757, t. II, p. 231 ; Merlin, *Répert.*,

---

[1] Cet auteur a professé ensuite l'opinion contraire. (Voir p. 108 de l'*Appendice* à son ouvrage.)

v° *Représentation (droit de)*, sect. IV, § 7 ; Chabot, *Des successions* sur l'art. 757 ; Toullier, t. IV, n° 254 ; Duranton, t. VI, n° 288 ; Rolland de Villargues, *Répert. du notariat*, v° *Portion disponible*, n° 76 ; Dalloz, v° *Succession*, chap. IV, sect. I, art. 1er, n° 9 ; Pujol, *Des successions*, sur l'art. 757, n° 25 ; Marcadé, t. IV, p. 137 ; Zachariæ, t. IV, p. 210 ; *Observations insérées dans la Thémis*, t. VII, p. 113.

194. Pour appuyer notre opinion, nous nous bornerons à réfuter la discussion à laquelle s'est livré M. Toullier, comme étant une des plus imposantes.

Voici comment s'exprime ce savant jurisconsulte :

« Nous avons dit que le droit de l'enfant naturel est de la moitié des biens lorsqu'il existe des *descendants de frères ou de sœurs* du défunt ; car si l'article 757 ne parle que des *frères ou sœurs,* sans ajouter *les descendants d'eux*, l'article 742 admet la représentation, dans tous les cas, *en faveur des enfants et descendants de frères ou sœurs du défunt ;* et comme l'article 757 ne contient pas d'exception à cette règle générale, il nous paraît clair qu'on doit l'appliquer au cas où ces descendants sont à la place de leurs père ou mère, appelés à la succession d'un oncle, dans laquelle un enfant naturel vient réclamer la portion de biens que la loi lui accorde.

« Cette proposition nous semblait tellement évidente, que nous n'avons fait que l'énoncer dans la première édition, en nous bornant à citer nos autorités en note.

« Mais à notre grand étonnement, l'opinion contraire a été suivie par cinq arrêts des Cours royales de Bruxelles, Bordeaux, Douai, Riom, Montpellier, Paris, et enfin par un arrêt de la section des requêtes de la Cour de cassation, rendu le 6 avril 1813.

« Malgré des autorités aussi importantes, nous croyons devoir persister dans notre première opinion, parce qu'il nous semble que ces arrêts sont contraires à la loi.

« Déjà l'une des lumières de la Cour de cassation, le savant Chabot, a élevé courageusement la voix pour combattre ces arrêts, et il a réfuté avec tant de force les raisonnements qu'on leur donne pour appui, que nous nous contenterons de renvoyer à la cinquième édition de son ouvrage, t. II, p. 164 et suiv., n° 9.

« Nous observerons seulement que l'arrêt rendu par la Cour de cassation le 6 avril 1813, contre les conclusions du ministère public, n'est fondé que sur un principe qui ne nous semble ni vrai ni applicable à l'espèce. Le considérant porte que la loi a établi séparément un ordre pour les successions irrégulières;

« Que dès lors il ne peut être question, dans l'espèce, où il s'agit de succession irrégulière, des principes généraux de représentation.

« Il nous semble évident, au contraire, qu'il s'agit de succession régulière, lorsque les descendants du frère ou de la sœur sont appelés à la succession de leur oncle ou tante, dans laquelle un enfant naturel réclame des droits.

« Et que d'ailleurs il n'est pas vrai que, sous l'em-

16

pire du Code, la représentation ne soit pas admise en succession irrégulière quand il s'agit d'enfants naturels.

« Rendons la première de ces dispositions sensible par un exemple :

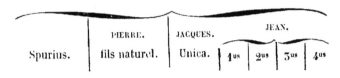

	PIERRE.	JACQUES.	JEAN.			
Spurius.	fils naturel.	Unica.	1us	2us	3us	4us

« Pierre meurt, laissant pour héritiers légitimes quatre neveux, issus de son frère Jean, et Unica, sa nièce, fille de son frère Jacques. La représentation étant établie par l'article 742, en faveur des enfants et descendants de frères ou sœurs du défunt, Unica, par représentation de Jacques, son père, aura la moitié de la succession, et ses quatre cousins germains chacun un huitième seulement. Il est bien évident qu'il s'agit ici d'une succession légitime.

« Mais on découvre que Pierre a reconnu Spurius, son fils naturel, qui réclame ses trois quarts des biens de la succession, parce que Jean et Jacques, frères du défunt, sont morts.

« Qu'importe? dit Unica. Je représente mon père, et j'entre dans tous ses droits.

« Vous ne pouvez le représenter, répond Spurius, parce qu'il s'agit de succession irrégulière, et parce qu'on ne peut, en succession irrégulière, invoquer les principes de la représentation.

« Vous vous trompez en ces deux points, réplique

Unica. D'abord, il s'agit évidemment de la succession
régulière et légitime de mon oncle Pierre, à laquelle
je suis appelée par représentation de Jacques, mon
père, et à laquelle, sans la représentation, je n'aurais
pas de droit, par exemple, si Jacques, mon père, avait
renoncé à la succession. Il faut donc suivre les principes de la représentation, qui me fait entrer dans
la place et dans les droits de mon père, dont la présence vous réduirait à la moitié des biens de la succession de mon oncle. En un mot, ou je représente
mon père, ou je ne le représente pas.

« Si je le représente, j'entre dans tous ses droits ;
vous êtes réduit à la moitié des biens.

« Si je ne le représentais pas, par exemple, s'il
avait renoncé, je serais exclue de la succession de
mon oncle. Or, vous ne demandez pas que je sois exclue.

« Il faut distinguer, peut dire Spurius, et c'est, je
crois, la seule réponse qu'il puisse donner : vous représentez votre père quand il s'agit de droits à régler
entre vous et *vos cousins germains légitimes ;* mais vous
ne le représentez plus quand il s'agit de régler vos
droits et ceux de votre *cousin germain naturel.*

« Ainsi, cet argument, motif unique de l'arrêt rendu
par la Cour de cassation, ce fameux argument qu'il
ne peut être question de représentation en succession irrégulière, se réduit à dire que la représentation a lieu contre les cousins germains légitimes, mais
qu'elle n'a pas lieu contre le cousin germain naturel
ou bâtard. Quel renversement d'idées ! Ne craignons

point de le dire, la loi qui l'admettrait serait vicieuse.

« Mais, de plus, est-il bien vrai qu'on ne puisse invoquer les principes de la représentation en succession irrégulière, comme il est dit dans le considérant de l'arrêt du 6 avril 1813? Cette proposition nous semble évidemment contraire aux articles 759 et 766 du Code. Le premier porte : « En cas de « prédécès de l'enfant naturel, les enfants ou des- « cendants peuvent réclamer les droits fixés (en « faveur de leur père) par les articles précédents. »

« Ainsi, dans l'exemple précédemment proposé, si Spurius était décédé avant Pierre, mais décédé laissant des enfants ou des petits-enfants, ceux-ci pourraient réclamer les droits attribués à Spurius, leur père ou aïeul, en vertu de la représentation, qui a lieu à l'infini en ligne directe; et si Spurius laissait des enfants et des petits-enfants en concours les uns avec les autres, le partage s'opérerait par souches.

« En collatérale, non-seulement les frères et sœurs naturels du bâtard, mais encore les descendants de frères ou sœurs lui succèdent (766); et, s'ils se trouvent en concours les uns avec les autres, le partage s'opère par souches, en vertu de la représentation, admise, en collatérale, en faveur des descendants de frères ou de sœurs en degrés égaux ou inégaux. Cependant il s'agit, dans l'article 766, d'une succession irrégulière.

« Il n'est donc pas vrai de dire que la représenta-

tion n'a pas lieu en succession irrégulière. Le temps
et la réflexion dissiperont sans doute le préjugé, trop
favorable aux enfants naturels, qui a dicté les arrêts
que nous avons cités, et nous devons espérer que,
si la question se représente à la Cour de cassation,
elle la décidera autrement que dans l'arrêt du 6 avril
1813. »

Malgré les efforts de M. Toullier pour faire triompher ces principes, la Cour de cassation a persisté
dans sa jurisprudence, et nous l'en félicitons, car,
dans cette circonstance, le jugement du savant jurisconsulte s'est évidemment laissé aveugler par des
sophismes.

Si nous avions affaire à tout autre qu'à M. Toullier, nous nous contenterions d'opposer à cet écha-
faudage de raisonnements la persistance de la Cour
de cassation et l'accord unanime de toutes les Cours
du royaume à condamner la doctrine que cet auteur
a si longuement développée; mais nous devons à la
haute réputation de ce jurisconsulte une réponse
plus directe à l'opinion qu'il soutient.

On peut considérer la controverse comme con-
centrée sur ces deux points :

Une succession dévolue en partie à un enfant naturel est-elle une succession régulière, ou est-elle au
contraire une succession irrégulière?

En admettant la première solution à cette question, la représentation en ligne collatérale est-elle
admise dans les successions irrégulières aussi bien
que dans les successions régulières?

Ces deux questions résument précisément les deux
parties du raisonnement de M. Toullier.

La première question ne peut pas être douteuse
un instant, car les dispositions de la loi qui accordent aux enfants naturels un droit dans la succession
de leur auteur sont classées sous un chapitre intitulé :
Des successions irrégulières. La succession est en effet
irrégulière dans ce cas, puisque l'article 756 déclare
que les enfants naturels ne sont point héritiers. Hé-
riter sans être héritier, c'est évidemment de l'irrégularité.

M. Toullier n'est pas de cet avis, mais sa méprise sur
ce point est des plus palpables.

« Il nous semble évident, dit-il, qu'il s'agit d'une
« succession régulière , *lorsque* les descendants du
« frère ou de la sœur sont appelés à la succession de
« leur oncle ou tante, dans laquelle un enfant
« naturel réclame des droits. » Cette phrase est
doublement vicieuse sous le rapport du raisonnement.

D'abord, la succession pourrait être irrégulière,
nous sommes même autorisé à dire serait irrégulière,
quoique les descendants des frères ou sœurs fussent
appelés à la succession de leur oncle ou tante, en
concurrence avec un enfant naturel, car la quote-
part qu'ils prendraient dans la succession serait toute
spéciale pour ce cas, et n'aurait aucun rapport avec
celle qui leur reviendrait si l'enfant naturel n'existait
pas ou ne venait pas au partage. Cette quote-part serait fixée arbitrairement par le législateur, en raison

du concours de l'enfant naturel, et serait par conséquent irrégulière.

Mais admettons que la succession soit régulière *lorsque* les descendants du frère ou de la sœur du défunt sont appelés à la succession de leur oncle ou de leur tante en concours avec un enfant naturel; il s'agira toujours de savoir *si* ces descendants sont appelés à cette succession. La question, telle qu'elle est posée par M. Toullier, est donc une pure pétition de principe; pour établir que la succession est régulière, il admet que les descendants des frères ou sœurs du défunt prennent part dans sa succession; or, ce dernier point est précisément la question à résoudre.

Ainsi disparaît toute la première partie de l'argumentation de M. Toullier.

Arrivons à la seconde question.

L'opinion affirmative de M. Toullier sur cette question se trouve à moitié réfutée, puisqu'il la fait dépendre de la première. Nous nous bornons à dire que son opinion est réfutée à moitié, parce qu'il l'appuie en outre sur les dispositions des articles 759 et 766. Il nous reste donc à apprécier les arguments qu'il tire de ces deux articles.

Il n'est pas vrai, dit-il, qu'on ne puisse pas invoquer les principes de la représentation en succession irrégulière; cette proposition est démentie par les art. 759 et 766, qui admettent les enfants naturels à réclamer, par représentation de leur père, les droits fixés en sa faveur, et les descendants des frères et sœurs na-

turels d'un enfant naturel, à venir par représentation
dans une certaine portion de la succession.

Il faut faire ici une distinction. Pour écarter de la
succession un neveu du défunt qui veut venir en concours avec l'enfant naturel de ce dernier, il n'est pas
nécessaire d'établir que ce neveu ne peut jamais venir par représentation de son père dans une succession qui concerne un enfant naturel, ou dans laquelle
un enfant naturel est intéressé ; ce serait vouloir subordonner une prohibition particulière à une prohibition générale. Il suffit de prouver que la représentation n'est pas admise à leur égard dans le cas
particulier dont il s'agit.

Or, nous le prouvons d'abord par ce motif que le
principe posé dans l'article 742, qui admet d'une
manière générale la représentation en ligne collatérale en faveur des enfants ou descendants des frères
ou sœurs du défunt, n'est pas reproduit au chapitre
des successions irrégulières. En effet, la représentation
est une fiction de la loi (art. 739), par conséquent
elle doit être appliquée dans un sens restrictif aux
cas spécialement prévus par la loi, et la succession du
père d'un enfant naturel est régie par des règles
toutes spéciales.

Nous le prouvons ensuite par les articles mêmes
qu'invoque M. Toullier. Il y a un vieil adage dont
M. Toullier s'est souvent prévalu, qui dit que lorsque
la loi dispose pour un cas spécial, elle exclut, par
cela même, tous les autres cas du bénéfice de cette
disposition, à moins qu'il ne soit cité que comme

exemple (*qui de uno dicit, de altero negat*). Cet adage
trouve ici son application. Si le législateur avait voulu
admettre la représentation dans les successions irrégulières sur le même pied que dans les successions
régulières, il n'aurait eu qu'à reproduire ou à rap-
peler l'article 742, au titre des successions irrégulières, et les dispositions des deux articles 759 et 766,
concernant la représentation, devenaient tout à fait
inutiles. Mais, c'est précisément parce que le principe général ne pouvait plus être invoqué lorsqu'il
s'agissait de successions irrégulières que le législateur,
voulant maintenir la représentation dans deux cas
spéciaux, en a fait l'objet de deux dispositions ex-
presses.

A ces raisons de texte viennent se joindre des considérations tirées de l'esprit de la loi pour écarter les
neveux de la succession de leur oncle lorsqu'il a un
enfant naturel.

Le législateur, en limitant à une quote-part les
droits des enfants naturels dans la succession de leurs
père et mère selon le degré de parenté des collatéraux
qui auraient hérité à leur place, a voulu venger la
famille de l'injure que leur cause l'existence de ces
enfants. Cette injure devient nécessairement moins
sensible à mesure que le degré de consanguinité s'é-
loigne. Aussi voyons-nous la quote-part des enfants
naturels devenir relativement de plus en plus considérable. La limite a été fixée au degré de cousin
germain, et le législateur, en agissant ainsi, a fait à
la fois acte de modération et de justice, et a concilié

les convenances que l'on devait garder vis-à-vis de
la famille avec les droits que les enfants tiennent de
la nature.

Il y a une dernière raison pour que la représentation n'ait pas lieu dans le cas particulier qui nous
occupe. Il résulte de l'ensemble des dispositions de la
loi relatives à la représentation (art. 739 et suiv.)
que la représentation n'a été admise qu'en vue d'o-
pérer un partage équitable entre les membres d'une
même famille, et pour que la succession n'arrive aux héritiers que graduellement aux uns à défaut des autres.
Or, d'une part, les neveux du défunt n'ont, aux yeux
de la loi, aucun lien de parenté avec son enfant naturel; et, d'autre part, dans l'article 757 il n'est nullement question d'opérer un partage. Cet article s'occupe seulement de régler les droits de l'enfant naturel dans la succession de son père d'après les égards
qui sont dus aux héritiers légitimes, sans se préoccuper de ce que peut devenir la portion dont il est
dépouillé par la loi.

Nous en aurions fini avec la doctrine de M. Toullier, si nous n'avions à cœur de ne pas laisser sans
réponse une seule de ses phrases.

M. Toullier a tort de prétendre que l'argument de
la Cour de cassation se réduit à dire que la représentation a lieu contre les cousins germains légitimes, et qu'elle n'a pas lieu contre un cousin germain
naturel ou bâtard. Son erreur vient de ce qu'il envisage les héritiers les uns par rapport aux autres, au
lieu de les envisager par rapport au défunt. Il ne fait

pas attention que la représentation a lieu, dans le
premier cas, pour prendre part dans la succession
d'un oncle, et que, dans le second cas, il s'agirait de
venir par représentation dans la succession du père
de l'enfant naturel, et qu'ainsi la position des parties
relativement au défunt n'est plus égale.

195. Nous admettons avec Zachariæ, t. IV, p. 212,
que la portion revenant à l'enfant ou aux enfants naturels reste fixée à la moitié de l'hérédité, quoique le
défunt ne laisse d'ascendants que dans une ligne, et
qu'il n'existe dans l'autre que des collatéraux de la
quatrième classe. «Cette opinion, dit-il, est cependant contestée par plusieurs auteurs qui prétendent
que l'enfant naturel, en concours avec un ascendant
dans une ligne, ou avec un collatéral de la quatrième
classe dans l'autre, doit prendre la moitié de la moitié revenant à la ligne dans laquelle se trouve l'ascendant, et les trois quarts de la moitié revenant à la
ligne dans laquelle se trouve le collatéral. Voyez
en ce sens, Delvincourt, t. II, p. 52; Toullier, t. IV,
n° 256; Chabot, sur l'article 757, n° 13; Dalloz, *Jur.
gén.*; v°, *Successions*, p. 318, n° 13; Poujol, sur l'article 757, n° 26. Le système que défendent ces auteurs
eût sans doute été plus équitable, et il est à regretter
que le législateur ne l'ait pas sanctionné. Mais ce système, qui tend à établir une distinction contraire au
texte de l'article 757, est également en opposition
avec l'esprit qui en a dirigé la rédaction, puisqu'il est
évident que l'intention du législateur n'a point été de
subordonner la fixation de la part de l'enfant naturel

au partage de la succession entre les parents légitimes. Enfin, la loi fût-elle ambiguë, les doutes auxquels elle donnerait lieu devraient être résolus contre l'enfant naturel. En vain dit-on, à l'appui du système que nous combattons, que ce système ne porte aucun préjudice à l'ascendant, et que le collatéral ne peut être admis à se prévaloir des droits de ce dernier. Il suffit, pour repousser cette objection, de faire remarquer qu'il arrive très-souvent qu'une personne obtient, par le moyen d'un tiers avec lequel elle se trouve en concours, des avantages qu'elle n'eût point été admise à réclamer de son propre chef. (*Pr.*, article 1098, § 528, texte et note 6. Voyez, en faveur de cette opinion, Favard, *Répert.*, v⁰ *Succession*, section IV, § 1, n° 5; Duranton, t. VI, n° 287; Belost-Jolimont sur Chabot, *observation* 3 sur l'article 757.)»

Les auteurs sont dans tous les cas unanimes pour admettre qu'il en est ainsi lorsqu'il n'existe, dans l'une des deux lignes, aucun parent au degré successible.

196. En révélant tout à l'heure l'esprit qui a dicté la disposition de l'article 757, nous avons constaté que la limite assignée aux droits de l'enfant naturel dans la succession de leur père ou mère, lorsque ces derniers laissent des parents successibles, n'avait pas été posée seulement en vue de l'intérêt des héritiers légitimes; qu'une plus haute pensée avait présidé à la fixation de ces droits. Nous avons vu que c'était surtout au nom de la morale publique, pour protéger et encourager les unions légitimes, que la loi avait interposé son auto-

rité; ces considérations ne laissent aucun doute que
la part des enfants naturels ne doive toujours rester la même, quoique les parents successibles du défunt soient écartés de sa succession par un testament.
Ce n'est pas, en effet, le concours des parents successibles du défunt dans sa succession, mais leur existence seule qui motive le règlement de la quote-part
attribuée aux enfants naturels [1].

Le texte de la loi n'est pas moins positif que son esprit sur cette question. On trouve écrit dans l'art. 756,
que les enfants naturels ne sont point héritiers, qu'ils
ont seulement des droits dans la succession de leurs
père et mère naturels. Vient ensuite l'art. 757, qui détermine ces droits dans des termes précis qui ne permettent aucune équivoque; il ne veut pas que la
portion d'un enfant naturel soit aussi considérable
si son père ou sa mère laissent des parents successibles, que s'ils n'en laissaient pas. Exiger en outre
que les parents successibles existants soient en concours avec l'enfant naturel dans le partage de l'hérédité, ne serait-ce pas évidemment ajouter une nouvelle condition à la première?

D'ailleurs, si on envisage dans leur ensemble les
dispositions de la loi relatives aux enfants naturels,

---

[1] Voir, au chapitre XIII *Des Donations entre-vifs et des testaments*, n° 237, la question de savoir si les légataires universels
peuvent se prévaloir de l'article 908 pour faire réduire les
donations entre-vifs et les legs faits aux enfants naturels par
leur auteur.

on voit que le législateur a voulu qu'ils ne puissent, dans aucun cas, obtenir, en présence de parents successibles de leur père ou de leur mère, une portion égale à celle qu'auraient eue des enfants légitimes. Or, si le principe que nous posons n'était pas admis, il y aurait eu entre eux, dans ce cas, une assimilation parfaite.

Ces principes se fortifient encore par le rapprochement des articles 757 et 908. Après avoir fixé, par l'article 757, les droits des enfants naturels lorsqu'ils sont en présence de parents successibles, l'article 908 interdit formellement d'étendre ces droits par une disposition testamentaire. Cependant, si l'exhérédation des parents successibles du défunt devait les faire considérer comme n'existant pas, pour le règlement des droits de son enfant naturel, le père et la mère de ce dernier pourraient faire indirectement ce que la loi leur prohibe de faire directement, éluder ainsi la disposition de l'article 757, quoiqu'elle soit fondée sur les plus graves motifs d'ordre public.

Il importe donc peu, pour la fixation des droits de l'enfant naturel que les parents successibles de son auteur soient exclus du concours avec lui dans le partage de la succession de ce dernier. Ils seront privés, il est vrai, de toute participation aux émoluments de la succession, puisque la loi ne leur accorde aucune réserve légale; mais leur existence seule à côté de l'enfant naturel demeurera un obstacle permanent à ce que ce dernier soit assimilé à un enfant légitime dans le partage des biens délaissés par son auteur.

Bourges, 16 novembre 1839.   Nancy, 25 août 1831.
C. RR. Paris, 14 mars 1837.

Belost-Jolimont, sur Chabot, t. I, p. 554.

Cependant la Cour de Toulouse a jugé au contraire, le 8 juin 1839, que lorsqu'un enfant naturel est en concours avec un légataire universel qui écarte les parents au degré successible, il est placé par la loi sur la même ligne que l'enfant légitime. Les raisons qu'elle donne sont : que les droits de l'enfant naturel n'ont été réduits à une quotité moindre qu'une portion héréditaire, qu'afin que les droits de la famille légitime ne soient pas entièrement détruits par l'existence de l'enfant légitime. Que, lorsqu'il n'y a aucun parent légitime qui succède et que l'enfant naturel ne se trouve en concours qu'avec un étranger qui vient à la succession comme donataire ou légataire universel, les parents légitimes, ne pouvant pas succéder, doivent être considérés, relativement à la succession et relativement aux droits de l'enfant naturel, comme s'ils n'existaient pas. Qu'en effet, ne pas exister ou ne pas succéder sont *unum et idem* quand il s'agit de régler, vis-à-vis des parents non appelés, les droits de ceux qui sont appelés à les exercer et qui ont le droit de le faire.

La même doctrine est enseignée par Chabot, *Des successions*, sur l'article 757, et par M. Duranton, t. VI, n° 285.

Nous avons répondu d'avance à ces objections.

197. L'enfant naturel a droit à la totalité des biens
dépendant de la succession de ses père et mère, lorsque ces derniers ne laissent pas de parents au degré
successible (art. 758).

198. En cas de prédécès de l'enfant naturel, l'article 759 accorde à ses enfants ou descendants la faculté de réclamer les droits dont il vient d'être parlé.

Les enfants et descendants dont parle cet article
ne peuvent être que les enfants et descendants légitimes. La disposition de l'article 756 ne permet, en
effet, aux descendants naturels de l'enfant naturel
d'exercer aucun droit dans la succession délaissée
par ce dernier.

Zachariæ, t. IV, p. 213; Loiseau, p. 643 ; Chabot, sur l'art.
759, n° 1; Belost-Jolimont, sur Chabot, *Observation* I sur
l'art. 759 ; Toullier, t. IV, n° 259 ; Malpel, n° 296.

L'opinion contraire est exprimée par Maleville sur
l'article 759; Delvincourt, t. II, p. 22; Favard, *Répert.*,
v° *Succession*, sect. IV, § 1, n° 14. Mais elle est victorieusement réfutée par Zachariæ, *ub. sup.*

199. Les expressions *en cas de prédécès*, qui se trouvent au commencement du même article, semblent
indiquer que les descendants de l'enfant naturel ne
peuvent pas prétendre à la succession de son père ou
de sa mère, lorsqu'au lieu de se présenter par représentation de ce dernier, ils se présentent de leur chef,
parce que leur auteur a renoncé à l'hérédité. Cette interprétation a même été adoptée par plusieurs auteurs.

Chabot, sur l'article 759, n°s 2 et 4 ; Poujol, sur l'art. 759,
n° 1 ; Vazeille, sur l'art. 759, n° 2.

Cependant l'interprétation opposée est défendue, avec raison, par MM. Belost-Jolimont, sur Chabot, *Observ.* 3 sur l'article 759, et Zachariæ, t. III, p. 214.

200. Toute réclamation est interdite aux enfants naturels par l'article 761, lorsqu'ils ont reçu, du vivant de leur père ou de leur mère, la moitié de ce qui leur est attribué par les dispositions que nous venons de rapporter, avec déclaration expresse, de la part de leur père ou mère, que leur intention est de les réduire à la portion qu'ils leur auront assignée.

La faculté accordée par cet article aux père et mère d'un enfant naturel d'écarter cet enfant de leur succession en lui assignant et en lui payant par anticipation la moitié de ce qui peut lui revenir, leur est donnée comme un moyen de débarrasser leur famille légitime d'un créancier qui devrait leur être désagréable. L'expression de leur volonté à cet égard doit donc être considérée comme un acte d'autorité paternelle, auquel l'enfant naturel est forcé de se soumettre, sans qu'il ait la liberté de se prononcer pour ou contre l'acceptation de la portion qui lui est ainsi faite et d'opter entre la donation et sa part héréditaire. A défaut d'acceptation par l'enfant, les tribunaux peuvent, sur la demande du père, déclarer ses offres valables, et ordonner que la donation sera tenue pour acceptée.

S'il pouvait en être autrement, s'il était permis à l'enfant naturel d'empêcher l'accomplissement de cette disposition de la loi par son refus d'accepter la

donation, le droit du père ou de la mère serait tout
à fait illusoire.

C. RR. Douai, 21 avril 1835.

Toullier, t. IV, n° 262 ; Duranton, t. VI, n° 304 ; Belost-
Jolimont, sur Chabot, *Observation* II sur l'art. 751 ; *Revue de
Législat. et de Jurisprud.*, t. III, p. 468.

D'après d'autres auteurs, la donation ne libère la
succession du donateur qu'autant qu'elle est acceptée par l'enfant.

Zachariæ, t. IV, p. 215 ; Malleville, sur l'art. 761 ; Poujol,
id., n° 9 ; Chabot, *id.*, n°ˢ 3 et 4 ; Vazeille, *id.*, n°ˢ 7 et 8 ;
Malpel, *Des Successions*, n° 163 ; Grenier, *Des Donations*, t. II,
n° 674 ; Delvincourt, t. II, p. 53 ; Favard, *Répert.*, v° *Success.*,
sect. IV, § 1, n° 17.

La déclaration du père, que son intention est de
réduire au montant de la donation les droits successifs de son enfant naturel, doit évidemment être consignée dans l'acte même de donation.

Zachariæ, t. IV, p. 216.

201. Dans le cas où le montant de la donation serait inférieur à la moitié de ce qui devrait revenir à
l'enfant naturel, il ne pourrait réclamer que le supplément nécessaire pour parfaire cette moitié.

202. Pour savoir si l'enfant naturel a reçu la part
qui lui revient d'après l'article 761, il faut prendre
pour base l'importance de l'hérédité du donateur et
non la valeur de son patrimoine au moment de la
donation.

203. La disposition de l'article 761 serait applicable, quoique la donation eût été faite avec réserve d'usufruit, ou que l'exécution en eût été ajournée à la mort du donateur, si elle avait été volontairement acceptée par l'enfant naturel. Mais on devrait, pour apprécier la véritable valeur de la donation, tenir compte de la moins-valeur résultant des modalités sous lesquelles elle aurait été faite.

Zachariæ, t. IV, p. 217 ; Duranton, t. VI, n° 306 ; Toullier, t. VI, n° 262.

204. L'enfant naturel ne pourrait pas, du vivant de son père ou de sa mère, renoncer, par une convention, à l'action en supplément de la moitié dont parle l'article 761. Ce serait renoncer à une succession future, ce qui est prohibé par les art. 791 et 1130.

Bruxelles, 18 février 1813.

205. Les auteurs sont divisés sur la question de savoir si le conjoint survivant et l'État peuvent se prévaloir de la disposition de l'article 761 pour réclamer la réduction qu'elle opère sur les droits de l'enfant naturel. M. Vazeille soutient la négative ; M. Delvincourt accorde ce droit au conjoint survivant, mais il le refuse à l'État. Enfin, d'après Zachariæ, la portion de la succession retranchée conformément à cet article doit profiter au conjoint survivant ou à l'État, à moins qu'il ne soit clairement établi que la réduction a été opérée, non en haine de l'enfant naturel, mais en faveur d'héritiers ou de successeurs présomptifs, qui ne peuvent ou ne veulent pas prendre part à l'hérédité. Il cite, à l'appui de son opinion, M. Belost-Jolimont, sur Chabot, *Observ.* 3 sur l'art. 761. Cette dernière opinion nous parait plus conforme à la lettre et à l'esprit de la loi.

206. La reconnaissance faite pendant le mariage, par l'un des époux, au profit de l'enfant naturel qu'il aurait eu, avant son mariage, d'un autre que de son époux, ne peut nuire ni à celui-ci, ni aux enfants nés de ce mariage (art. 337).

Néanmoins, elle doit produire son effet après la dissolution de ce mariage, s'il n'en reste pas d'enfants (*Id.*).

Elle doit produire encore son effet dans le cas de reconnaissance judiciaire, même après l'ouverture de la succession; car, la recherche de la maternité étant permise (art. 340), la preuve de la filiation maternelle doit avoir tous les effets d'une reconnaissance volontaire faite dans les conditions les plus favorables[1].

Rouen, 20 mai 1829.   Paris, 27 juin 1812.

M. Merlin a exprimé une opinion contraire dans son réquisitoire, lors de l'arrêt du 28 mai 1810 (aff. Caron). « Il ne faut pas confondre, a-t-il dit, la reconnaissance qui donne à l'enfant des droits à une portion de l'hérédité de la mère, avec la simple preuve

---

[1] Voir au chapitre I, section II, *De la preuve de la Filiation ésultant d'un acte de reconnaissance*, p. 39, n° 42.

de maternité qui ne donne à l'enfant que des droits
à des aliments. » Mais cette distinction n'est fondée
sur aucune raison plausible.

207. La Cour de cassation a jugé, le 3 juillet 1832,
en cassant un arrêt de la Cour d'Amiens du 12 juin
1829, que lorsque le défunt ne laisse pas d'enfants
légitimes, qu'il ne laisse que des enfants naturels, il
y a lieu d'appliquer l'article 747, et qu'ainsi ses ascendants ont le droit de reprendre dans sa succession les choses qu'ils lui avaient données, lorsqu'elles s'y trouvent en nature, ou le prix qui peut en être
dû si elles ont été aliénées, et qu'ils succèdent aussi à
l'action en reprise que pouvait avoir le donataire.

Cet arrêt est ainsi motivé :

« Vu l'article 747 du Code civil;

« Attendu que, suivant cet article, les ascendants
succèdent, à l'exclusion de tous autres, aux choses
par eux données à leurs descendants sans postérité,
lorsque les objets donnés se trouvent en nature dans
la succession; que, dans le sens de cet article, conféré avec les autres dispositions du Code civil qui le
précèdent et qui le suivent, le mot *postérité* qui y est
employé équivaut à ceux de descendants et de postérité légitimes; que par conséquent les ascendants succèdent aux choses par eux données, à l'exclusion des
enfants naturels du donataire, sans que l'existence
de ces derniers fasse obstacle au droit de retour établi
à leur profit; que cela résulte encore de la combinaison
des articles 750 et 751 du Code civil avec l'article 747;
que, loin de déroger au droit de retour dont il s'agit,

l'article 756 le confirme en refusant aux enfants naturels la qualité d'héritiers, et en ne leur accordant aucun droit sur les biens des parents de leurs père et mère,
qui ne sont pas tenus de les reconnaître et qui ne
peuvent être présumés les avoir eus en vue dans leurs
libéralités; qu'en jugeant le contraire, l'arrêt attaqué [1] a expressément violé la loi précitée; casse. »

Presque tous les **auteurs** enseignent le contraire.

Toullier, t. IV, n° 240; Duranton, t. VI, n° 219; Zachariæ, t. IV, p. 225; Belost-Jolimont, sur Chabot, *Observation* II sur l'art. 747; Malpel, n° 134; Vazeille, sur l'art. 747,
n° 17.

208. D'après Zachariæ (t. IV, p. 227), le père ou la
mère d'un enfant naturel reconnu par tous les deux ne
peut pas exercer le droit de retour au préjudice l'un
de l'autre, lorsque l'enfant décède sans postérité.
Mais cette opinion n'est appuyée sur aucun raisonnement plausible; aussi est-elle contredite par
MM. Duranton, t. VI, n° 221; Pujol, sur l'article
757, n° 9, et Chabot, sur l'article 747, n° 4.

§ 2. DROITS DES ENFANTS ADULTÉRINS OU INCESTUEUX DANS LES
SUCCESSIONS DE LEURS PÈRE ET MÈRE.

209. Les enfants adultérins ou incestueux n'ont
aucun droit d'hérédité dans la succession de leurs

---

[1] Voici les termes de l'arrêt : « Attendu que l'enfant reconnu
par Marc-Antoine Lépine, même quoique enfant naturel, est
sa postérité dans le sens de l'art. 747 du Code civil; que ses
droits sont réglés par l'art. 757 de ce Code; d'où il suit qu'il
n'y a lieu au retour légal des objets de la donation. »

père et mère, la loi ne leur accorde que des aliments
(art. 762).

Ces aliments sont réglés du vivant des père et
mère, eu égard à leurs facultés et aux besoins de
l'enfant. Ils sont fixés, après le décès des père et
mère, dans la proportion des forces de l'hérédité, du
nombre et de la qualité des héritiers ou successeurs
irréguliers et des besoins de l'enfant (art. 208, 763).

Lorsque le père ou la mère d'un enfant adultérin
ou incestueux lui auront fait apprendre un art mécanique, ou lorsque l'un d'eux lui aura assuré des
aliments de son vivant, l'enfant ne pourra élever aucune réclamation contre leur succession (art. 764).

210. Pour qu'une personne puisse réclamer des
aliments dans une succession, en se prévalant de sa
qualité d'enfant adultérin du défunt, il faut que cette
qualité soit établie par un jugement. Une reconnaissance volontaire faite par le père ou la mère ne serait pas suffisante [1].

Angers, 14 février 1843.   CC. Rennes, 4 décembre 1837.
C. C. Lyon, 3 fév. 1841.   Montpellier, 19 janvier 1832.
Limoges, 9 juin 1838.   C. RR. Agen, 6 avril 1820.

Pour justifier cette jurisprudence, il nous suffira

---

[1] On juge, par application du même principe, que la qualité
d'enfant adultérin ne peut pas être opposée à un donataire ou
à un légataire pour faire prononcer la nullité de la donation ou
du legs. (Voir au chapitre XIII, *Des Donations entre-vifs et des
testaments*, n° 246.)

Nous avons vu au chapitre II, *De la preuve de la Filiation
des enfants adultérins*, n° 68, p. 93, comment cette disposition

de citer le plus récent des arrêts de la Cour de cassation, celui du 3 février 1841, qui a cassé un arrêt de la Cour de Lyon du 17 mai 1837.

Voici le texte de cet arrêt :

« Attendu que, sous l'empire du Code civil, la recherche de la paternité est interdite ; que l'article 335 de cette loi défend en termes absolus la reconnaissance des enfants adultérins ou incestueux.

« Que même ces enfants, aux termes de l'article 342, ne sont jamais admis à la recherche de la maternité.

« Qu'il suit de là que l'article 762, en leur accordant des aliments, ne s'applique qu'aux seuls cas où la preuve de la filiation adultérine ou incestueuse est acquise en justice par la force des choses, et non au cas où, comme dans l'espèce, la preuve de cette filiation ne résulterait que d'une simple reconnaissance que la loi prohibe expressément, etc.; casse. »

Il y a cinq arrêts contraires, l'un de la Cour de Paris du 22 juin 1839, le second de la Cour de Lyon du 25 mars 1835, le troisième de la Cour de Grenoble du 20 janvier 1831, le quatrième de la Cour de Nancy du 20 mai 1816, le cinquième de la Cour de Bruxelles du 29 juillet 1811.

La *Revue du Droit français et étranger* (1843, p. 937) contient un article dans le même sens, rédigé par M. Mathieu, avocat à la Cour royale de Paris.

---

se concilie avec celle des art. 325 et 342, qui prohibent la reconnaissance des enfants adultérins ou incestueux et qui défendent la recherche de la paternité et de la maternité, lorsqu'elle doit aboutir à constater un état d'enfant adultérin ou incestueux.

L'arrêt qui a fait le plus d'efforts pour faire triompher cette dernière opinion, est celui qui a été rendu
par la Cour de Nancy, le 20 mai 1816. Les raisons
données par cet arrêt sont : qu'il serait injuste de
dire que l'adultérin exclu de la reconnaissance légale se réduisant à la simple demande d'aliments, fût
tenu d'appuyer cette demande des mêmes titres qui
seraient nécessaires à l'appui d'une demande en
délivrance de tout ou partie des biens délaissés
par ses père et mère; que cette interprétation présenterait un système sans base, en ce qu'il ne peut y
avoir de justes motifs de soumettre aux mêmes conditions des droits aussi divers dans leurs principes,
dans leur nature, dans leurs effets; qu'aussi cette
extension de principe d'un cas à l'autre serait en
contradiction formelle avec le texte de la loi; qu'en
effet, s'il était vrai qu'une reconnaissance légale, dans
la forme prescrite par l'article 334, fût indispensable à
l'appui d'une demande d'aliments, il s'ensuivrait que
le bâtard adultérin, incapable de recevoir à son profit
une telle reconnaissance, serait légalement et nécessairement exclu de tous droits aux aliments, puisqu'il lui serait impossible d'obtenir le titre nécessaire
pour se les faire adjuger, et qu'on ne peut supposer
dans la loi cette conséquence ou cette disposition
vraiment dérisoire, de concéder un droit en refusant
tous moyens de l'exercer; que cependant l'article
762 du Code, en excluant les adultérins du bénéfice des articles 757 et 758, déclare formellement que
la loi leur accorde des aliments ; que si la loi accorde

des aliments, elle accorde une action pour les obtenir; que si elle accorde une action, elle reconnaît un
moyen légal d'en assurer le succès; et qu'enfin, le
moyen légal ne pouvant être la reconnaissance
énoncée en l'article 334, il faut bien que ce soit
toute autre preuve du fait de la paternité, puisque
c'est à ce seul fait que se rattachent, et l'obligation
de fournir des aliments, et le droit de les obtenir.

L'arrêt avoue ensuite que la preuve de la filiation
adultérine sera souvent difficile ou impossible, puis
il continue ainsi : « Mais si, par un concours heureux
de circonstances, cette preuve se trouve acquise au
demandeur; si, surtout, elle s'appuie de la confession
de celui contre lequel l'action est légalement accordée; si, par un sentiment de justice envers le fruit et
la victime de son égarement, il vient s'offrir lui-
même au dédommagement que la loi comme la nature lui imposent, en déclarant à sa charge le fait de
paternité auquel cette obligation se lie, il est difficile
de concevoir comment cet aveu demeurerait im-
puissant pour assurer cette indemnité. Cette déclaration ne sera pas la reconnaissance légale prescrite
en l'article 334; elle n'établira aucun titre de filiation, aucun droit de successibilité entre l'enfant naturel et les parents dont il est né ; elle n'élèvera pas le
premier à cette sorte de condition intermédiaire entre la légitimité et la bâtardité, celle de bâtard avoué
ou reconnu ; elle perdra même, si l'on veut, le titre
de reconnaissance de l'enfant, mais toujours elle demeurera la confession du débiteur qui avoue l'obliga-

tion, qui en avoue la cause et le titre, et qui, consé-
quemment, ne peut fuir la condamnation qui l'oblige
de l'acquitter. Il n'y a pas là recherche de la paternité,
puisqu'elle est connue, mais l'application de la conséquence qui résulte du fait de paternité toutes les
fois que la connaissance en est acquise. »

L'arrêt discute enfin, en ces termes, l'objection
tirée de la maxime, que *la paternité étant indivisible,
on ne peut être père pour un cas et ne l'être pas pour l'autre.* « Cette objection, dit-il, ne présenterait qu'une
vaine subtilité si on prétendait l'expliquer dans ce
sens, que de plusieurs actions, diverses dans leurs
principes, dans leur nature et dans leur étendue,
l'une ne puisse être ouverte lorsque l'autre ne le serait
pas; puisqu'au contraire la diversité des conditions
sous lesquelles ces actes doivent s'ouvrir doit aussi
en produire une dans les cas qui donnent lieu à cette
ouverture. L'obligation de nourrir est de droit naturel, elle se contracte par le seul fait de la paternité,
et subsiste indépendamment de la volonté et de l'assentiment du père naturel; au contraire, la reconnaissance dans le sens de l'article 334 appartient
au droit civil, elle est un bienfait volontaire de la
part du père, elle crée à l'enfant naturel un droit auquel il n'avait aucun titre, et que rien ne l'obligeait
de lui conférer. Il est donc simple que l'obligation
naturelle soit ouverte et son effet exigible par la vérification du fait de paternité qui l'a produit, encore que les droits plus relevés et plus étendus qui
auraient pu résulter d'une reconnaissance légale

n'aient pas été créés, soit par défaut de volonté de
la part de celui auquel il était libre de les conférer, soit par défaut de capacité dans celui auquel
ils auraient été destinés. L'exercice de l'un de ces
droits ne peut donc être subordonné à l'exercice
ou à l'existence de l'autre; si on ne peut tout à la
fois être père et ne l'être pas, on peut cependant devoir des aliments à un enfant naturel, sans que les
droits de successibilité lui aient été conférés ou
l'aient été valablement. Sous une même dénomination, les actes de reconnaissance ou d'aveu, dont s'appuient l'une ou l'autre de ces actions, offrent une dis-
semblance radicale. La reconnaissance légale de
l'enfant naturel lui crée un titre, un droit de successibilité qu'il n'avait pas et dont au contraire le vice
de sa naissance l'écartait ; ce droit n'a de fondement
et de base que dans l'acte de reconnaissance qui le
constitue ; il est donc caduc, si cet acte est vicieux ou
insuffisant dans sa forme. Au contraire, la déclaration
de l'aveu de paternité n'attribue rien, ne confère
rien à l'enfant; le droit aux aliments était préexistant
à cet aveu, il a sa racine dans la nature et dans la
loi. L'action en prestation d'aliments était ouverte et
ne se trouvait entravée dans sa marche que par la
difficulté de signaler l'individu qu'elle devait atteindre, comme étant l'auteur de la génération ; si cet individu se désigne et s'accuse lui-même, sa déclaration, par quelque acte et sous quelque forme qu'elle
se produise, constate, de la manière la plus irrécu-
sable, le fait dont l'incertitude seule faisait obstacle.

Ainsi, par cette déclaration, quelle qu'en soit la forme, l'obstacle cesse et le succès de la poursuite est assuré. »

Nous avons répondu d'avance à la première partie de cette argumentation, au chapitre ii, *de la preuve de la filiation des enfants adultérins*, n° 68, p. 93, lorsque nous avons recherché dans quels cas une filiation adultérine peut être reconnue constante aux yeux de la loi. Nous avons vu, en effet, que la prohibition de reconnaître volontairement un enfant adultérin n'empêche pas qu'il puisse arriver des cas où une filiation adultérine soit consacrée judiciairement. Ces cas-là seront, sans doute, rares et exceptionnels, mais c'est précisément là l'esprit et le vœu de la loi. Il n'est donc pas exact de dire que, refuser à la reconnaissance volontaire d'une filiation adultérine l'effet de conférer à l'enfant reconnu le droit de demander des aliments, c'est rendre illusoire la disposition de la loi qui accorde des aliments à l'enfant adultérin.

La seconde partie de l'argumentation suppose une distinction possible entre la reconnaissance et l'aveu d'une paternité adultérine. Nous avouons qu'il y a là une subtilité que notre intelligence ne peut pas atteindre. Nous ne voyons dans l'aveu et dans la reconnaissance de paternité adultérine qu'une seule et même chose, l'existence d'un enfant qui est le fruit de l'adultère et dont la filiation doit demeurer un secret aux yeux de la justice, parce que la loi défend aux père et mère de se faire connaître et à l'enfant de les rechercher. On a tout dit contre cette distinction, en faisant observer que *l'état d'un enfant est indivisible, qu'un individu ne peut pas être son père pour un cas et ne l'être pas pour l'autre.*

Le raisonnement que fait l'arrêt pour chercher à établir que ce principe ne met pas obstacle à la distinction qu'il consacre, pèche par la base. L'obligation pour un père de nourrir ses enfants, dit-il, est une obligation naturelle, elle doit donc être ouverte par la vérification du fait de paternité. Cela est vrai en principe; mais si la loi ne veut pas vérifier le fait de paternité, si elle ne veut pas le consacrer, si elle défend même qu'on l'allègue devant les tribunaux, il faudra reconnaître, en rétorquant l'argument, que l'obligation naturelle ne s'ouvrira jamais, c'est-à-dire ne deviendra jamais légale, et que si le père d'un enfant naturel doit, en conscience, des aliments à son enfant, il ne peut pas être traduit en justice pour être contraint de lui en donner.

Nous verrons, il est vrai, au chapitre XIII, *Des Donations entre-vifs et des testaments,* n° 242, que quelques arrêts ont semblé établir une distinction entre l'aveu et la reconnaissance de paternité, en jugeant qu'une reconnaissance d'enfant illégitime, quoique nulle, peut empêcher l'enfant illégalement reconnu de recevoir des donations et des legs si la filiation est avouée dans l'acte. Mais les rédacteurs de ces arrêts ne les ont pas motivés sur le fait de la filiation, ils ont compris qu'il y aurait contradiction s'ils agissaient ainsi; ils les ont motivés sur l'intention du donateur révélée par sa propre déclaration.

Toullier soutient l'opinion contraire à la nôtre, t. II, p. 967.

Quid lorsque la reconnaissance contient elle-même une promesse de fournir des aliments à l'enfant? Voir au chapitre VIII, *Des Demandes d'aliments*, n° 163, p. 191.

211. L'obligation de fournir des aliments n'est pas réciproque entre les enfants incestueux ou adultérins et les auteurs de leurs jours.

Zachariæ, t. IV, p. 97 ; Chabot, *Des Successions,* sur l'art. 765 ; Malpel, *Des Successions*, n° 173 ; Poujol, *Des Successions*, sur le même article; Bedel, *De l'adultère*, n° 102, Favard, *Répert.*, v° *Enfant adultérin*, n° 2.

Loiseau, p. 471 et 473, émet une opinion contraire.

§ 3. DÉVOLUTION DE LA SUCCESSION DES ENFANTS NATURELS DÉCÉDÉS SANS POSTÉRITÉ.

212. La succession de l'enfant naturel décédé sans postérité est dévolue au père ou à la mère qui l'a reconnu; ou par moitié à tous les deux s'il a été reconnu par l'un et par l'autre (art. 765).

Par le mot *postérité,* dont il est ici question, il faut entendre aussi bien une postérité illégitime qu'une postérité légitime. A défaut d'enfants légitimes, les enfants naturels d'un enfant naturel succèdent à ce dernier à l'exclusion de ses père et mère.

Zachariæ, t. IV, p. 219; Malleville, sur l'art. 765; Toullier, t. VI, n° 269; Malpel, n° 164; Poujol, sur l'art. 765, n° 1.

213. Pour que le père ou la mère succèdent à leur

enfant naturel reconnu, il n'est pas nécessaire que
la reconnaissance ait précédé son décès; ils peuvent
être appelés à recueillir sa succession, quoiqu'ils l'aient
reconnu après sa mort.

Loiseau, p. 444; Malpel, *Des Successions*, n° 165; Zachariæ, t. IV, p. 66.

La Cour de Paris a jugé le contraire, le 25 mai
1835, et cette opinion a été adoptée par plusieurs auteurs :

Vazeille, t. I, p. 110, sur l'art. 762; Belost-Jolimont, sur
Chabot, *Observation* II sur l'art. 765; Duranton, t. III,
n° 265.

Cette dernière doctrine est fondée principalement sur le motif que, si l'état des enfants légitimes
existe par le seul fait de leur naissance, indépendamment de toute contestation, il n'en est pas de
même de l'état des enfants naturels, au moins en
ce qui concerne le père; qu'à l'égard des enfants
naturels une reconnaissance de paternité, indépendamment de ce qu'elle doit être conforme à la vérité
du fait, est un acte entièrement volontaire; qu'il suit
de là que ces sortes de reconnaissances ne sont pas
purement déclaratives, mais qu'elles ont, par la volonté de celui qui les a faites, un caractère attributif.

On a induit de ces réflexions que la reconnaissance d'un enfant naturel après son décès ne pouvait
être considérée que comme une spéculation prohibée par la loi.

Présentée sous ce point de vue, la reconnaissance

d'un enfant naturel après son décès offrirait en effet quelque chose d'immoral que l'on verrait avec peine consacré par une disposition de loi. Mais a-t-on bien placé la question sous son véritable jour? Évidemment non.

Nous ne contestons pas d'une manière absolue que la reconnaissance de paternité ait un caractère attributif, mais ce caractère ne lui appartient pas dans le sens dans lequel les juges l'ont entendu, ou du moins il faut expliquer le correctif qu'ils ont mis à leur opinion en disant que cette reconnaissance n'est pas *purement* attributive.

La reconnaissance de paternité constate et déclare un fait, et à ce fait est attaché un droit; elle est donc avant tout déclarative, et ce n'est que le fait déclaré par elle qui est attributif d'un droit. Ainsi ce ne serait que par voie de conséquence que l'on pourrait accorder que la reconnaissance de paternité serait elle-même attributive.

Nous avons eu occasion de développer ces principes lorsque nous avons examiné la question de savoir si un mineur peut reconnaitre un enfant naturel [1].

Maintenant, à quoi est attaché le droit d'hérédité? au fait de la paternité, pourvu qu'il soit déclaré. Qu'importe qu'il soit déclaré avant ou après le décès de l'enfant? La déclaration rétroagit au jour de la

---

[1] Voir n° 32, page 29.

naissance; elle doit être transcrite comme correctif en marge de l'acte de naissance (art. 62, C. civ.).

La déclaration de paternité ainsi envisagée ne peut être taxée de spéculation ni en fait ni en droit, du moins d'une manière absolue.

En fait, il peut arriver qu'un père naturel, retenu par des considérations de famille, de position, de convenance, ne reconnaisse pas légalement son enfant naturel, et que cependant il le traite et l'élève comme tel, lui donne une bonne éducation et lui procure un établissement convenable. Il est évident qu'il ne serait pas juste, dans ce cas, que la succession de cet enfant passât au gouvernement de préférence à son père, et que ce dernier ne pût pas faire reconnaître ses droits à lui succéder.

En droit, le reproche de spéculation que l'on adresse au père est repoussé par l'obligation dans laquelle il se trouve placé de justifier sa paternité pour faire prévaloir sa prétention sur les droits de l'État qui serait appelé à succéder à sa place.

La rédaction de l'article 765 se prête parfaitement à l'interprétation que nous lui donnons. Cet article n'exige qu'une chose, que l'enfant naturel soit reconnu, sans fixer aucune époque nécessaire à sa reconnaissance. *La succession de l'enfant naturel, dit-il, est dévolue au père ou à la mère qui l'a reconnu.* Pour qu'on dût se ranger à l'opinion émise par la Cour de Paris, il faudrait que l'article fût ainsi conçu : *La succession de l'enfant naturel* RECONNU *décédé sans postérité est dévolue au père ou à la mère qui l'a reconnu.*

L'explication que nous venons de donner sur le caractère attributif ou déclaratif d'une reconnaissance de paternité, répond à une dernière objection qu'ont ajoutée les premiers juges et qui a été adoptée par la Cour royale, à savoir, que pour recueillir une succession, c'est à l'époque de l'ouverture de cette succession qu'il faut avoir les droits et la qualité de successible. Le droit du père à succéder à son enfant naturel repose sur le fait de sa paternité ; or, ce fait existait avant le décès de l'enfant.

L'article 765 est d'ailleurs rédigé dans le même esprit que l'article 756, qui confère aux enfants naturels reconnus un droit dans la succession de leurs père et mère. Si on adoptait l'opinion que nous combattons, il faudrait donc admettre par la même raison que l'enfant qui fait constater que telle femme est sa mère, après la mort de cette femme, ne devrait pas prendre part dans sa succession. Cependant nous avons vu que le contraire est généralement admis, et que la Cour de Paris, notamment, l'a décidé par un arrêt du 27 juin 1812 [1].

Nous nous sommes expliqué plus spécialement sur la reconnaissance de paternité, parce qu'une partie des objections que l'on présente pour soutenir que la reconnaissance d'un enfant naturel après son décès par son père, ne peut pas donner à ce dernier le droit de lui succéder, ne peut pas être opposée à la mère.

---

[1] Voir n° 206, page 260.

En effet, il y a moins de surprise à craindre de la
part de la mère, sous ce rapport que le fait de la maternité présente moins d'incertitude que le fait de
la paternité. Ainsi, en prouvant que le père doit être
appelé à succéder à son fils naturel, quoique la
reconnaissance soit postérieure au décès de l'enfant,
nous avons démontré à plus forte raison que le droit
d'hérédité appartient à la mère dans la même hypothèse.

Dans tous les cas, il est admis en jurisprudence
que la mère d'un enfant naturel peut être appelée à
lui succéder, quoique la reconnaissance de maternité
ne résulte que de la déclaration du père dans l'acte
de naissance et de l'aveu de la mère, et qu'elle n'ait
pas été régularisée avant le décès de l'enfant par un
acte authentique transcrit en marge de l'acte de
naissance[1].

Bordeaux, 15 février 1832.   Douai, 23 janvier 1819.

M. Zachariæ prétend (t. IV, p. 37) que les père et
mère d'un enfant naturel n'ont aucun droit de succession à exercer dans l'hérédité délaissée par les
descendants même légitimes de leur enfant naturel.

214. D'après l'article 766, en cas de prédécès des
père et mère de l'enfant naturel, les biens qu'il en
avait reçus passent aux frères ou sœurs légitimes,
s'ils se trouvent en nature dans la succession. Les ac-

-----

[1] Voir une question analogue au chapitre XV *De la Légitimation des enfants illégitimes.*

tions en reprise, s'il en existe, ou le prix de ces biens
aliénés, s'il est encore dû, retournent également aux
frères et sœurs légitimes. Tous les autres biens passent
aux frères et sœurs naturels ou à leurs descendants
(art. 766).

Toutefois, pour que les biens que l'enfant naturel
a reçus de son père ou de sa mère passent, après
son décès, à ses frères ou sœurs légitimes, il ne suffit
pas que le donateur soit prédécédé, il faut que le
père et la mère de l'enfant soient décédés tous deux
avant lui. Si la mère lui survit, elle recueille ce qu'il
avait reçu de son père, comme aussi si son père lui
survit il recueille ce que l'enfant avait reçu de sa mère.

Riom, 4 août 1820.   Dijon, 1ᵉʳ août 1818.

Zachariæ, t. IV, p. 220 et 227; Loiseau, p. 630.

M. Duranton critique cette jurisprudence, n° 338;
l'opinion qu'il exprime est partagée par M. Belost-
Jolimont, sur Chabot, *Observation III* sur l'art. 765.

Les descendants des frères et sœurs naturels de
l'enfant naturel décédé, auxquels l'article 766 défère,
à l'exclusion de ses frères et sœurs légitimes, les biens
autres que ceux qu'il avait reçus de ses père et mère,
ne peut s'entendre que des descendants légitimes.
Zachariæ a fait observer, avec raison (t. IV, p. 220),
que l'opinion contraire soutenue par MM. Malpel
(n° 164), Poujol (sur l'article 766, n° 7) et Chabot
(sur l'art. 766, n° 6) est inconciliable avec la disposition finale de l'article 756, qui refuse aux enfants
naturels tout droit successif sur les hérédités dé—

laissées par les parents de leur père ou mère.

Nous avons examiné, p. 59, n° 51, la question de savoir si l'héritier légitime d'une personne décédée peut être admis à prouver que le donataire ou le légataire de cette personne est son enfant naturel, pour se prévaloir des dispositions de l'article 766.

Lorsque l'enfant naturel ne laisse ni enfant ni conjoints, ni frères ni sœurs naturels, ni descendants d'eux, c'est l'Etat qui recueille par déshérence les biens qui ne provenaient pas de ses père et mère. En effet, d'après les dispositions des articles 767 et 768, l'Etat ne peut être exclu que par des parents au degré successible, ou par des enfants naturels, ou par le conjoint survivant. Dans sa rédaction primitive, l'article 766 appelait les frères et sœurs légitimes de l'enfant naturel à la succession de celui-ci, en concours avec les frères naturels; mais sur la remarque que le résultat de cette disposition était d'admettre l'enfant naturel dans la famille de ses père et mère, le projet fut rejeté et la rédaction actuelle fut adoptée.

Grenoble, 13 janvier 1840.

Malleville, t. II, sur l'art. 766; Fenet, *Travaux préparatoires du Code civil*, t. II, p. 32, 195 et 232.

M. Duranton (t. VI, n° 339) est d'avis que les frères et sœurs légitimes de l'enfant naturel doivent venir à la succession de celui-ci, préférablement à l'État; il invoque à l'appui de son opinion la maxime *fiscus post omnes*. Cette opinion est critiquée par Vazeille, *Des Successions*, t. I, art. 766, n° 7, et par Zachariæ, t. IV, p. 221.

§ 4. DÉVOLUTION DE LA SUCCESSION DES ENFANTS ADULTÉRINS
OU INCESTUEUX.

215. Les enfants adultérins ou incestueux n'ayant aucun droit dans la succession de leur auteur, réciproquement les père et mère n'ont aucun droit dans la succession de leurs enfants adultérins ou incestueux.

Zachariæ, t. IV, p. 207 et 221; Chabot, sur l'art. 765, n° 7; Malpel, n° 173; Duranton, t. VI, n° 339.

216. Les personnes qui ont reconnu un enfant peuvent être exclues de sa succession par le motif qu'il est adultérin ou incestueux, quoique la reconnaissance soit purement volontaire. Ils ne sauraient se prévaloir des articles 335 et 342, qui ne permettent aucune reconnaissance au profit des enfants adultérins ou incestueux, pour en conclure que le législateur a voulu que la reconnaissance de l'adultère ou de l'inceste restât sans effet et que par suite l'enfant doit être considéré comme enfant naturel. Ces articles ne disposent que relativement à l'enfant lui-même. Les appliquer à un père ou à une mère qui réclame la succession de son fils après l'avoir déclaré adultérin ou incestueux, ce serait étendre la disposition de la loi à un cas non prévu, pour lui faire produire un effet diamétralement contraire au sentiment d'honnêteté publique qui l'a dictée.

Nîmes, 13 juillet 1824.

SECTION II.

DU PARTAGE ET DES RAPPORTS.

(Art. 549, 724, 756, 757, 760, 815, 841, 843, 856, 857, 908, 1304.)

SOMMAIRE.

217. *Le droit des enfants naturels dans la succession de leur auteur, est un droit de propriété et non un simple droit de créance* (art. 757).

218. *Toutefois les enfants naturels n'ont droit aux fruits qu'à partir de la demande en délivrance* (art. 724, 756).

219. *Le droit de propriété qu'ont les enfants naturels dans la succession de leur auteur, leur permet de provoquer le partage* (art. 815).

220. *Il leur permet aussi d'exercer le retrait successoral* (art. 841).

221. *Et d'exiger le rapport à la succession* (art. 843).

222. *Les enfants naturels ne sont pas tenus à rapport, mais ils doivent imputer sur leur part dans la succession ce qu'ils ont reçu de leur auteur pendant sa vie* (art. 760).

223. *Différence qu'il y a entre l'imputation et le rapport à succession* (art. 760, 856).

224. *Les légataires universels peuvent se prévaloir de l'article 760 comme les héritiers légitimes* (art. 757, 760, 857, 908).

225. *Les enfants naturels peuvent-ils revendiquer vis-à-vis des tiers les valeurs dépendant de la succession?*

226. *L'enfant naturel qui a été envoyé en possession de la succession en l'absence d'héritier légitime, fait les fruits siens jusqu'au moment où l'héritier légitime se présente* (art. 549).

227. *Lorsqu'un enfant naturel a été admis au partage comme héritier légitime, on peut revenir sur le partage.*

228. *L'action en rescision du partage dure dix ans* (art. 1034).

229. *Celui qui se prétend enfant naturel du défunt peut transiger sur les droits successifs mais non sur sa qualité. Si la transaction ne peut pas être scindée, elle est nulle pour le tout.*

217. La disposition de l'article 757, qui refuse aux enfants naturels la qualité d'héritiers, a fait naitre une

question de la plus haute gravité sur la nature du
droit qui leur appartient dans la succession de leur
auteur. On s'est demandé si ce droit est un droit de
propriétaire, un *jus in re*, une quote-part en nature
dans tous et chacun des biens de la succession de
leur auteur, ou bien s'il se borne à une simple
créance, à une action personnelle contre les héritiers
légitimes.

La jurisprudence s'accorde à reconnaître que ce
droit est un droit de propriété.

Nancy, 22 janvier 1838.	Riom, 22 mars 1816.
Poitiers, 10 avril 1832.	Bruxelles, 18 février 1813.
C. RR. Paris, 28 juin 1831.	Paris, 22 mai 1813.
Bruxelles, 27 juillet 1827.	Amiens, 26 novembre 1811.
C. RR. Nîmes, 8 juin 1826.	C. C. Paris, 20 mai 1806.

C'est aussi l'opinion de presque tous les auteurs :

Merlin, *Répert.*, v° *Bâtard*, sect. II, § 4, et v° *Représentat.*,
sect. IV, § 7 ; Favard, v° *Succes.*, sect. IV, § 1, n° 14 ; Loiseau, p. 203, *Appendice*, p. 1 ; Toullier, t. IV, n° 249 ; Duranton, t. VI, n° 269 ; Chabot, *Comment. sur les success.*, article 756, n° 10 et suiv. ; Vazeille, *Des Success.*, art. 757, n° 10 ;
Malpel, n° 158 ; Poujol, *Des Success.*, p. 275 ; Zachariæ, t. IV,
p. 514, 523, 529.

Voici comment on justifie cette doctrine : le texte
du Code déclare à la vérité que l'enfant naturel reconnu n'a ni le titre ni la qualité d'héritier, mais
il lui accorde quelque chose qui touche de si près
à ce titre, que les jurisconsultes le qualifient de
quasi-héritier. Le législateur s'en explique de même
à leur égard, en disant dans les motifs de la loi, qu'il
n'est pas héritier légitime *proprement dit*. La loi elle-

même appelle succession irrégulière les droits qu'elle
assure aux enfants naturels reconnus sur le patrimoine
de leurs père et mère, et reconnaît par conséquent ces
enfants comme successibles. Le droit de propriété est
tellement inhérent à ce droit successif, que l'enfant
naturel, comme l'enfant légitime, transmet en cas de
prédécès, ces mêmes droits à ses descendants (art. 759),
et s'il meurt avant de les avoir appréhendés, il transmet à ses héritiers le droit de les réclamer. Enfin,
l'enfant naturel a, comme l'enfant légitime, une réserve légale sur les biens délaissés par ses père et
mère (voir n° 249).

Le Code civil refuse, il est vrai, à l'enfant naturel,
dans la succession de ses père et mère, une quote-
part de biens égale à celle de l'enfant légitime, mais
les droits qu'il lui accorde sont évidemment de même
nature, il ne les réduit pas pour cela à une simple
créance ou action personnelle contre l'héritier. Il lui
assure dans les biens de la succession des droits qui
sont distincts, à la vérité, de ceux de l'enfant légitime, pour la quotité et pour le titre auquel il les reçoit, mais nullement pour la nature de ces droits.
C'est ce qui a fait dire au conseiller Treilhard, dans
l'exposé des motifs de la loi, que « si la nature réclame pour les enfants naturels reconnus une portion du patrimoine paternel, l'ordre social s'oppose
à ce qu'ils la reçoivent dans les mêmes proportions
et au même titre que l'enfant légitime. »

Si la loi accorde la saisine à l'enfant légitime et
place l'enfant naturel dans l'obligation de lui deman-

der la délivrance, il n'y a rien à conclure de là contre le droit de propriété de l'enfant naturel légalement reconnu. La saisine est la possession, ou le
droit de l'héritier de jouir des fruits jusqu'à la demande que pourra former l'enfant naturel; la demande en délivrance est l'action de l'enfant naturel
tendant à faire cesser cette saisine ou possession et à
faire courir les fruits à son profit. Mais la propriété
n'en est pas moins acquise à l'enfant naturel à l'instant même où l'héritier a la saisine.

Il y a un arrêt contraire de la Cour de Paris, du
14 fructidor an XI, mais les motifs que nous venons
de développer réfutent péremptoirement la doctrine
qu'il met en avant.

218. Toutefois, nonobstant ce droit de propriété,
les enfants naturels n'ayant pas la saisine légale de la
portion qui leur revient dans la succession de leur
auteur, n'ont droit aux fruits qu'à compter du jour
de la demande en délivrance.

Ce point de droit a été consacré par un arrêt de la
Cour de cassation du 22 mars 1841, dont les motifs
méritent d'être rapportés, parce qu'ils développent
suffisamment les principes qui doivent servir de règle
en cette matière [1].

Ces motifs sont ainsi conçus :

« Attendu qu'aux termes de l'article 756, les en-

---

[1] On lira avec fruit, sur cette question, dans le journal de
MM. Devilleneuve et Carette, les conclusions pleines de force
et de logique de M. l'avocat-général Delangle.

fants naturels ne sont point héritiers; d'où résulte la conséquence qu'ils ne sont point saisis de plein droit des biens de leurs père ou mère décédés, conséquence littéralement consacrée d'ailleurs par l'article 724, qui porte que les héritiers légitimes sont saisis de plein droit des biens, droits et actions du défunt, et qui ajoute même que les enfants naturels, l'époux survivant et l'État, doivent se faire envoyer en possession par justice;

« Attendu qu'à la vérité, les articles 724 et 756 n'excluent pas les enfants naturels de la participation aux jouissances perçues depuis l'ouverture de la succession jusqu'à la demande en délivrance, et n'attribuent pas exclusivement ces jouissances aux héritiers légitimes; mais que, dans le doute légal de la volonté de demander l'envoi en possession, et jusqu'à ce que cette volonté soit manifestée par une action, les héritiers légitimes jouissent de la succession dont ils sont saisis de plein droit, avec une bonne foi qui ne serait même pas altérée par la connaissance personnelle de droits non exercés et qui peuvent ne pas l'être;

« Attendu que le meilleur commentaire des articles 724 et 756 se trouve dans l'article 1005, où l'on voit que, pour accorder au légataire universel la jouissance avant la demande en délivrance, le législateur a pris soin de l'exprimer et y a même mis pour condition que cette demande serait formée dans l'année du décès, n'accordant autrement la jouissance que du jour de la demande; et dans l'article 1014 qui, obligeant aussi le légataire particulier à

une demande en délivrance, ne lui accorde les fruits
ou intérêts que du jour de l'action;

« Attendu qu'en fixant les droits de l'enfant naturel sur les biens de ses père et mère décédés, à une
portion héréditaire déterminée suivant la qualité des
héritiers légitimes, l'article 757 ne déroge ni à l'obligation de demander la délivrance imposée par l'article 724, ni aux conséquences qui en résultent, ni
même à l'exclusion de la qualité d'héritier prononcée par l'article 756, une portion héréditaire n'étant
accordée à l'enfant naturel que comme un droit sur
les biens;

« Attendu, enfin, que si les fruits perçus par un ou
plusieurs des héritiers, depuis l'ouverture de la succession jusqu'au partage, doivent, d'après les lois ro-
maines et la jurisprudence, être rapportés et imputés
sur la part héréditaire de ceux qui les ont perçus,
lorsque le rapport n'en est fait ni en nature, ni en
argent, c'est parce que les héritiers légitimes, étant saisis de plein droit des biens de la succession, y sont
tous appelés au même droit et au même titre, et que
la condition de l'un ne doit pas être meilleure que
celle de l'autre. Le texte et l'esprit de la loi qui a servi
de base à la jurisprudence, ne peuvent recevoir d'application à l'enfant naturel auquel l'article 756 refuse la qualité d'héritier, ni à l'époux survivant, ni à
l'Etat qui, obligés à demander la délivrance, et n'é-
tant pas saisis de plein droit, pourraient former l'action aussitôt après le décès, ou la différer jusqu'au
dernier jour de la trentième année, rendant ainsi à

volonté leur condition différente de celle des héritiers légitimes, etc. »

Zachariæ exprime une opinion contraire, t. IV, p. 516.

219. Le droit de propriété qui appartient au xenfants naturels dans les biens dépendant de la succession de leur auteur pour la part héréditaire que la loi leur accorde, leur permet de provoquer le partage de ces biens (art. 815) et d'exercer, pour y arriver, tous les droits et actions qui appartiennent aux héritiers légitimes.

Toullier, t. IV, n° 280 et suiv. ; Zachariæ, t. IV, p. 517.

On admet notamment :

221. Que l'enfant naturel peut exercer le retrait successoral que l'article 841 autorise les successibles à exercer, et écarter ainsi du partage tout cessionnaire qui ne serait pas successible.

C. R. Cayenne, 15 mars 1831. Nîmes, 4 décembre 1823.
C. RR. Nîmes, 8 juin 1826.

Toullier, t. IV, n° 439 ; Chabot, Des Successions, art. 841, n° 6 et suiv. ; Rolland de Villargues, Répert. du notariat, v° Retrait successoral, n° 11 ; Zachariæ, t. IV, p. 522.

220. Qu'il peut aussi se prévaloir des dispositions des articles 843 et 921 pour exiger de ses copartageants le rapport des avantages qui leur ont été faits à son préjudice, depuis sa reconnaissance, par donation entre-vifs, à moins que les dons ne leur aient

été faits expressément par préciput et hors part [1].

Rouen, 27 janvier 1844.   Paris, 5 juin 1826.
C. RR. Paris, 28 juin 1831.   Amiens, 26 novembre 1811.

Zachariæ, t. IV, p. 520; Belost-Jolimont, sur Chabot, *Observation* V sur l'article 757 ; Duranton, t. VI, n° 299 et 311; Malpel, *Des Successions*, n° 324; Loiseau, p. 695, *Append.*, p. 57 ; Vazeille, *id.*, t. I, p. 93, n° 5, p. 695.

Le droit de l'enfant naturel de demander le rapport de ces dons, dérive encore de la disposition de l'article 757 qui proportionne sa part dans la succession de son auteur sur celle qu'il aurait s'il était légitime.

Ce droit serait au surplus acquis à l'enfant naturel par voie de réciprocité, puisqu'il est lui-même tenu, par l'article 760, d'imputer, sur ce à quoi il a le droit de prétendre, tout ce qu'il a reçu de son père ou de sa mère dont la succession est ouverte, et qui est sujet à rapport.

La Cour de Toulouse est allée plus loin que les arrêts que nous venons de citer. Elle a jugé, le 15 mars 1834, que l'enfant naturel peut même demander le rapport des donations qui ont été faites par son auteur avant qu'il ait été reconnu.

Mais la majorité des auteurs s'accorde à reconnaitre que le droit qu'ont les enfants naturels de demander le rapport, ne concerne que les donations postérieures à la reconnaissance de leur filiation.

---

[1] Voir au chapitre XIII, *Des Donations entre-vifs et des testaments*, n° 252.

Merlin, *Répert.*, v° *Réserve*, sect. IV, n° 9; Grenier, *Des Donations*, t. II, n° 665; Toullier, t. IV, n° 263; Favard, *Répert.*, v° *Succession*, sect. IV, § 1, n° 12; Chabot, sur l'article 756, n° 20; Loiseau, p. 698; Chardon, *Du Dol et de la fraude*, t. III, n° 378; Poujol, *Des Successions*, sur l'article 756, n° 14; Richefort, *Etat des familles*, t. II, n° 348 et t. III, n° 496.

Cette dernière opinion nous paraît plus en harmonie avec la nature des droits que la loi confère aux enfants naturels dans la succession de leur auteur. Ils ne sont point héritiers, ils n'ont qu'un droit de copropriété; il n'y a donc aucune analogie à établir entre eux et les enfants légitimes, et même entre eux et les enfants adoptifs, que l'article 350 du Code civil place sur la même ligne que les enfants légitimes. Aussi est-ce sans fondement que l'on a tiré argument, en faveur de l'opinion contraire, de l'arrêt de la Cour de cassation du 29 juin 1825, qui a jugé que les enfants adoptifs peuvent demander la réduction des donations antérieures à l'adoption.

M. Toullier, t. IV, n° 258, refuse aux enfants naturels le droit de demander le rapport à la succession de leur auteur.

222. Quant aux dispositions de la loi concernant ce que les enfants naturels ont reçu de leur auteur avant sa mort, elles diffèrent sous plusieurs rapports de celles qui concernent ce qu'ont reçu les héritiers légitimes.

Ce n'est point par la voie du rapport, comme les héritiers légitimes, que l'enfant naturel **précompte**

ce qu'il a reçu de son auteur avant sa mort, c'est par
la voie de l'imputation. L'article 760 dit expressément que « l'enfant naturel ou ses descendants se-
« ront tenus d'*imputer*, sur ce qu'ils ont le droit de
« prétendre, tout ce qu'ils ont reçu du père ou de
« la mère dont la succession est ouverte, et qui se-
« rait sujet à rapport, d'après les règles établies à la
« section II, chapitre VI, au titre *Des Successions*.

Pau, 15 juin 1838.

223. Il y a cette différence entre l'imputation et
le rapport, que l'obligation d'imputer ne force pas à
restituer en nature les choses qu'on a reçues, pas
même les immeubles; il suffit d'en précompter la valeur sur sa part dans la succession. L'enfant naturel
n'étant obligé qu'à l'imputation, est donc devenu,
dès le moment de la donation qui lui a été faite, propriétaire incommutable de l'immeuble qu'il a reçu;
dès lors, il a pu en disposer à son gré, même à titre
gratuit, et il ne doit imputer que la valeur qu'avait
l'immeuble au temps de la donation.

Si l'enfant naturel est devenu propriétaire incommutable au moment de la donation, et s'il n'a pas
cessé de l'être lors de l'ouverture de la succession, il
est évident que les fruits ou intérêts lui appartiennent. Ainsi, quoique le cohéritier légitime soit tenu,
conformément à l'article 856, de rapporter les fruits
ou intérêts des choses sujettes à rapport à compter du
jour de l'ouverture de la succession, on ne doit pas
en conclure que, d'après l'article 760 combiné avec

19

le même article 856, l'enfant naturel qui est tenu
d'imputer, sur sa part dans la succession, ce qu'il a
reçu, soit en outre obligé d'ajouter à cette imputation
les fruits ou intérêts de la chose qu'il a reçue en don.
Ces deux articles n'ont aucun rapport entre eux et
sont parfaitement indépendants l'un de l'autre.

C. R. Pau, 11 janvier 1831.   Pau, 14 juillet 1827.

En effet, la raison pour laquelle le cohéritier qui
rapporte à la succession ce qu'il a reçu du défunt, doit
également rapporter les fruits ou intérêts depuis
l'ouverture de la succession, c'est qu'à la mort du
donateur le cohéritier donataire cesse d'être propriétaire de la chose qui lui avait été donnée. La donation étant résolue dès ce moment et la chose qui en
était l'objet rentrant désormais dans la succession
exempte de toutes charges et hypothèques du chef
du donataire, si ce dernier continue à jouir de la
chose donnée, il faut bien qu'il rapporte non-seulement cette chose elle-même, mais encore les fruits
ou intérêts qu'elle a produits.

La dispense pour l'enfant naturel de tenir compte
à ses cosuccessibles des fruits ou intérêts de ce qu'il
a reçu en don de son auteur, s'harmonise d'ailleurs
parfaitement avec la différence notable que la substitution de l'imputation au rapport entraîne dans la
manière dont doivent être opérés la liquidation et
le partage de la succession. Il y a en effet cette différence entre l'imputation et le rapport, que le rapport
se fait à la masse de la succession, tandis que l'imputation se fait sur la part qui revient dans cette

succession à celui qui a reçu la valeur qu'il faut imputer. L'imputation est donc moins favorable à l'enfant naturel que ne le serait le rapport.

Un exemple rendra sensible cette difféence; supposons qu'un père ait un enfant légitime et un enfant naturel, et qu'il laisse 120,000 francs; supposons aussi qu'il ait donné de son vivant à son enfant naturel 12,000 francs; si l'enfant naturel était tenu à rapport comme le serait un enfant légitime, voici comment la liquidation et le partage devraient s'opérer : l'actif de la succession serait de 132,000, dont le tiers de la moitié ou le sixième pour l'enfant naturel, soit 32,000, ce qui ferait qu'il aurait à recevoir 20,000 francs, et que les 100,000 francs restants seraient pour l'enfant légitime. Si au lieu de faire rapporter par l'enfant naturel les 12,000 francs qu'il a reçus, on les compte par voie d'imputation sur sa part héréditaire, la succession ne se composera plus que de 120,000 francs, dont un sixième pour l'enfant naturel ou 20,000 francs, sur quoi il faudrait déduire les 12,000 francs qu'il a reçus, reste pour sa part 8,000 francs, et pour l'héritier légitime 112,000.

Ces principes ont été nettement posés dans un arrêt de la Cour de Pau du 14 juillet 1827, contre lequel on s'est vainement pourvu en cassation ; le pourvoi a été rejeté le 11 janvier 1831.

Toutefois, d'après Zachariæ (t. IV, p. 518, et Belost-Jolimont, sur Chabot, *Observation I* sur l'article 760), l'imputation doit se faire par voie de rapport en moins-prenant, et la somme à imputer par l'en-

fant naturel doit être fictivement réunie à la masse
héréditaire pour la fixation du montant de la quote-
part à laquelle il a droit.

224. Les légataires universels peuvent, aussi bien
que les héritiers légitimes, se prévaloir de la disposition de l'article 760 pour faire imputer par l'enfant
naturel, sur ce qu'il a le droit de prétendre, tout ce
qu'il a reçu de son père ou de sa mère dont la succession est ouverte, et qui serait sujet à rapport. La
disposition de cet article est absolue comme celle de
l'article 757. Ces deux articles, et l'article 908 dont
nous nous occuperons plus loin[1], sont conçus dans
le même esprit. Les motifs qui ont dicté l'article 757
et que nous avons développés plus haut, peuvent
donc être invoqués ici pour justifier l'interprétation
que nous donnons à l'article 760.

Ce serait en vain que, pour combattre cette interprétation, on voudrait se prévaloir des termes de l'article 857, qui disent que le rapport n'est dû que par
le cohéritier à son cohéritier. D'abord, nous avons
vu que l'enfant naturel n'est pas tenu à rapport,
qu'il est tenu seulement à une imputation, et que
l'imputation qu'il doit subir n'est pas la même chose
qu'un rapport, qu'il y a entre ces deux modes de
compter des différences notables. Ensuite, l'enfant
naturel n'est pas un héritier, pas plus que le légataire
universel, c'est la disposition formelle de l'article

---

[1] Voir ci-dessus, n° 196, page 252, et au chapitre XIII, *Des
Donations entre-vifs et des testaments*, n° 237, page 325.

756. L'article 857 ne concerne donc nullement les enfants naturels.

Ainsi, ces expressions de l'article 760 : *et qui serait sujet à rapport d'après les règles établies à la section* II *du chapitre* VI *du titre des Successions*, doivent s'entendre des choses sujettes à rapport, sans se préoccuper des personnes à qui le rapport est dû.

225. Le droit des enfants naturels va-t-il jusqu'à pouvoir revendiquer vis-à-vis des tiers les valeurs dépendant de la succession, qui auraient été vendues à leur préjudice par l'héritier ou le successible légitime, avant qu'ils eussent fait connaître leurs droits?

Il faut distinguer selon que les valeurs sont mobilières ou immobilières.

A l'égard des valeurs mobilières, évidemment non, car les termes de l'article 2279 ne permettent pas de rentrer par voie de revendication dans la propriété des valeurs de cette nature, dans les circonstances qui nous occupent.

La question que nous avons posée, en tant qu'elle ne concerne que les immeubles, se rattache à la question plus générale de savoir si la vente faite, par un héritier apparent, d'un immeuble dépendant de la succession, est valable.

Cette question divise encore aujourd'hui la jurisprudence des Cours royales.

La validité de ces ventes a été consacrée par les arrêts suivants [1] :

_____

[1] La Cour de Paris l'a jugé de même, relativement au transport d'une créance, par arrêt du 12 avril 1823.

Rouen, 30 janvier 1844.   Rouen, 16 juillet 1834.
Bourges, 24 août 1843.   Toulouse, 5 mars 1833.
Aix, 22 décembre 1843.   Limoges, 27 décembre 1833.
Rouen, 25 mai 1839.   Montpellier, 11 janvier 1830.
Toulouse, 21 décembre 1839. Caen, 17 juillet 1823.
Bourges, 16 juin 1837.   Toulouse, 25 février 1813 [1].

Leur nullité a été prononcée par les arrêts qui suivent [2] :

Rennes, 12 août 1844.   Poitiers, 10 avril 1832.
Montpellier, 9 mai 1838 [3].   Poitiers, 13 juin 1822.
Orléans, 27 mai 1836.

La même controverse existe entre les auteurs :

La validité des ventes a été soutenue par MM. Duvergier, *Traité de la Vente*, t. I, n°s 225, 303 ; Malpel, *Traité des Successions*, p. 210 ; Chabot, *id.*, sur l'article 756, n° 13 et article 891, n° 3 ; Merlin, *Quest.*, v° *Héritier*, § 3, et *Répert.*, v° *Hérédité*, n° 8 ; Zachariæ, t. IV, p. 309.

Leur nullité a pour elle l'autorité de MM. Cham-

---

[1] Ces arrêts ne font aucune distinction pour le cas où il n'y a bonne foi que de la part de l'acquéreur.

C. C. Poitiers, 16 janvier 1843. Bourges, 24 août 1843.
C. R. Rouen, 16 janvier 1843.

[2] La jurisprudence est unanime pour reconnaître que la vente de droits successifs universels n'est pas valable. Cette jurisprudence est fondée sur les articles 136, 137 et 1696.

Agen, 16 janvier 1842.   C. C. Paris, 26 août 1833.
Rouen, 16 juillet 1834.

[3] Cet arrêt a été cassé le 16 janvier 1843.

pionnière, article dans la *Revue de législation et de jurispr.*, 1843, p. 238; Toullier, t. IX, p. 541, et t. III, n° 110; Troplong, *Comment. des priviléges et hypoth.*, t. II, n° 468; et *Comment. de la vente*, t. II, n° 960; Grenier, *Traité des hypoth.*, t. I, p. 101, n° 51, et t. II, n° 468; Duranton, t. I, n° 552 et suiv.

Mais la Cour de cassation s'est constamment prononcée pour leur validité[1].

C. C. Poitiers, 16 janv. 1843.   C. C. Paris, 26 août 1833.
C. C. Montpellier, 16 janv. 1843. C. R. Caen, 3 août 1815.
C. R. Rouen, 16 janvier 1843.

Nous supposons, bien entendu, que l'acquéreur soit de bonne foi, car s'il était de mauvaise foi, la vente serait radicalement nulle[2].

Bordeaux, 24 décembre 1834.

Le dernier mot sur la question a été dit, pour soutenir la nullité des ventes, par l'arrêt de la Cour de

---

[1] La Cour de cassation a même jugé, le 7 juillet 1824, que le jugement obtenu contre le propriétaire apparent a force de chose jugée vis-à-vis du propriétaire réel, qui est resté inconnu durant le procès.

[2] Il n'y aurait pas bonne foi aux yeux de la loi de la part de l'acquéreur, si le vendeur avait pris faussement la qualité d'héritier; par exemple, si un enfant naturel avait pris la qualité d'enfant légitime. L'acquéreur aurait dû vérifier les titres de son vendeur.

Bordeaux, 14 avril 1832.

Rennes du 12 août 1844, et pour soutenir leur validité, par l'arrêt de la Cour de cassation du 16
janvier 1843, qui a cassé l'arrêt de la Cour de
Montpellier du 9 mai 1838. Ces deux arrêts résument parfaitement, dans leurs motifs, les raisons que
l'on peut alléguer à l'appui de l'une et l'autre opinion.

Voici comment a raisonné la Cour de Rennes :

La succession est déférée par la loi à l'héritier le
plus proche (art. 731 et suiv.).

Cet héritier est saisi de plein droit des biens, droits
et actions du défunt, ainsi que le proclame l'article
724, qui ne fait que consacrer en d'autres termes la
maxime de notre ancien droit : *le mort saisit le vif.*

« Par cette saisine légale, l'héritier (*hœres*, de *he-
rus*, maître) devient propriétaire des biens de la succession.

Peu importe qu'il ne se présente pas immédiate-
ment et ne prenne pas de suite l'administration de
sa propriété, les valeurs héréditaires n'en sont
pas moins siennes, puisqu'à quelque époque qu'il se
fasse connaître, les effets de son acceptation remontent au jour de l'ouverture de la succession.

Sans doute notre droit, ne reconnaissant pas
d'héritiers nécessaires, autorise l'abstention du successible appelé à recueillir les biens (art. 775); mais
ce successible a trente ans pour agir (art. 789), et
son appréhension de fait, dans ce laps de temps, rétroagit toujours à l'époque de la mort de son auteur.

Si, pendant son inaction, il n'a pas la saisine de
fait, il n'en a pas moins la saisine de droit, à un tel
point que les créanciers du défunt peuvent exercer
des poursuites contre lui et le faire condamner comme
étant leur débiteur, à moins qu'il ne déclare renoncer à son titre (art. 797 et suiv. Code civ., 174 Code
procéd.).

Il n'est donc pas exact de dire que le degré de parenté ne suffit pas pour faire reposer sur la tête du
parent le plus proche la propriété des biens héréditaires, et que l'acceptation seule l'investit de ce droit.
Pour admettre une telle doctrine, il faudrait effacer
de notre Code les articles 724, 777, 797 et autres, et
rétablir la doctrine du droit romain sur les héritiers
externes, qui effectivement n'étaient saisis que par
l'acceptation.

Il y a aussi subversion de tous les principes à soutenir que le titre et les droits d'héritier appartiennent au premier successible qui se présente; en effet,
la saisine légale ne saurait être le prix de la course;
elle s'attache à l'héritier appelé par la loi, indépendamment de tout fait d'acceptation; sans cela cette
saisine ne serait pas de droit, comme le proclame cependant l'article 724. S'il n'y a pas d'héritiers nécessaires, il n'en existe pas moins une saisine légale qui
n'est effacée que par la renonciation ou l'abstention
pendant trente ans : cette saisine ne peut s'attacher
à la fois à deux successibles, puisqu'il est impossible
d'admettre que la propriété réside en même temps
sur plusieurs têtes. On ne saurait non plus la consi-

dérer comme flottante de l'un à l'autre, puisqu'elle est fixée par la loi dès le jour de l'ouverture de la succession (art. 724). Elle n'est attribuée qu'au plus proche; dès lors, aux termes de l'article 731, la succession est déférée dans l'ordre déterminé par le Code civil. Le successible qui, n'étant pas le premier appelé, a appréhendé les valeurs héréditaires, n'a donc pas cette saisine légale transférant seule la propriété, il n'a qu'une saisine de fait ne lui donnant d'autres droits que ceux d'un possesseur.

Sans doute cette saisine de fait le constitue administrateur; il peut donc faire les actes d'administration pour l'héritier légal. A ce titre, il peut payer les dettes, recevoir le montant des créances dont il a la possession, actionner en justice, répondre aux assignations qui lui sont données et même quelquefois transiger, d'autant plus qu'en sa qualité de possesseur ou administrateur, il n'est pas toujours libre de s'abstenir des faits et actes de cette nature.

Mais cette saisine de fait ne confère à celui qui en est investi que les droits attachés à la possession, tels que ceux mentionnés aux articles 1236, 1240 et autres; le droit de vendre n'appartient toujours qu'au propriétaire. Le possesseur n'ayant pas la propriété ne peut pas exercer ce droit; il faudrait, pour le lui conférer, une disposition exceptionnelle; or, cette exception n'existe que dans certains cas déterminés, notamment pour les meubles (art. 2279), pour les biens quelconques de l'absent dans le cas spécial déterminé par l'article 129 (art. 132), pour l'hypothèse où l'héritier qui a la saisine légale accepte après avoir d'abord renoncé (art. 790), etc.

Les exceptions ne doivent pas être étendues ; à plus forte raison, les magistrats ne peuvent-ils en créer arbitrairement ; ainsi, à défaut de dispositions exceptionnelles, restent les principes consacrés par les articles 724 et 777, et la maxime sacrée que la vente de la chose d'autrui est nulle (art. 1599).

L'ancien adage *Nemo plus juris ad alium transferre potest quam ipse habet*, rappelé aux articles 2125 et 2182 de notre Code, ne permet pas d'attribuer à l'acquéreur le droit de conserver la chose vendue par celui qui n'avait pas qualité pour l'aliéner.

Cette solution résulte encore implicitement, 1° de l'article 1696, qui suppose contre l'héritier apparent une action récursoire qui serait sans objet si l'acquéreur conservait la chose vendue; 2° de la deuxième partie de l'article 1599, qui permet d'accorder des dommages-intérêts à l'acheteur de bonne foi.

Appliquer ici le brocard, *Error communis facit jus*, serait en faire une application déplorable ; telle n'est pas au surplus la prétention de ceux qui soutiennent la validité des ventes faites par l'héritier apparent, puisqu'ils admettent cette thèse même dans le cas de la mauvaise foi de cet héritier.

Sans doute la foi publique et la bonne foi de l'acquéreur méritent d'être prises en considération ; mais aussi une large part leur a été faite, puisque, outre le droit de conserver les fruits perçus, la loi abrége des deux tiers, en leur faveur, la durée de la prescription (art. 2265).

Si la simple apparence dont est revêtu le successible saisi de fait, et la bonne foi de son acquéreur devaient engendrer d'autres droits, et faire exception au principe absolu des articles 1599, 2125 et 2182, il y aurait identité de raison pour appliquer cette conséquence tout aussi bien à la vente émanée de tout autre possesseur au profit de tout autre acquéreur de bonne foi, qu'à la vente faite par l'héritier apparent.

Les partisans de l'opinion combattue ici reculent cependant devant leur propre doctrine, puisqu'en validant les ventes d'immeubles à titre particulier, ils repoussent les ventes de la totalité ou d'une partie aliquote des droits héréditaires, distinction qui serait admissible s'il était vrai que l'héritier apparent eût, quant aux tiers, la saisine légale, c'est-à-dire le droit de disposer de la propriété.

Si la position d'un acquéreur de bonne foi est digne, sans doute, de l'intérêt de la justice, il importe aussi, il est vrai, de ne pas laisser trop longtemps peser sur les immeubles une incertitude nuisible aux facilités des transactions; il faut avant tout maintenir le respect dû au droit de propriété, première base de l'ordre social. Ce principe tutélaire doit d'autant moins être méconnu, sous le vain prétexte d'une faute imputable à l'héritier qui ne se présente pas, que presque toujours son abstention n'est pas l'effet de sa volonté, mais le résultat soit de l'ignorance, soit de l'absence, soit de la minorité, etc.

Enfin le législateur a tellement voulu maintenir le principe d'ordre public garantissant la propriété, qu'il a refusé d'admettre une exception pour le cas le plus favorable, celui d'un acquéreur en justice (art. 731 Code proc.). Or, comment concevoir qu'un acquéreur à l'amiable soit plus favorisé que celui qui a acheté sous l'égide de la foi publique, avec l'intervention de la justice elle-même, et après l'accomplissement des formalités les plus solennelles?

Cette argumentation est sérieuse, pressante, elle paraît même au premier abord concluante; cependant la Cour de cassation lui oppose avec avantage des raisons qui ne sont pas moins logiques et qui sont en outre plus imposantes.

Voici sur quoi elle motive ses décisions :

Une succession, aussitôt son ouverture, est dévolue par les articles 755 et 767 Code civil, aux parents du défunt jusqu'au douzième degré inclusivement; à leur défaut, aux enfants naturels, et à défaut de ceux-ci, aux conjoints survivants.

Elle ne tombe en déshérence et elle n'est pourvue d'un curateur que lorsque aucun des appelés ne répond à la vocation de la loi.

Malgré la dévolution faite par les articles 755 et 767, il n'y a point d'héritier nécessaire; aussi l'article 795 déclare-t-il expressément que nul n'est tenu d'accepter une succession qui lui est échue (*nemo invitus hœres*).

Il résulte virtuellement de cet article que le degré de parenté ne suffit pas pour faire reposer sur la tête

du parent le plus proche la pleine et actuelle propriété des biens héréditaires.

C'est l'acceptation qui l'investit réellement de tous
les droits et le soumet à toutes les charges de l'hérédité, et qui le constitue le véritable représentant du
défunt. Lorsque pendant son abstention un parent
plus éloigné accepte la succession et en jouit publiquement et paisiblement, ce parent gère et administre
pour lui-même et dans son intérêt personnel ; et s'il
vend un meuble ou un immeuble de la succession, il
est réputé disposer, non de la chose appartenant à
un autre, mais de sa propre chose.

Aussi l'ancienne et la nouvelle jurisprudence ont-
elles constamment admis que les débiteurs d'une succession se libèrent valablement entre les mains de
l'héritier apparent, et que les jugements obtenus par
cet héritier ou rendus contre lui, quels que soient
leur importance et leur objet, acquièrent pour tous
l'autorité de la chose jugée.

Si, dans le cas d'actions judiciaires, l'héritier apparent qui puise, dans le droit d'agir librement en demandant ou en défendant, celui de se concilier, d'ac-
quiescer, de compromettre, oblige la succession, il
n'y a pas de motif pour lui refuser le pouvoir d'en
vendre les valeurs mobilières ou immobilières, ce qui
est d'ailleurs souvent indispensable pour acquitter
les charges et arrêter des poursuites ruineuses.

Dans le cas où cet héritier est évincé par un parent plus proche, on ne peut appliquer aux ventes
qu'il a faites les articles 1599 et 2182 du Code civil

et l'article 731 du Code de procédure, parce qu'il n'y
a pas eu, dans le sens de ces articles, vente de la
chose d'autrui.

Il n'y a pas lieu non plus d'exiger de l'acquéreur
la justification d'une possession de dix ou vingt ans,
conformément à l'article 2265 du Code civil, parce
que son vendeur, qui, comme successible, a accepté
la succession lorsque aucun parent plus proche ne
se présentait, ne doit pas être assimilé à un usur-
pateur qui se serait emparé d'une propriété sans aucuns titres, droit et qualité.

On ne peut pas appliquer par analogie, pour annuler la vente faite par l'héritier apparent, l'article
2125, concernant ceux qui hypothèquent un immeuble sur lequel ils n'ont qu'un droit suspendu par une
condition, ou résoluble dans certains cas, ou sujet à
rescision ; car cet article suppose l'existence, soit
d'une convention, soit d'un texte précis de la loi où
se trouvent ou d'où résultent la condition, le cas de
résolution, le principe de l'éviction.

L'article 724, relatif à la saisine de droit des héritiers légitimes, et l'article 777, qui fait remonter leur
acceptation au jour de l'ouverture de la succession,
posent des règles générales, sans égard au degré plus
ou moins rapproché des successibles, et ces règles
s'appliquent, quant aux tiers, au parent qui se présente le premier et empêche, par son acceptation,
que la succession ne soit déclarée vacante.

Au surplus, la jurisprudence du Parlement vali-
dait anciennement les ventes passées entre les héri-

tiers apparents et des acquéreurs de bonne foi; or, le
Code civil ne contient à l'égard de ces ventes aucune
disposition nouvelle. Les motifs de droit et d'équité
et les puissantes considérations d'ordre et d'intérêt
public qui servaient de base à cette jurisprudence,
ont d'ailleurs conservé leur force et ont même acquis un nouveau degré d'énergie, puisque la législation moderne est plus favorable que l'ancienne à la
libre et facile circulation des biens[1].

Nous n'avons pas l'intention de nous mêler ici à
cette controverse, parce qu'elle n'a pas trait directement au sujet dont nous nous occupons en ce moment. Cependant nous avons cru devoir mettre sous
les yeux du lecteur tous les documents qui peuvent
servir à se former une opinion, pour faire ressortir
les particularités que cette difficulté présente dans
son application en ce qui concerne les enfants naturels.

La Cour de Rennes prend pour base de sa discussion la saisine qui est dévolue de plein droit par la loi
à l'héritier le plus proche, et de cette saisine, elle in-
fère que l'héritier le plus proche est de plein droit propriétaire de la succession, pour arriver par une conséquence rigoureuse à la nullité des ventes qu'un
héritier plus éloigné aurait faites des valeurs immobilières de la succession.

Or, les enfants naturels n'ont pas la saisine de la

---

[1] Voir les articles 132, 136, 958, 1240, 1380 et 1953, Code
civil.

succession (art. 724). Ainsi, en acceptant les principes posés par la Cour de Rennes, il en résulterait qu'il
faudrait faire une distinction entre les ventes qui
seraient faites par l'enfant naturel, faute par l'héritier légitime de se présenter pour prendre sa part de
la succession, et celles qui seraient faites par l'héritier légitime au détriment d'un enfant naturel.

Dans le premier cas, les ventes seraient nulles;
mais dans le second cas, l'opinion devrait être plus
favorable à leur validité, puisqu'elles auraient été faites alors par un héritier qui avait la saisine, au détriment d'un successible qui ne l'avait pas.

Toutefois nous devons faire observer que, quant à
nous, nous n'admettons pas les principes émis par la
Cour de Rennes sur les effets de la saisine. Nous nous
demandons tout d'abord ce qu'on doit entendre par
la *saisine*, qui, d'après la Cour de Rennes, serait la
cause de la propriété de la succession sur la tête de
l'héritier. La Cour s'est servie du mot sans prendre la
peine d'expliquer ce qu'il exprime à son sens, et
peut-être ne s'en est-elle pas bien rendu compte elle-
même, car dans le cours de la discussion à laquelle
elle s'est livrée, elle a confondu toujours la saisine et
la propriété.

Nous n'essayerons pas de donner une définition
littérale de ce qu'on appelle *la saisine*, parce que c'est
une de ces choses qui se comprennent et qui se sen-
tent mieux qu'elles ne s'expriment. Mais, quelle que
soit la définition qu'on puisse en donner, il n'est pas
exact de dire, comme le fait la Cour de Rennes, que

le droit de propriété de l'héritier soit une conséquence, un effet de la saisine, car le légataire universel a la propriété de la succession et n'a pas la saisine, et au contraire l'héritier putatif, exclu de la succession par le légataire universel, a la saisine et n'a pas la propriété. Ainsi, la saisine et la propriété sont deux choses tout à fait indépendantes l'une de l'autre.

Elles sont en outre distinctes dans leur nature comme dans leur objet. En effet, la propriété constitue un droit réel qui porte sur des choses appréciables et qui se résout en argent. La saisine est une pure fiction de la loi sans réalité aucune, une sorte de lien idéal qui sert à attacher les choses de ce monde au défunt pour empêcher une solution de continuité dans la transmission de son avoir.

La jurisprudence a fait une application de la différence qu'il faut faire entre la saisine et le droit de propriété, en déclarant que les enfants naturels ont un droit de propriété dans la succession, quoiqu'ils n'aient pas la saisine[1].

Il faut donc laisser la saisine de côté pour ne s'occuper que du droit de propriété.

Nous avons cru devoir nous expliquer sur l'influence que la saisine doit exercer sur la solution de la question qui nous occupe, parce que c'est la saisine seule qui différencie la position de l'héritier légitime et celle du successible illégitime. Mais nous ne

---

[1] Voir n° 217, p. 280.

voulons pas pousser plus loin notre critique, pour
ne pas nous écarter de ce qui fait l'objet spécial de
notre travail. Nous nous en tiendrons, pour le moment, à la doctrine de la Cour de cassation, et, prenant cette doctrine pour base de l'appréciation des
droits de l'enfant naturel, nous dirons que les ventes
immobilières consenties par un héritier légitime apparent, au détriment d'un successible naturel, ou par
un successible naturel apparent, au détriment d'un
héritier légitime, sont valables si l'acquéreur est de
bonne foi.

Cette solution est conforme à un arrêt de la Cour
de Poitiers du 10 avril 1832.

C'est aussi l'opinion exprimée par Zachariæ, t. IV,
p. 515.

En admettant que les ventes consenties par l'héritier apparent soient valables, la valeur des immeubles de l'hoirie doit être déterminée entre les copartageants par les prix énoncés aux actes de vente
(articles 132, 1380, 1935 Code civ.).

C. RR. Aix, 20 janvier 1841.

226. On peut considérer comme constant en jurisprudence que l'héritier légitime apparent, qui de
bonne foi a pris possession de la succession, fait
siens les fruits qu'il a perçus jusqu'au moment où
l'héritier plus proche se présente et fait connaître
son titre et son droit (art. 549 Code civ.).

Paris, 29 avril 1844.   Paris, 1er juin 1837.
C. C. Pau, 24 juillet 1839.   C. R. Paris, 7 juin 1837.

C. R. Paris, 7 juin 1837.   C. C., 17 août 1830.

Paris, 5 juillet 1834.   Dijon, 7 janvier 1817.

Limoges, 27 décembre 1833.

Zachariæ, t. I, p. 421 et suiv. ; article de M. Hennequin, dans la *Revue de Législation et de Jurisprudence*, t. VI, p. 215.

Ce principe est fondé sur la présomption que le possesseur de bonne foi, en recevant de simples fruits, a pu les appliquer, soit à une augmentation de dépenses personnelles, soit à de bonnes œuvres, soit à tout autre emploi, et qu'il ne serait pas juste de le gêner dans sa fortune personnelle, en le contraignant à une restitution de valeurs disparues et consommées[1].

Il en est de même des fruits échus avant que l'héritier putatif se soit présenté comme tel, et se soit fait envoyer en possession de la succession.

C. R. Paris, 7 juin 1837.

En effet, l'héritier apparent reconnu est saisi complétement à dater du jour de l'ouverture de la succession jusqu'au jour de l'apparition de l'héritier le plus prochain, et il a tout droit de se croire, à partir de ce jour, propriétaire des fruits. La lacune de possession matérielle est remplie à son profit, soit par la simple adition d'hérédité sans opposition, soit par le jugement, qui, prononçant en l'absence de l'héri-

---

[1] Il y a un arrêt contraire de la Cour de Bordeaux du 20 mars 1834.

tier plus prochain, lui ont conféré la possession réelle
antérieure.

Il y a cependant un arrêt contraire de la Cour
de Bordeaux, du 20 mars 1834. Cet arrêt établit
une distinction entre une demande en restitution
de fruits, qui est la conséquence d'une demande
en revendication d'immeuble, et celle qui dérive
d'une demande en partage de succession ou en pétition d'hérédité. Mais cette distinction, puisée dans
les souvenirs d'une législation antérieure, n'est pas
justifiée par le texte du Code civil.

Les mêmes principes s'appliquent aux successibles
irréguliers.

Paris, 1er juin 1837.   C. R. Paris, 7 juin 1837.
C. R. Paris, 7 juin 1837.   C. C., 17 août 1830.

Ces successibles sont tenus, il est vrai, de remplir
certaines formalités pour obtenir l'envoi en possession, mais lorsque ces formalités ont été remplies et
que l'envoi en possession a été prononcé, le droit de
possession a un effet rétroactif qui remonte au jour
où la succession a été ouverte.

227. Lorsque les héritiers légitimes ont admis un
enfant naturel au partage de la succession de son auteur pour une part d'enfant légitime en le croyant
légitime, ils peuvent demander plus tard la rescision
du partage et en provoquer un nouveau pour se
faire restituer par lui ce qu'il a touché en trop.

Toulouse, 19 janvier 1824.   Toulouse, 2 juillet 1818.

Favard, *Répert.*, v° *Partage*, sect. IV, n° 1er.

On juge même d'une manière générale, que l'erreur de droit entraîne la nullité des conventions lorsque cette erreur en a été la cause unique et qu'elle porte sur la substance de la chose qui en est l'objet. Cette jurisprudence est fondée sur la combinaison des articles 1109, 1110, 1131, 1235 et 1377.

Rouen, 19 février 1840.	Rennes, 4 juin 1826.
Nancy, 6 mars 1840.	Toulouse, 18 juin 1821.
Grenoble, 24 juillet 1830.	Metz, 28 novembre 1817.
C. C. Paris, 24 janvier 1827.	

Merlin, *Répert.*, v° *Ignorance*, § 1, n° 6 ; Toullier, t. VI, n° 58 et suiv. ; Duranton, t. X, n° 126 et suiv.

Il y a un arrêt contraire de la Cour d'Agen du 15 mars 1824, motivé sur l'article 2052, qui dit que les transactions ne peuvent pas être attaquées pour cause d'erreur de droit ; mais cet arrêt a faussement interprété l'article qu'il cite. En effet, si d'après l'article 2052, les transactions ne peuvent pas être attaquées pour cause d'erreur de droit, c'est parce qu'on leur trouve une cause suffisante dans le désir que les parties ont manifesté de déterminer ou de prévenir un procès[1].

---

[1] On juge, par la même raison, que celui qui a exécuté un testament ou une donation, en ignorant qu'il était nul, ne perd pas pour cela le droit d'en faire prononcer la nullité.

Grenoble, 7 août 1819.	C. R. Grenoble, 9 nov. 1814.
Colmar, 10 août 1818.	Turin, 4 mars 1806.
C. RR. Bordeaux, 27 août 1818.	Turin, 22 mars 1806.
C. R. Montpellier, 12 nov. 1816.	

228. L'action en rescision du partage dure dix ans, à partir du moment où l'erreur a été reconnue (art. 1304).

Aix, 12 décembre 1839.

Cette action n'est plus admissible de la part de la partie qui a exécuté volontairement le partage, connaissant l'état de l'enfant et le vice de sa naissance.

Orléans, 6 mars 1841.   Aix, 12 décembre 1839.

229. Lorsqu'un individu, se disant fils naturel d'une femme, réclame à ce titre une part dans sa succession, rien ne s'oppose à ce qu'il transige valablement sur cette réclamation, pourvu que la transaction ne porte nullement sur son état d'enfant naturel. L'état de l'enfant naturel doit être considéré comme étant en dehors de la transaction, si on ne lui conteste pas le droit de se qualifier enfant naturel de la défunte et de porter son nom, et qu'ainsi sa qualité reste au moins indécise entre les parties.

Mais une pareille transaction, lors même qu'elle intervient à la suite de contestations élevées sur des

---

On ne se rend non recevable à se prévaloir de cette nullité que lorsqu'on la connaissait avant d'exécuter l'acte, ou lorsque cette nullité était apparente.

Colmar, 12 décembre 1837.   C. R. Besançon, 13 mars 1816.
Pau, 27 février 1827.   Agen, 31 mai 1809.
Colmar, 29 mai 1823.

  Merlin, *Répert.*, v° *Nullité*, § 3, n° 12.

droits successifs, n'est plus à l'abri de la critique si elle porte à la fois et sur l'état de l'enfant que l'on fait renoncer à se prétendre fils naturel de la défunte, et sur les droits pécuniaires attachés à cette qualité. Pour apprécier le mérite d'une pareille transaction, il faut distinguer si ses dispositions peuvent ou non être scindées.

Dans le premier cas, la transaction nulle, en ce qui concerne l'état de l'enfant, doit être maintenue pour le règlement des droits pécuniaires des parties. Dans le second cas, l'annulation de l'une des stipulations entraîne nécessairement l'annulation de l'autre, et la transaction tout entière doit être considérée comme non avenue (art. 6, 1108, 1128, 1131, 1133, 1172, 2045).

La transaction peut être scindée, si les clauses relatives à l'état de l'enfant et à ses droits dans la succession de la femme dont il se dit être le fils naturel ont été consenties pour un prix distinct[1]. Elle ne

---

[1] Une jurisprudence constante admet la divisibilité des diverses dispositions d'une décision judiciaire.

C. R., 25 juin 1832.	Limoges, 1er juillet 1817.
Bordeaux, 19 février 1830.	Paris, 29 fév. 1812.
C.RR.Ile Bourbon,16 déc.1828.	Agen, 10 août 1812.
Nancy, 14 décembre 1827.	C. R. Paris, 1er vend. an XIII.
Montpellier, 21 déc. 1825.	Agen, 12 prairial, an XIII.
Amiens, 12 juin 1822.	C. RR. 19 thermidor an XIII.
C. R. Orléans, 3 juin 1818.	C. R. 17 frimaire an XI.
C. R. 30 décembre 1818.	C. C. 22 floréal an VIII.

peut pas être scindée, au contraire, lorsque les stipulations qu'elle contient ont entre elles une corréla-
tion nécessaire, que le contrat est un dans ses dispositions, et que la somme stipulée est le prix de la renonciation à la recherche de la maternité, en même
temps qu'à la part qui lui serait attribuée par la loi
dans la succession de sa mère naturelle prétendue[1].

C.RR.Grenoble, 22 avr.1840[2]. C. C. Besançon, 27 fév. 1839.
Grenoble, 18 janvier 1839.   C. C. Aix, 12 juin 1838 [3].

Les décisions des Cours royales sur la divisibilité
ou l'indivisibilité des transactions de cette nature,
peuvent être révisées par la Cour de cassation, parce
que cette question implique une cause de nullité
qui doit être prononcée par application de lois qui
intéressent l'ordre public, et qu'en pareil cas la Cour
de cassation a le droit d'entrer dans l'appréciation

---

[1] La Cour de Paris a jugé, le 3 juillet 1813, que le désaveu
ou le désistement d'une demande en recherche de maternité,
rendait non recevable à intenter de nouveau la même action.
Cette décision nous paraît très-contestable. Elle est critiquée,
au surplus, par M. Valette, dans ses notes sur Proudhon, *Traité
de l'état des personnes*, t. II, p. 148. (M. Valette donne à cet
arrêt la date de 1812.)

[2] MM. Devilleneuve et Carette donnent à cet arrêt, dans
leur recueil, la date du 21 avril.

[3] L'arrêt de la Cour d'Aix, qui a été cassé, est du 16 juin
1836.

M. Carette a critiqué l'arrêt de la Cour de cassation dans
une note insérée dans son recueil à la suite de l'arrêt.

des actes. La Cour a consacré ce point de jurisprudence dans plusieurs occasions, notamment au sujet des rentes féodales et des substitutions prohibées.

C. C. Besançon, 27 février 1839.

Il n'y aurait pas lieu de se préoccuper de la divisibilité ou de l'indivisibilité de la transaction, si c'étaient les héritiers légitimes qui abandonnassent le droit de contester à l'enfant son état d'enfant naturel, parce qu'alors, cette renonciation n'étant que déclarative et non pas constitutive de l'état de la personne, il en résulterait une fin de non-recevoir personnelle contre la demande en nullité que les héritiers pourraient former [1].

C. RR. Rouen, 11 janvier 1837.

---

[1] Voir n° 52, p. 69, et n° 275.

CHAPITRE XIII.

DES DONATIONS ENTRE-VIFS ET DES TESTAMENTS.

(Art. 756, 762, 857, 908, 911, 915, 917, 921, 960, 1100.)

SOMMAIRE.

230. *Les enfants naturels ne peuvent rien recevoir par donation entre-vifs ou par testament au delà de ce qui leur est attribué au titre* Des Successions (art. 908).

231. *Il en est ainsi, quoiqu'il n'y ait que des enfants naturels qui soient appelés à se partager la succession* (art. 908).

232. *Pour que l'article* 908 *soit applicable, il faut que l'enfant naturel soit légalement reconnu* (art. 908).

233. *Il faut en outre que la reconnaissance de l'enfant soit antérieure à la donation ou au legs* (art. 908).

234. *Les collatéraux peuvent-ils être admis à prouver que le donataire est un enfant naturel du donateur pour se prévaloir de l'article* 908 ?

235. *L'article* 908 *ne concerne pas les donations ou les legs qui sont faits après la mort de l'enfant naturel à ses descendants légitimes appelés à le représenter* (art. 908, 911).

236. *L'article* 908 *est-il applicable aux donations ou aux legs faits à un enfant naturel par son ascendant* (art. 756, 908)?

237. *Les légataires universels peuvent-ils se prévaloir des dispositions de l'article* 908 (art. 857, 921)?

238. *Quid s'ils ont exécuté la donation?*

239. *Les héritiers du père ou de la mère d'un enfant naturel peuvent-ils se prévaloir vis-à-vis de ce dernier de l'article* 917, *à l'égard d'une donation ou d'un legs qui est fait à cet enfant par son auteur?*

240. *Les enfants adultérins ou incestueux ne peuvent rien rece-*

230. Les mêmes motifs qui ont fait limiter les droits héréditaires des enfants naturels à une quote-part dans la succession de leur auteur, ont fait défendre qu'ils puissent rien recevoir par donations

entre-vifs ou par testament au delà de ce qui leur
est accordé par le Code civil au titre *des Successions*
(art. 908).

231. Cette disposition, qui est l'objet de l'article
908, est absolue et ne comporte aucune exception.
Par conséquent un enfant naturel ne saurait être admis, même lorsqu'il est en concours avec d'autres
héritiers, naturels comme lui, à retenir les dons et les
legs qui leur ont été faits directement ou indirectement jusqu'à concurrence de la quotité disponible
réglée par l'article 913 pour les enfants légitimes.
En effet, c'est dans un but de moralité que les droits
des enfants naturels sont fixés d'une manière inflexi-
ble par les articles 757 et 908, et, sous ce rapport,
aucune circonstance ne peut placer ces enfants dans
une situation plus avantageuse que celle que la loi
leur a faite. Ainsi, peu importe qu'ils soient en concours avec des enfants légitimes ou avec des enfants
naturels.

Toulouse, 8 février 1840.

232. Pour que la disposition ci-dessus soit applicable, il faut que l'enfant naturel auquel on fait un
don ou un legs soit légalement reconnu. Un enfant
naturel ne serait pas incapable de recevoir, des per-
·sonnes que l'on suppose être son père ou sa mère,
au delà de la quotité déterminée par l'article 757,
s'il n'était reconnu que d'une manière irrégulière,
par exemple par un testament olographe [1], quoi-

---

[1] Voir chapitre I, section II, *De la preuve de la filiation d'un
enfant naturel, résultant d'un acte de naissance*, n° 20, p. 17.

que ce fût ce même testament qui l'instituât légataire. A plus forte raison ne pourrait-on pas rechercher la filiation de l'enfant pour demander la réduction de la donation ou du legs à la quotité fixée par
l'article 757. Nous nous sommes déjà expliqué à ce
sujet, à la section III du chapitre I, *De la preuve testimoniale de la filiation naturelle*, n° 51, p. 58 et suiv.

Zachariæ, t. IV, p. 52, 58, 68, 93 ; Duranton, t. III, n° 216,
233 ; Toullier, t. II, n° 939 ; Grenier, *Des Donations*, t. I,
n° 130 ; Merlin, *Quest.*, v° *Paternité* ; Richefort, sur l'article
340.

Contrà Delvincourt, note 6 de la page 93 du t. I.

Cette règle est la conséquence rigoureuse des
dispositions combinées des articles 334, 757 et
908. Toutefois, nous reconnaissons qu'il y a dans
le principe sur lequel elle repose une sorte d'a-
nomalie qui choque la conscience du juge, lorsque
l'enfant est reconnu dans l'acte même de libéralité.
Aussi les magistrats ont-ils cherché à en esquiver l'application, en jugeant en fait que la libéralité contenue
dans un testament olographe au profit d'une personne qui y est désignée comme étant l'enfant naturel du testateur, doit être réduite à la quotité dont
l'article 757 permet de disposer, parce que cette libéralité doit être considérée comme ayant eu pour
cause déterminante et unique la conviction où a été
le testateur que la personne qu'il instituait son légataire était son enfant naturel.

Considérée sous ce point de vue, la réduction
du legs a été maintenue par un arrêt de la Cour de

Nîmes du 2 mai 1837, et le pourvoi formé contre cet arrêt a été rejeté le 7 décembre 1840 [1].

Cette jurisprudence est critiquée par Zachariæ, t. IV, p. 58.

233. La Cour de Bourges a jugé, le 16 novembre 1839, que lorsque l'auteur d'un enfant naturel, non encore reconnu, lui confère une donation ou un legs particulier, la reconnaissance qu'il fait postérieurement de cet enfant n'a pas pour résultat de rendre caduc le don ou le legs particulier. Par conséquent, l'enfant naturel peut cumuler ce don ou ce legs particulier avec les droits qui dérivent de sa qualité, tels qu'ils sont fixés par l'article 757.

234. Nous avons examiné, n° 51, p. 62, la question de savoir si les parents collatéraux peuvent être admis à prouver que le donataire ou le légataire est un enfant naturel du donateur ou du testateur, pour faire réduire la donation ou le legs à la quotité fixée par l'article 757.

235. La disposition de l'article 908 ne concerne que les donations et les legs qui sont faits à un enfant naturel; elle n'est pas applicable aux donations et aux legs qui sont faits après la mort de l'enfant natu-

---

[1] Nous verrons quelque chose d'analogue n° 242, p. 334, lorsque nous examinerons la question de savoir si un acte de libéralité consenti au profit d'une personne qui est reconnue dans l'acte même pour être l'enfant adultérin ou incestueux du donateur ou du testateur, doit être déclaré nul.

rel à ses descendants légitimes appelés à le représenter.

Nous devons avouer toutefois que presque tous les auteurs sont d'une opinion opposée :

Toullier, t. IV, n° 260 ; Vazeille, *Des Donations*, sur l'article 908, n° 5, Bellost de Jolimont, observ. sur Chabot, *Des Successions*, t. I, p. 579, n° 247 ; Duranton, t. VIII, n° 247.

Voici comment s'exprime à ce sujet M. Duranton, t. VIII, n° 247.

« Si un enfant naturel reconnu par son père est décédé laissant des enfants légitimes, les libéralités, faites ensuite par l'aïeul à ces enfants, ne pourront également excéder la mesure de ce qui eût pu être donné à leur père. Ce n'est pas que ces enfants pussent, en vertu de l'article 911, être considérés comme personnes interposées par rapport à leur père, puisqu'il est mort, et que, par conséquent, on ne peut supposer que c'est à lui qu'on a voulu donner ; mais ces mêmes enfants, aux termes de l'article 759, représentent leur père dans la succession de l'aïeul ; ils ont absolument les mêmes droits que lui, et en conséquence ils ne peuvent pas plus que lui recevoir au delà de la quotité déterminée au titre *des Successions*.

« La règle générale que toute personne peut disposer et recevoir si elle n'en est déclarée incapable par la loi, n'est d'aucun secours à ces mêmes enfants, quoiqu'ils ne soient pas spécialement déclarés par aucun texte incapables de recevoir de leur aïeul au delà d'une certaine quotité : car, comme représen-

tants de leur père, et ayant absolument les mêmes
droits que lui, l'incapacité relative qui frappait celui-
ci les frappe également : si la loi leur donne, en effet,
des droits sur la succession de leur aïeul quand leur
père est décédé, comme dans l'espèce, ce ne peut
être que parce qu'elle voit en eux ses représentants,
puisqu'il n'y a aucun lien civil entre eux et l'aïeul,
sauf en ce qui concerne le mariage et quelques autres objets encore ; d'où l'on doit conclure que leur
capacité à l'effet de recevoir de cet aïeul est exactement mesurée sur celle de leur père. »

Cette opinion a été adoptée par un arrêt de la
Cour de Paris du 26 décembre 1828 [1].

Mais les raisons que donne M. Duranton sont victorieusement réfutées par l'arrêt suivant de la Cour
de cassation du 13 avril 1840, qui a rejeté le pourvoi formé contre un arrêt de la Cour de Douai du
9 mai 1836 :

« Attendu que le chapitre II, titre II, livre III du
Code civil, qui traite de la capacité de disposer ou
de recevoir par donation entre-vifs ou par testament,
pose, quant aux incapacités, des règles qui, loin

---

[1] La question jugée par cet arrêt n'était pas tout à fait celle
que nous examinons en ce moment. Il s'agissait bien d'un testament fait par le père d'un enfant naturel reconnu au profit
de deux enfants légitimes de ce dernier ; mais le testateur était
seulement absent, son décès n'était pas prouvé, de sorte que
l'objection tirée de l'interposition de personne était beaucoup
plus sérieuse.

21

de pouvoir être étendues, doivent être renfermées
dans leurs plus rigoureuses limites, puisque l'article
902 placé sous ce chapitre, en accordant à une personne la faculté de recevoir, n'excepte que celles qui
sont déclarées incapables par la loi;

« Que, d'après ce principe, l'article 908, qui prive
les enfants naturels de la faculté de rien recevoir
au delà de ce qui leur est accordé au titre *Des Successions*, doit être considéré comme limitatif, et s'appliquer aux seuls enfants naturels à qui le père fait
directement une libéralité, sans pouvoir, d'une manière générale, être étendue aux descendants de
ceux-ci pour les frapper de la même incapacité;

« Qu'à la vérité l'article 914 comprend, sous le
nom d'*enfants*, les descendants à quelque degré que
ce soit, mais qu'il n'admet cette extension qu'en faveur de ceux qui sont appelés à recevoir les libéralités dont il est question à l'article 913, et pour déterminer leur appel par représentation :

« Attendu que, si aux termes de l'article 911,
toute disposition au profit d'un incapable est nulle
lorsqu'elle est faite sous le nom d'une personne
interposée, et si l'on peut considérer comme tel le
descendant d'un enfant naturel tant que celui-ci est
vivant, il ne peut en être de même lorsqu'il est
décédé avant la libéralité : car alors elle ne saurait
lui profiter, et le lien intermédiaire étant rompu, il
n'y a plus lieu de supposer d'interposition en sa
faveur;

« Attendu que les articles 757 et 760, relatifs seu-

lement aux droits des enfants naturels sur les biens
de leurs père et mère, indépendamment de toute libéralité de leur part, sont, par cela même, sans influence sur la solution de la question, etc. »

La Cour de Colmar avait rendu un arrêt dans le
même sens le 31 mai 1825.

M. Toullier ne s'est pas expliqué nettement sur la
question ; il paraît même ne pas l'avoir devinée. En
effet, on lit seulement, t. IV, p. 263, n° 260 : « Les
enfants naturels, *ou leurs descendants,* ne peuvent rien
recevoir, directement ou indirectement, de leurs père
et mère au delà de ce qui leur est accordé par la loi. »

236. Un arrêt de la Cour de Besançon du 25
juin 1808 a jugé, en se basant sur l'article 908, qu'un
enfant naturel légalement reconnu ne peut, indépendamment des droits qui lui sont accordés sur les
biens de ses père et mère, recevoir par testament
d'un ascendant de ceux-ci tout ou partie de ce dont
cet ascendant peut disposer.

Une pareille doctrine est évidemment inadmissible.

Les motifs de cet arrêt sont : que l'article 756, qui
n'accorde aux enfants naturels reconnus aucuns
droits sur les biens des parents de leurs père et mère,
est conçu en termes généraux, qui doivent embras-
ser tous les cas; qu'on ne peut, sans ajouter à sa disposition, l'appliquer seulement aux successions *ab
intestat* des ascendants ou parents, les enfants naturels en étant exclus de droit, sans qu'il ait été nécessaire que le législateur s'en expliquât;

Que l'article 908 est absolu ; qu'il y est dit que

« les enfants naturels ne pourront par donation
« entre-vifs ou par testament, rien recevoir au delà
« de ce qui leur est accordé au titre *Des Successions*; »
que si le législateur eût entendu que leur incapacité
ne fût relative qu'à leurs père et mère, il l'aurait dit
expressément; mais en se bornant à ces expressions,
rien recevoir, sans expliquer de quelles personnes, il
a voulu qu'il ne pût être fait aux enfants naturels de
donation ou de legs par aucun de ceux de la succession desquels ils sont exclus; et que pour attribuer à
la loi un autre sens, il faudrait à ces mots *rien rece-*
voir, ajouter encore ceux-ci *de leurs père et mère*.

L'erreur de la Cour de Besançon provient de ce
qu'elle a cru voir une exclusion dans la disposition
de l'article 756 qui dit que les enfants naturels n'ont
aucun droit sur les biens des parents de leurs père
et mère. Ces deux locutions ne sont pas synonymes.
On est exclu d'une succession lorsqu'on est jugé in-
digne d'y prendre part; on n'a pas de droit dans
une succession lorsqu'on n'est pas parent du défunt
au degré voulu par la loi.

Ce dernier cas est précisément celui dans lequel
se trouvent les enfants naturels vis-à-vis de leurs ascendants. La loi déclare que les enfants naturels
n'ont aucun droit sur les biens des parents de leurs
père et mère et notamment sur les biens de leurs
ascendants, parce qu'elle ne reconnaît entre eux aucun lien de parenté. Ce n'est pas là une exclusion;
c'est tout simplement un défaut ou un manque de
qualité. L'ascendant d'un enfant naturel est à l'égard

de ce dernier comme un étranger, ni plus ni moins.
Nous en trouverions la preuve, s'il était nécessaire,
dans la disposition de l'article 159 qui, en cas de
décès des père et mère de l'enfant naturel, exige, pour
qu'il puisse se marier, le consentement d'un tuteur
ad hoc, au lieu d'exiger le consentement des ascendants. L'ascendant d'un enfant naturel étant un
étranger à son égard, aux yeux de la loi, peut disposer au profit de cet enfant par donation entre-vifs
ou par testament comme pourrait le faire un étranger.

L'évidence de ce principe ressort encore de cette
circonstance que, l'article 908 embrassant dans sa
prohibition les donations aussi bien que les testaments, la doctrine émise par la Cour de Bourges devrait s'appliquer également aux unes et aux autres. Or,
qui oserait soutenir la nullité d'une donation entre-
vifs faite à un enfant naturel par son ascendant?

237. L'incapacité dont la loi frappe les enfants
naturels reconnus, de pouvoir rien recevoir de
leur auteur par donation entre-vifs ou par testament
au delà de ce qui leur accordé au titre *Des Successions* est-elle absolue? Ou bien n'est-elle établie qu'en
faveur des héritiers légitimes, de telle sorte que si les
héritiers légitimes sont écartés par un légataire universel, ou s'ils ne se prévalent pas de l'article 908
pour demander la réduction d'une donation ou d'un
legs fait à un enfant naturel, parce qu'ils n'ont pas
d'intérêt à le faire, le légataire universel ne puisse
pas exciper de leurs droits à cet égard?

Cette dernière opinion a été consacrée par un ar-

rêt de la Cour de Paris du 16 juin 1838, et elle est
enseignée par Loiseau, p. 674. La Cour s'est fondée,
par voie d'analogie, sur les dispositions des articles
857 et 911, qui disent que le rapport n'est dû que par
le cohéritier à son cohéritier, qu'il n'est pas dû aux
légataires ni aux créanciers de la succession, et que la
réduction des donations entre-vifs ne peut être demandée que par ceux au profit desquels la loi fait la
réserve, par leurs héritiers ou ayants cause ; que les
donataires, les légataires, ni les créanciers du défunt
ne peuvent demander cette réduction ni en profiter.

Nous soutenons, quant à nous, l'opinion contraire [1].

Pour faire comprendre tout d'abord ce qu'il y aurait d'anormal dans la doctrine consacrée par l'arrêt
que nous venons de citer, nous rappellerons que le
législateur, en fixant par l'article 757 les droits des
enfants naturels, dans la succession de leur auteur,
à une quote-part graduée selon le degré de parenté
des plus proches parents du défunt, s'est proposé un
double but. Il a voulu donner satisfaction à la morale publique, qui a été outragée par la survenance
de ces enfants, en punissant les père et mère dans

---

[1] Voir au chapitre XII, *Des Successions*, n° 196, p. 252, la
question de savoir si les droits des enfants naturels dans la succession de leur auteur sont limités à la portion déterminée par
l'article 757, quoique ces enfants soient en concours avec des
légataires universels, au lieu d'être en concours avec des héritiers légitimes.

leur personne et dans celle de leurs enfants, par la
privation d'un droit que le sentiment paternel leur
inspirait la pensée d'exercer en faveur de ces derniers.
Il a voulu ensuite donner à la famille du défunt une
satisfaction pour l'injure que lui cause l'existence de
ces enfants.

Cette pensée, qui est la base de toutes les dispositions de la loi sur les droits des enfants naturels,
ne doit jamais être perdue de vue toutes les fois qu'il
s'agit d'interpréter quelqu'une de ces dispositions.

C'est elle notamment qui a dicté la disposition
908 qui ne veut pas que les enfants naturels puissent
rien recevoir, par donation entre-vifs ou par testament, au delà de ce qui leur est accordé au titre *Des
Successions*, car cet article est le complément nécessaire de l'article 757; il est la garantie de l'exécution
franche et loyale de ce dernier article.

Or, admettre que, lorsque l'auteur d'un enfant
naturel a institué un légataire universel, il puisse donner à cet enfant, par acte entre-vifs ou par testament,
une portion de son bien, en sus de la quote-part
qui leur est attribuée par l'article 757, sans que le légataire universel ait le droit de se prévaloir de la
disposition prohibitive de l'article 908, ce serait ouvrir aux auteurs des enfants naturels un moyen facile d'esquiver l'observation de l'article 757. En effet, les auteurs des enfants naturels n'auraient qu'à
instituer un légataire universel pour pouvoir donner
à cet enfant la portion de leurs biens dont le législateur les a impérativement privés.

Cette fraude à la loi serait d'autant plus déplorable qu'elle ne pourrait être pratiquée qu'en agissant en opposition directe avec la volonté exprimée par le législateur dans un but de moralité et d'ordre public. L'auteur d'un enfant naturel ne pourrait favoriser cet enfant qu'à la condition de déshériter sa famille légitime. Celui qui aurait fait à sa famille légitime l'injure de lui créer une parenté naturelle, serait ainsi intéressé par la loi même à la déshériter. Voilà à quoi aboutirait la solution que nous combattons.

Zachariæ émet une opinion conforme à la nôtre, t. IV, p. 97.

Nous avons déjà eu occasion d'invoquer, pour résoudre diverses questions, la pensée de moralité qui a fait limiter d'une manière absolue les droits des enfants naturels dans la succession de leur auteur à une part déterminée. Elle nous a fourni la solution de la question de savoir si les neveux du défunt qui laisse un enfant naturel, peuvent venir par représentation à la succession de leur oncle en concurrence avec son enfant naturel [1]. Nous en avons tiré un argument plus direct pour résoudre la question de savoir si les droits des enfants naturels dans la succession de leur auteur, réglés par l'article 757, doivent être plus considérables dans le cas où les hé-

---

[1] Voir au chapitre XII, *Des Successions*, n° 193, p. 238.

ritiers légitimes sont écartés par un légataire universel[1].

Cette dernière question a avec celle dont nous
nous occupons en ce moment une analogie frappante. Il s'agit, dans l'un et l'autre cas, d'apprécier
l'influence qu'exerce, sur les droits des enfants naturels dans la succession de leur auteur, l'existence
de parents légitimes de ce dernier, lorsque ces parents légitimes sont écartés par un légataire universel. Or, nous avons vu, d'accord avec la jurisprudence, qu'il n'était pas nécessaire que les héritiers
légitimes fussent appelés à succéder en concours avec
un enfant naturel pour que les droits de ce dernier
fussent réglés par l'article 757; qu'il suffisait que ces
héritiers légitimes existassent, encore bien qu'ils fussent écartés par un légataire universel. Il y a même
raison de décider que les enfants naturels ne peuvent
rien recevoir, par donation entre-vifs ou par testament, au delà de ce qui est déterminé au titre *Des
Successions*, quoique les héritiers légitimes soient dés-
hérités au profit d'un légataire universel.

Ces considérations s'harmonisent d'ailleurs parfaitement avec le texte de la loi. L'article 908 est
conçu en termes absolus, car il dit que *les enfants
naturels ne peuvent rien recevoir au delà de ce qui est réglé
à l'article 757*, sans laisser ouverture à aucune exception.

---

[1] Voir au chapitre XII, *Des Successions*, n° 196, p. 252.

La Cour de Paris, pour démontrer au contraire que les termes de l'article 908 ne sont pas absolus, car toute la question est là, s'est appuyée par analogie sur les articles 857 et 921. Mais cette argumentation n'est pas bien solide, car c'est admettre comme constant que les dispositions de ces articles concernent les enfants naturels aussi bien que les héritiers légitimes; or, cela n'est rien moins que certain.

Nous avons démontré, en effet, n° 224, page 292, que l'article 857 est totalement étranger aux enfants naturels; dans tous les cas, son application aux enfants naturels est au moins douteuse.

Quant à l'article 921, il ne les concerne pas davantage. En effet, cet article se trouve sous la section intitulée : *De la réduction des donations et des legs*; par conséquent, il s'occupe des personnes qui peuvent recevoir des donations et des legs, pourvu que ces libéralités soient réduites à de certaines limites, un cas échéant. Mais les enfants naturels ne sont pas dans cette catégorie; l'article 908, qui dit qu'ils ne peuvent rien recevoir, par donation entre-vifs ou par testament, au delà de ce qui est réglé au titre *Des Successions*, est rangé sous un chapitre intitulé: *De la capacité de disposer ou de recevoir par donation entre-vifs ou par testament*. Ainsi la loi ne se borne pas à limiter ou à réduire les donations ou les legs qui sont faits aux enfants naturels en leur appliquant l'article 921; elle les déclare incapables de rien recevoir, sous cette forme, au delà d'un certain chiffre; elle frappe donc d'une nullité radicale les libéralités qui leur sont faites. C'est, au surplus, ce qu'exprime formellement l'article 911.

238. Dans tous les cas où l'article 908 peut être invoqué, il cesse d'être applicable si la donation entre-vifs ou testamentaire a été volontairement exécutée. En effet, on n'a pas entendu par cet article frapper l'enfant naturel d'une indignité ni d'une incapacité de recevoir au delà de la quotité fixée en l'article 757 ; on a voulu seulement établir une sorte d'indisponibilité purement relative aux autres successibles dans l'intérêt desquels une réserve était fixée par la loi. Si des considérations de morale et d'ordre public ont fait refuser à l'enfant naturel le titre d'héritier, il n'existe rien de contraire aux bonnes mœurs dans les conventions par lesquelles le successible réservataire, sans attribuer à l'enfant naturel cette qualité d'héritier dont il ne peut être honoré, lui abandonne, à titre onéreux ou à titre purement gratuit, les biens qu'il aurait eu le droit de revendiquer. Les conditions qui ne règlent que des intérêts privés ne sauraient être réputées dans ce cas illicites, et se trouvent dès lors régies par les dispositions de la loi commune et les principes généraux du droit, qui laissent à celui qui a le droit de se prévaloir d'une prohibition, la faculté d'y renoncer [1].

Toulouse, 7 février 1844.   C. C. Guadeloupe, 16 août 1841.
Rennes, 26 juillet 1841.

239. D'après Proudhon (*De l'Usufruit*, n° 352), la

---

[1] Voir au chapitre XII, *Des Successions*, n° 229, p. 311.

défense faite par l'article 908, aux père et mère d'un
enfant naturel, de lui donner une quotité de biens
plus forte que celle qui est fixée par l'article 757,
n'autorise pas leurs héritiers à se prévaloir, vis-à-vis
de l'enfant, de l'article 917, qui dit que si la disposition par acte entre-vifs ou testamentaire, est d'un
usufruit ou d'une rente viagère dont la valeur excède
la quotité disponible, les héritiers au profit desquels
la loi fait une réserve ont l'option ou d'exécuter cette
disposition, ou de faire l'abandon de la propriété de
la quotité disponible.

L'opinion contraire est soutenue par Vazeille (sur
l'article 917, n° 9).

240. Il résulte de la combinaison de l'article 762
avec les articles 757, 758 et 908, que les enfants
adultérins ou incestueux sont incapables de rien recevoir de leurs auteurs par donation entre-vifs ou
par testament.

241. Pour que cette disposition soit applicable,
il ne suffit pas que le donateur ou le testateur ait
volontairement reconnu l'enfant dans son acte de
naissance ou par un acte postérieur, car l'article 335
défend en termes absolus la reconnaissance des enfants
adultérins ou incestueux. Il faut que la preuve de la
filiation adultérine ou incestueuse soit acquise en justice par la force des choses, sans qu'on puisse la
faire résulter d'une recherche de paternité ou de
maternité [1] : *Quod nullum est nullum producit effectum.*

---

[1] Voir ce que nous avons dit à ce sujet au chapitre *Des*

C. C. Lyon, 3 février 1841.

C. C. Rennes, 4 déc. 1837.

C. R. Aix, 8 février 1836.

Pau, 13 décembre 1836.

Bordeaux, 21 déc. 1835.

Agen, 5 février 1824.

C. C. Nancy, 9 mars 1824.

Poitiers, 11 décembre 1824.

Pau, 27 juillet 1822.

Riom, 6 août 1821.

C. RR. Dijon, 11 nov. 1819.

Dijon, 29 août 1818.

C. C. Paris, 17 déc. 1816.

C. R. Paris, 28 juin 1815 [1].

C. RR. Bruxelles, 14 mai 1811.

Bourges, 7 mai 1810.

CC. Limoges, 14 mai 1810.

Paris, 6 juin 1809.

Riom, 28 juin 1809.

Il y a quelques arrêts qui ont jugé le contraire :

Paris, 22 juin 1839.

Lyon, 17 mai 1837 [2].

Lyon, 25 mars 1835.

Paris, 14 décembre 1835.

Angers, 19 janvier 1814.

Bruxelles, 29 juillet 1811.

Mais le principe que nous avons posé a été adopté par la majorité des arrêts rendus par les diverses Cours royales et a été consacré par tous les arrêts de la Cour de cassation qui ont été rendus sur la question.

---

preuves de la filiation des enfants adultérins ou incestueux, n°ˢ 62, 68, 69, pages 89, 93, 96.

Voir également ce qui est dit sur le *Droit des enfants adultérins ou incestueux* de demander des aliments, au chapitre XII *Des Successions*, n° 210, page 263.

Nous avons résolu dans le même sens une question analogue concernant les enfants naturels, n° 232, p. 317.

[1] A plus forte raison en est-il ainsi lorsque la reconnaissance ne résulte que d'actes sous signature privée.

Amiens, 20 février 1819.　　C. RR. Angers, 1ᵉʳ avril 1818.

[2] **Arrêt cassé le 3 février 1841.**

A plus forte raison n'est-on pas admis à prouver qu'un légataire ou un donataire est enfant adultérin du testateur ou du donateur pour faire annuler le legs ou la donation faite à son profit.

Grenoble, 26 juin 1821.

242. Il y a cependant un cas où la filiation adultérine ou incestueuse du donataire ou du légataire, par rapport au donateur ou au testateur, peut être une cause de nullité de la libéralité, quoique cette filiation n'ait pas été consacrée par une décision judiciaire ; c'est lorsque la filiation est consignée dans l'acte même de libéralité. Non pas qu'alors les principes que nous venons de poser sur la nullité des reconnaissances d'enfants adultérins ou incestueux ne soient plus applicables ou qu'ils doivent subir une modification, mais les magistrats peuvent s'affranchir de l'obligation d'appliquer la loi d'une manière absolue, en jugeant en fait que le donateur ou le testateur, en faisant la libéralité, a été mû par la pensée d'avantager son enfant adultérin ou incestueux. En caractérisant ainsi la cause exprimée dans l'acte de libéralité, les magistrats sont autorisés à prononcer la nullité de l'acte comme reposant sur une cause illicite.

C'est sous l'influence de cette distinction qu'a été rendu l'arrêt de la Cour de cassation du 4 janvier 1832, que l'on cite à tort comme ayant jugé qu'une reconnaissance volontaire de filiation adultérine ou incestueuse peut être une cause de nullité d'un acte

de libéralité fait à l'enfant naturel par celui qui l'a
reconnu[1].

Toutefois, même lorsque la reconnaissance volontaire est consignée dans l'acte de libéralité, les juges
peuvent se retrancher derrière les principes du droit
pour écarter cette reconnaissance et valider l'acte de
libéralité.

La Cour de Poitiers a rendu un arrêt dans ce sens
le 7 avril 1824, et le pourvoi formé contre cet arrêt
a été rejeté le 1er août 1827.

243. Les donations et les legs qui sont faits aux enfants naturels au delà de ce qui leur est accordé au titre
Des Successions, et ceux qui sont faits aux enfants
adultérins ou incestueux sont nuls, aux termes de
l'article 911, soit qu'on les déguise sous la forme de
contrats onéreux, soit qu'on les fasse sous le nom de
personnes interposées.

D'après le même article, sont réputées personnes
interposées leurs père et mère, leurs enfants et descendants et leur époux.

Pau, 15 juin 1838.   Agen, 25 mars 1823.

Zachariæ, t. IV, p. 37 et 96; Delvincourt, t. II, p. 208 ;
Duranton, t. VIII, n°s 246 et 272.

L'affection que le père et la mère de l'enfant na-

---

[1] Nous avons vu quelque chose d'analogue, n° 232, p. 318,
lorsque nous avons examiné la question de savoir si la reconnaissance d'un enfant naturel, nulle en la forme, peut lui rendre
applicable l'article 908, et l'empêcher de recevoir au delà de
ce que l'article 757 attribue aux enfants naturels.

turel, adultérin ou incestueux avaient l'un pour l'autre, ne serait pas un motif suffisant pour faire fléchir ces présomptions.

Paris, 26 avril 1833.

244. L'article 1100, qui déclare qu'il faut considérer comme faites à personnes interposées les donations de l'un des époux aux enfants ou à l'un des
enfants de l'autre époux issus d'un autre mariage,
s'applique par analogie aux donations qui sont faites
à l'enfant naturel reconnu par l'un des deux époux
avant son mariage. Les enfants *issus d'un autre mariage* sont considérés ici par opposition à ceux issus
du mariage du donateur avec l'auteur du donataire.
Il y a en effet même raison de considérer comme faite
à la mère, la donation qui est faite au profit de l'enfant naturel né avant le mariage, aussi bien que celle
faite au profit d'un enfant né d'un premier lit.

Paris, 5 avril 1845.

245. Les libéralités qui sont faites à des personnes
que la loi répute personnes interposées, sont nulles,
quoiqu'elles soient antérieures à la naissance de l'incapable, si elles sont postérieures à sa conception
(art. 725).

Paris, 4 mai 1840.   Paris, 26 avril 1833.

246. Les dispositions que nous venons d'énoncer
concernent-elles les enfants adultérins ou incestueux,
dont la filiation n'est établie que par une reconnaissance volontaire? ou bien la prohibition de recon-

naître un enfant adultérin ou incestueux, écrite dans l'article 335, ne permet-elle de l'appliquer que lorsque la filiation est établie par des décisions judiciaires rendues dans des circonstances en quelque sorte de force majeure?

Cette question doit être résolue par les mêmes principes que celle de savoir si les donations et les legs faits à une personne reconnue par le donateur ou le testateur pour être son enfant adultérin ou incestueux sont nuls, quoique la filiation n'ait pas été consacrée par une décision judiciaire intervenue sur une instance étrangère à toute recherche de paternité ou de maternité. Nous ne pouvons donc que renvoyer à ce que nous avons dit sur cette dernière question, pour ne pas nous répéter [1].

Nous nous bornerons à mentionner ici que l'inapplicabilité de l'article 911, dans le cas où la filiation adultérine ou incestueuse n'est établie que par une reconnaissance volontaire, a été admise par les arrêts suivants :

C. R. Angers, 18 mars 1828.   Poitiers, 7 avril 1824.
C. R. Poitiers, 1er août 1827.   Angers, 8 décembre 1824.

Trois arrêts des Cours de Lyon, de Paris et d'Angers ont admis l'opinion contraire [2].

––––––––––––––––––––

[1] Voir n° 241, p. 332.
[2] Il faut écarter de la discussion les trois arrêts suivants :
C. C. Grenoble, 13 juill. 1813. Angers, 13 août 1806.
Grenoble, 15 juillet 1811.

Parce que la reconnaissance de filiation était antérieure à la

Lyon, 25 mars 1835.   Angers, 19 janvier 1814.
Paris, 31 août 1827.

247. Nous retrouvons encore ici la distinction
que nous avons établie lorsque nous nous sommes
occupé de la validité des donations et des testaments
faits au profit d'enfants naturels[1] ou d'enfants adultérins ou incestueux[2]? Si la filiation est reconnue en
dehors de l'acte de libéralité, mais contrairement
aux dispositions de la loi, la reconnaissance de filiation est radicalement nulle, et le bénéficiaire de la
libéralité ne peut plus être réputé personne interposée, puisque rien ne s'oppose à ce que celui que
l'on croyait incapable de recevoir la libéralité puisse
en profiter. Mais si la reconnaissance de filiation
adultérine est consignée dans l'acte même de libéralité, les juges peuvent décider que la libéralité a été
faite en vue de l'enfant avoué par le donateur ou le
testateur, et par suite, que l'un des auteurs de cet
enfant est une personne interposée par rapport à
l'autre.

C. R. Toulouse, 4 janvier 1832.

248. Ce que nous venons de dire de la reconnaissance volontaire d'un enfant adultérin ou incestueux

---

promulgation du Code, et que, sous l'empire de l'ancienne législation, la reconnaissance des enfants adultérins n'était pas
prohibée.

[1] Voir n° 232, p. 317.
[2] Voir n°⁵ 241 et 242, p. 332 et 334.

s'appliquerait à la reconnaissance d'un enfant naturel, nulle en la forme[1].

249. Lorsque le défunt a institué, soit un légataire universel, soit des légataires particuliers qui absorbent sa succession, sans faire aucune disposition à l'égard de ses enfants naturels, le droit de ces derniers doit être calculé sur la réserve légale, et la réserve légale doit être calculée comme si les enfants étaient légitimes.

Nancy, 22 janvier 1838.

Ainsi, en supposant qu'il n'y ait qu'un enfant, la réserve est de la moitié de la succession; par conséquent, d'après l'article 757, si le défunt laisse des ascendants ou des frères ou sœurs, son enfant naturel a droit au quart de la succession, qui est la moitié de la réserve; si le défunt ne laisse ni ascendant, ni frère ni sœur, l'enfant a droit aux trois huitièmes de la succession, qui forment les trois quarts de la réserve; si le défunt ne laisse aucun parent au degré successible, l'enfant a droit à la moitié de la succession, qui forme la totalité de la réserve (art. 758).

Agen, 12 juillet 1811.   Douai, 14 août 1811.

Au lieu d'un enfant naturel, supposons qu'il y en ait deux, la réserve est des deux tiers de la succession; par conséquent, le droit de chacun d'eux est du sixième de la succession s'ils sont en concours avec

---

[1] Voir n° 232, p. 317.

des ascendants ou des frères ou sœurs, du quart s'ils sont en concours avec des collatéraux à un degré plus éloigné, et du tiers s'il n'y a pas de parent légitime au degré successible.

C. RR. Paris, 28 juin 1831.   C. RR. Besançon, 27 avril 1830.

En admettant trois enfants naturels, la réserve est des trois quarts de la succession, par conséquent, ils auront chacun, dans le premier cas, un huitième; dans le second cas trois seizièmes, et dans le troisième cas un quart.

Bourges, 16 novembre 1839.   Pau, 4 avril 1810.

Nous avons raisonné dans l'hypothèse où le défunt ne laisserait que des enfants naturels, pour la simplicité du calcul; mais les bases seraient absolument les mêmes si le défunt laissait des enfants légitimes en concours avec eux. Il faudrait admettre momentanément les enfants naturels au nombre des enfants légitimes et les faire concourir figurativement avec eux, de manière que s'il n'existait qu'un enfant légitime et un enfant naturel, la réserve devrait être calculée comme s'il y avait deux enfants légitimes; s'il y avait deux enfants légitimes et un enfant naturel, la réserve devrait être calculée comme s'il y avait trois enfants légitimes, et ainsi de suite. On réduirait ensuite la part des enfants naturels dans la proportion déterminée par l'article 757.

Amiens, 26 novembre 1811.   C. C. Pau, 26 juin 1809 '.

' Ceux qui soutiennent que pour calculer la portion dispo-

Nous venons d'admettre que les enfants naturels ont droit à une réserve dans la succession de leur auteur; cette opinion est également celle de la plupart des auteurs :

Merlin, v° *Instit. d'héritier*, sect. I , n° 8, et *Quest.*, v° *Réserve (droit de)*, §§ 1 et 2 ; Toullier, t. IV, n° 263 ; Loiseau, p. 677, et *Append.*, p. 97 ; Duranton, t. VI, n°s 309 et suiv. ; Malpel, *Success.*, n°s 160 et suiv. ; Grenier, *Donat.*, t. III, p. 349 ; Favart, *Répert.*, v° *Success.*, sect. IV, § 1, n° 8.

On doit donc tenir pour constant en jurisprudence, dit M. Belost-Jolimont (*Observ.* sur le *Commentaire des success.*, de Chabot, art. 756, note 5), que l'obligation imposée au père de laisser à son enfant naturel reconnu une portion déterminée des biens composant sa succession, ne peut être éludée par lui sous aucun prétexte. Que la portion dont il lui est interdit de priver l'enfant naturel reçoive ou ne reçoive pas la dénomination de réserve, ce n'est plus qu'une dispute de mots; il s'agit toujours au fond d'une portion de biens que la loi lui réserve expressément.

Il n'y a que deux arrêts contraires, l'un de la Cour de Lyon du 16 juillet 1828, l'autre de la Cour de Rouen du 31 juillet 1820, et, parmi les auteurs, il n'y a que Chabot qui ait adopté cette dernière opi-

---

nible il ne faut pas compter les enfants naturels au nombre des enfants légitimes citent, à l'appui de leur opinion , un arrêt de la Cour de Pau du 24 mai 1806; mais cet arrêt est celui qui a été cassé le 26 juin 1809.

nion dans son *Commentaire sur les successions*, art. 756, n° 19.

Pour calculer la portion de la succession qui est réservée à l'enfant naturel, il faut comprendre dans cette succession les donations entre-vifs faites par l'auteur d'un enfant naturel à d'autres enfants naturels ou à des enfants légitimes, aussi bien que les legs qu'il a faits par testament[1]. Nous avons vu, en effet, que l'enfant naturel a le droit de demander le rapport de ces valeurs dans la succession.

Toutefois, ceci ne s'applique qu'aux donations qui ont été faites depuis que l'enfant naturel a été reconnu[2].

Rouen, 27 février 1844.

Cependant la Cour de Toulouse a jugé, le 15 mars 1834, que le droit de l'enfant naturel s'étendait même aux valeurs dont son auteur s'était dessaisi par donations entre-vifs avant qu'il l'eût reconnu.

Les calculs que nous avons établis plus haut pour déterminer les droits des enfants naturels dans la succession de leur auteur, devraient encore être les mêmes, quoique le défunt eût disposé seulement de

---

[1] M. Maleville, *Analyse raisonnée*, t. II, p. 226, établit une distinction entre les donations et les legs, et pense que les donations consenties par l'auteur d'un enfant naturel ne doivent pas être soumises de la part de ce dernier à l'action d'un droit de réserve.

[2] Voir chap. XII, *Des Successions*, sect. II, *Du Partage et des Rapports*, n° 221, p. 286.

la quotité disponible de la succession, soit au profit d'un légataire à titre universel, soit sous forme de legs particuliers, sans rien statuer à l'égard de ces enfants.

A plus forte raison les legs particuliers doivent-ils être à la charge des héritiers légitimes lorsque l'enfant naturel a été institué légataire universel.

C. RR. Bourges, 29 novembre 1825.

Lorsque le défunt a disposé d'une quotité de sa succession inférieure à la portion disponible, la quote-part attribuée aux enfants naturels par l'article 757 doit être calculée sur la portion dont le défunt n'a pas disposé.

250. Si l'auteur d'enfants naturels ne laisse pas d'enfants légitimes, il peut augmenter la part de ses enfants naturels, dans son testament, jusqu'à concurrence de la quotité dont parle l'article 757, calculée non plus sur la réserve, ou sur la portion dont il n'a pas disposé au profit des tiers, mais sur l'intégralité de sa succession. Par exemple, s'il laisse des ascendants ou des frères ou sœurs et un enfant naturel, il peut léguer à cet enfant la moitié de sa succession, et disposer de l'autre moitié au profit d'autres personnes.

S'il a deux enfants naturels, il peut léguer à chacun d'eux le quart de sa succession, et disposer de la moitié en faveur d'autres personnes.

S'il a trois enfants naturels, il peut léguer à chacun d'eux le sixième de sa succession, et disposer de la moitié en faveur d'autres personnes, et ainsi de suite.

Supposons qu'au lieu de laisser pour héritiers des frères ou sœurs, il laisse des héritiers collatéraux à un degré plus éloigné :

Il peut léguer à un enfant naturel les trois quarts de sa succession, à deux enfants naturels chacun les trois huitièmes, à trois enfants naturels chacun un quart et ainsi de suite, et disposer du quart restant en faveur d'une personne de son choix.

C. RR. Paris, 14 mars 1837.   Agen, 16 juin 1823.

251. L'article 915 accorde aux ascendants une réserve légale sur les biens de leurs descendants décédés sans postérité.

« Les libéralités par acte entre-vifs ou par testa-
« ment, dit cet article, ne peuvent excéder la moitié
« des biens si, à défaut d'enfant, le défunt laisse un
« ou plusieurs ascendants dans chacune des lignes
« paternelle et maternelle, et les trois quarts s'il ne
« laisse d'ascendant que dans une ligne.

« Les biens ainsi réservés au profit des ascendants
« sont par eux recueillis dans l'ordre où la loi les
« appelle à succéder. »

Les opinions sont partagées sur la question de savoir si cette disposition peut être invoquée par les père et mère des enfants naturels.

On dit, pour soutenir l'affirmative :

L'article 915 du Code civil, qui est placé au titre *De la portion des biens disponibles* est conçu en termes généraux, qui excluent toute distinction entre les ascendants des enfants légitimes et ceux des enfants naturels. En outre, d'un côté le même article déclare que les biens réservés par lui au profit des ascendants sont recueillis par eux dans l'ordre où la loi les appelle à succéder. D'un autre côté, suivant l'art. 765, au titre *Des successions irrégulières*, la succession de l'enfant naturel qui décède sans postérité est dévolue, sans restriction, au père ou à la mère qui l'a reconnu. La réserve, qui est une portion de l'hérédité, doit donc être attribuée à tout ascendant qui est appelé à l'hérédité.

D'ailleurs, l'article 757, qui règle les droits des enfants naturels légalement reconnus sur les biens de leurs père et mère, leur accorde sur ces biens un droit dont, dans aucun cas, il ne peut être entièrement privé, et qui a tous les caractères d'une réserve légale. La réciprocité, qui est la règle généralement suivie en matière de succession, ne permet pas de refuser aux père et mère des enfants naturels une réserve dans la succession de leurs enfants.

Bordeaux, 20 mars 1837.   Bordeaux, 24 avril 1834.

Cette opinion est enseignée par Merlin, *Répert.*, v° *Réserve*, sect. IV, n° 20; Grenier, *Traité des donations*, t. II, n° 676; Vazeille, *Comment. sur les successions*, art. 765, n° 5; Loiseau, p. 693, *Append.*, p. 88; Delaporte, *Pandectes françaises*, n° 180; Poujol, art. 765, n° 3.

Pour soutenir l'opinion contraire on répond :

La réserve, comme tout droit privilégié, ne peut résulter d'une simple analogie de position; il faut, pour la consacrer, une disposition précise qui en fixe le principe et l'étendue.

Or, aucun texte de loi n'établit une réserve au profit des père et mère de l'enfant naturel reconnu. L'article 915, que l'on invoque pour soutenir le contraire, n'est évidemment applicable qu'aux ascendants légitimes.

Le principe de réciprocité sur lequel on s'appuie pour accorder aux père et mère des enfants naturels un droit de réserve sur la succession de ces derniers, prend sa source dans un lien naturel, et se personnifie en quelque sorte dans la dette alimentaire; il ne peut donc être d'une application nécessaire à la réserve, qui est un droit réglé par la loi civile dans un intérêt de conservation des familles légitimes.

D'ailleurs, attribuer aux père et mère naturels la même réserve qu'aux père et mère légitimes, ce serait méconnaître la différence qui existe entre les uns et les autres, et contrevenir même à ce principe de réciprocité que l'on invoque, puisque l'enfant naturel ne jouit point, à leur égard, des droits de l'enfant légitime.

Quelle que soit au surplus la cause du principe de réciprocité en matière de succession, ce principe se comprend lorsqu'il ne s'agit que de rapports entre les enfants naturels et ceux qui les ont reconnus, mais le droit à une réserve ne se borne pas là; il ne tend à rien moins qu'à ébrécher des donations préexistantes, à réduire des dispositions de dernière volonté, et les tiers ne sont pas ici sans intérêt.

Enfin, si le législateur a accordé aux enfants naturels, même au préjudice des tiers, un droit de réserve dans la succession de leur auteur, c'est parce qu'on ne pouvait imputer à ces malheureux enfants le vice de leur naissance; mais les mêmes motifs n'existent pas en faveur des père et mère. Il importait au contraire aux mœurs publiques d'éviter que le nombre des paternités naturelles ne s'augmentât, et que le désordre ne trouvât un nouvel aliment dans le bénéfice même que cette paternité lui pourrait offrir.

Cette dernière considération devient encore plus grave si on remarque que, la loi n'ayant pas limité la réserve qui serait due au père ou à la mère de l'enfant naturel, il faudrait les traiter à l'égal des père et mère légitimes, et plus favorablement que l'enfant naturel.

Douai, 5 décembre 1840.   Nîmes, 11 juillet 1827.

Cette opinion a pour elle l'autorité de MM. Malpel, *Traité élémentaire des successions ab intestat*, n° 167; Chabot, sur l'art. 765, n° 5, t. II, p. 331; Delvincourt, t. II, p. 213 ou 273.

Nous nous rangeons, quant à nous, à la première opinion.

Le raisonnement que les partisans de l'opinion opposée font sur le texte de la loi nous paraît sans portée. Sans doute un droit privilégié ne peut pas résulter d'une simple analogie; il faut, pour l'établir, un texte formel de loi; mais ce n'est pas par voie d'analogie que l'on fait profiter les père et mère des enfants naturels du bénéfice de l'article 915, c'est par une interprétation naturelle, directe, grammaticale des termes de cet article.

En effet, cet article déclare que les libéralités ne peuvent excéder la moitié des biens si, à défaut d'enfant, le défunt laisse un ou plusieurs ascendants. La seule question à s'adresser pour résoudre la difficulté qui nous occupe, est donc celle de savoir si le père et la mère d'un enfant naturel sont compris dans l'expression *ascendants*. Pour répondre à cette question, il suffit de consulter le Dictionnaire de l'Académie; on y verra, au mot *Ascendant*, qu'*en termes de jurisprudence et de généalogie, cette expression désigne les personnes dont on descend.*

Ainsi, il faut tenir pour constant que l'article 915 est conçu en termes généraux, qui embrassent dans leur signification aussi bien les père et mère des enfants naturels que ceux des enfants légitimes. On est donc dans l'erreur lorsqu'on dit qu'aucun texte de loi n'établit de réserve au profit des père et mère de l'enfant naturel reconnu.

L'article 915 ne peut être déclaré étranger aux père et mère des enfants naturels qu'à la condition que l'on prouve qu'un article du Code le dit en termes formels, ou qu'il soit inconciliable avec quelques-unes des dispositions spéciales concernant les enfants naturels. Or, rien de pareil n'existe dans le Code, on n'essaye même pas de l'établir. Seulement,

à défaut de texte positif, on a cherché à s'appuyer
sur des considérations puisées dans l'esprit de la loi.

Quoique des considérations ne suffisent ni pour
détruire ni pour créer un texte de loi, disons un mot
de celles que l'on veut faire valoir ici pour priver les
père et mère des enfants naturels du bénéfice de l'article 915.

Le principe de réciprocité dont on argumente en
faveur des père et mère des enfants naturels prend sa
source, dit-on, dans la dette alimentaire, qui est un
lien naturel, tandis que la réserve est un droit réglé
par la loi civile.

Ce raisonnement n'est évidemment pas sérieux.
Sans doute la dette alimentaire des père et mère envers leurs enfants, et celle des enfants vis-à-vis de
leurs père et mère, est imposée par la loi naturelle,
mais elle est sanctionnée par la loi civile (art. 203-
205). L'acquittement de cette dette devait donc être
réglé par la loi civile, et, sous un certain rapport,
la réserve a eu pour but d'y pourvoir.

Nous disons que la réserve a eu pour but de pourvoir à l'acquittement de la dette alimentaire, mais
seulement sous un certain rapport, car la réserve
des père et mère dans la succession de leurs enfants
peut se justifier encore par la convenance qu'il y a
à restituer aux père et mère les frais qu'ils ont dé-
boursés pour l'éducation de leurs enfants.

Le principe de la réciprocité, ajoute-t-on, serait
même violé, parce que les père et mère des enfants
naturels jouiraient des mêmes droits que les père et

mère des enfants légitimes, tandis que les enfants
naturels ne jouissent pas dans la succession de leur
auteur des droits des enfants légitimes. Cette objection manque d'exactitude.

Il est vrai que la réserve des pères dans la succession de leurs enfants est la même, que la filiation
soit légitime ou naturelle; mais elle ne leur est accordée que lorsque leurs enfants sont décédés sans
postérité, et, dans ce cas, si la filiation est illégitime,
les père et mère sont les seuls parents et les seuls
successibles de leurs enfants (art. 765). Pour raison-
ner avec justesse, il faut opposer à cette hypothèse
celle d'un enfant naturel qui est le seul parent et le
seul successible de ses père et mère; or, alors l'article 758 lui accorde exactement les mêmes droits
que s'il était légitime. Il y a donc parité de droits si
on suppose parité de position. Pour arriver à cette
position, l'enfant naturel a, à la vérité, contre lui la
chance de l'existence d'un plus grand nombre de
personnes; mais cette circonstance importe peu. Il
n'en est pas moins vrai que l'enfant naturel placé
par rapport à son auteur dans une condition de parenté identique à celle que son auteur réservataire a
par rapport à lui, aurait, comme son auteur, les
mêmes droits que si sa filiation était légitime. D'ailleurs, si on se jetait dans le champ des probabilités,
on reconnaîtrait qu'il n'est pas plus probable de voir
un père ou une mère succéder à leur enfant naturel
que de voir un enfant naturel être le seul successible
de son père ou de sa mère.

On fait valoir enfin les droits des tiers : mais les tiers sont tout à fait étrangers à la question. La circonstance que la parenté est légitime ou naturelle ne doit pas plus leur profiter que leur nuire. Les père et mère ne sont-ils pas d'ailleurs créanciers naturels de la succession de leurs enfants pour les dépenses qu'a nécessitées leur éducation, et cette créance ne doit-elle pas primer les libéralités faites par ces enfants à des personnes étrangères à la famille ?

252. L'article 921 dispose que la réduction des donations entre-vifs pourra être demandée par ceux au profit desquels la loi fait la réserve et par leurs héritiers ou ayants cause.

Nul doute que cette disposition ne puisse être invoquée par les enfants naturels. Mais leur droit de demander la réduction des donations qui entament la réserve ne concerne que les libéralités postérieures à la reconnaissance de leur état civil ; les donations antérieures ne doivent pas être comptées pour calculer, à leur égard, l'importance de la succession et pour établir le règlement de leurs droits[1].

Rouen, 27 janvier 1844.

253. La donation faite par contrat de mariage, à titre de constitution de dot, par un père à son enfant naturel légalement reconnu, est-elle révoquée par la

---

[1] Voir au chap. XII, sect. II, *Des Partages et des Rapports,* n° 221, p. 286.

Voir également ci-dessus, n° 249, p. 342.

survenance d'un enfant légitime né du mariage contracté plus tard par le donateur?

Cette question, qui repose sur une interprétation à donner à l'article 960 du Code civil, ne s'était pas encore présentée devant les tribunaux, lorsqu'elle a été soumise à la Cour de Paris, qui s'est prononcée pour la négative par arrêt du 29 décembre 1843 (affaire Biscuit). Voici les motifs de sa décision :

« Considérant que le Code civil, à la différence de l'ancienne législation, assigne des droits à l'enfant naturel légalement reconnu dans la succession de ses père et mère, et lui accorde une réserve sur ces mêmes biens; que les articles 760 et 908 consacrent en faveur de l'enfant naturel la faculté de recevoir de ses père et mère, à titre de donation entre-vifs, jusqu'à concurrence de la part qui est fixée par les articles 757 et 758; qu'il résulte de ces dispositions que, lorsque le père fait une donation à son enfant naturel légalement reconnu, à titre de constitution dotale et en considération de son mariage, cette donation n'est, en réalité, qu'un avancement sur sa succession en faveur de l'enfant naturel et des enfants légitimes à naître de son mariage;

« Que si cette donation excède la part que la loi accorde à l'enfant naturel dans la succession de ses père et mère, elle est sujette au rapport[1] et à la ré-

---

[1] Locution vicieuse ; les enfants naturels sont tenus à imputation, mais non à rapport. Voir au chapitre XII, *Des Successions*, sect. II, *Du Partage et des Rapports*, nos 222 et 223,

duction, conformément aux articles 760 et 908, mais
que dans aucun cas elle n'est révocable pour survenance d'enfant légitime ;

« Qu'admettre en pareille circonstance l'action en
révocation soit du donateur lui-même, soit de ses
créanciers, ce serait faire tourner contre l'enfant légitime une mesure que la loi n'a introduite que dans
son intérêt, et réduire l'enfant naturel à l'impossibilité de se procurer un établissement et de se constituer par mariage une famille légitime ;

« Que, si on appliquait aux donations de cette nature les dispositions de l'article 960, on mettrait le
législateur en contradiction avec lui-même, puisqu'on détruirait ainsi les dispositions qu'il a autorisées par les articles 760 et 908 ;

« Considérant, sous un autre point de vue, que le
père qui a constitué une dot à son enfant naturel reconnu, n'a fait qu'accomplir une obligation qui lui était imposée par la nature et par la morale ; qu'il est de principe que la répétition n'est pas
admissible à l'égard des obligations naturelles qui
ont été volontairement acquittées ;

« Qu'ainsi, sous aucun rapport, la constitution de
l'acte consenti par le père à son enfant naturel légalement reconnu, ne tombe sous l'application du
principe de la révocation des donations pour cause

---

p. 288, la différence qu'il y a entre ces deux modes de procéder.

de survenance d'enfant légitime, consacrée par l'article 960 du Code civil, etc. »

On s'est pourvu en cassation, et le pourvoi a été rejeté par la Chambre des requêtes, le 10 juillet 1844.

L'opinion consacrée par cet arrêt était appuyée devant la Cour par une consultation délibérée par MM. Ravez et Pardessus, qui est rapportée en grande partie par le *Journal du Palais*, avec l'arrêt. Elle avait été adoptée par M. Guillion dans son *Traité des Donations*, n° 763; M. Pont l'a défendue dans un article publié dans la *Revue de Législation et de Jurisprudence*, t. XIX, p. 624, à propos de l'arrêt rendu par la Cour de Paris.

L'opinion contraire est soutenue par MM. Coin Delisle, dans son *Commentaire analytique du Code civil*, sur l'article 960, n° 17; Duranton, t. VIII, n° 875 *bis* et 875 *ter*; et Marcadé, *Éléments du Droit civil français*, t. III, sur l'article 960.

254. Nous nous occuperons, au chapitre xv, *De la légitimation des enfants naturels*, n° 287, p. 401, de l'influence qu'exerce sur les donations faites par l'auteur d'un enfant naturel, la légitimation de cet enfant par le mariage de ses père et mère.

CHAPITRE XIV.

DES PREUVES DE LA FILIATION DES ENFANTS LÉGITIMES [1].

(Art. 197, 319, 320, 321, 322, 323, 324, 325, 326, 327, 328, 329, 330.)

SOMMAIRE.

---

[1] **Les** dispositions qui font l'objet de ce chapitre composent le chapitre II du titre VII du Code civil, qui porte le même intitulé. Les articles du Code qui composent le chapitre Ier de ce titre VII, intitulé : *De la filiation des enfants légitimes ou nés dans le mariage*, autres que l'article 315, sont commentés au chapitre II du présent ouvrage, intitulé : *De la preuve de la filiation des enfants adultérins ou incestueux.* Quant à l'article 315, il est expliqué au chapitre III, ayant pour titre : *Dans quels cas un enfant doit être réputé né hors mariage.*

255. D'après l'article 319, la filiation légitime peut se prouver par l'acte de naissance.

Cet article semble faire reposer sur l'acte de naissance tout seul la preuve de la filiation légitime ; cependant il n'en est pas ainsi. Pour compléter la disposition de la loi à cet égard, il faut se reporter aux articles 194, 195, 196 et 197, qui exigent que l'enfant produise en outre l'acte de célébration du mariage de ses père et mère, s'ils sont encore vivants, ou, après la mort de tous les deux, qu'il justifie qu'ils ont vécu publiquement comme mari et femme. Ainsi, l'acte de naissance pour valoir comme preuve de la filiation légitime, doit être appuyé de l'acte de mariage des père et mère, ou, après leur mort, de la preuve de leur possession d'état d'époux.

L'acte de naissance ne prouve en effet qu'une chose, le fait de l'accouchement de la femme qui a

mis au monde l'enfant qu'il désigne [1]. La qualité
d'enfant légitime de cette femme et de l'homme qui
se dit son mari, ne peut s'induire du principe écrit
dans l'article 312, qui ne veut que l'enfant connu
pendant le mariage ait pour père le mari, qu'autant
que le mariage est constant.

La Cour de cassation a fait une juste application
de ces dispositions de la loi dans l'affaire Ducayla ;
voici dans quelles circonstances :

« Une demoiselle Catherine-Philippine avait été désignée dans son acte de naissance comme fille de
Jean-François Morrel, officier des vivres royaux de la
Grande-Bretagne, et de dame Catherine Didier, son
épouse. Vingt ans après, le comte Ducayla épousa la
femme Didier, devenue depuis veuve de M. Choi-
seul-Meuse. Les époux déclarèrent dans leur contrat de mariage qu'ils reconnaissaient pour être
leur fille naturelle et qu'ils voulaient légitimer Catherine-Philippine, née à Offenbach le 8 décembre
1801, et qui avait été inscrite sur les registres de l'é-
tat civil le 9 dudit mois, comme enfant née du mariage de Jean-François-Étienne Morrel et de dame
Catherine Didier, son épouse. L'acte de naissance de
l'enfant fut ensuite rectifié dans ce sens le 19 septem-

---

[1] Il prouve ce fait jusqu'à inscription de faux, nonobstant
toute dénégation de la part de celle-ci.

Zachariæ, t. III , p. 654 ; Toullier, t. II, p. 854 et suiv. ;
Merlin, *Répert.*, v° *Maternité*, n° 6, v° *Faux*, § 2, *Quest.*,
v° *Question d'état*, § 2.

bre 1821. Après le décès de M. le comte Ducayla, M. Achille Ducayla, son fils, issu d'un précédent mariage, contesta à Catherine-Philippine sa qualité de fille légitime, et demanda que l'acte de naissance de cette enfant fût rétabli comme il était d'abord, et que le contrat de mariage de son père avec la dame Didier fût rectifié en ce qui concernait la reconnaissance de paternité. Il fondait sa demande sur les énonciations insérées dans l'acte de naissance de Catherine-Philippine, énonciations qui attribuaient à cette enfant d'une manière, d'après lui, irréfragable, l'état de fille légitime de M. Morrel. Mais le contrat de mariage de M. Morrel n'était pas représenté, il paraît même que ce personnage n'avait jamais existé, qu'il avait été imaginé pour dissimuler autant que possible la faute de la mère. Il était évident, d'après cela, que l'acte de naissance tout seul ne prouvait pas que Catherine-Philippine fût fille légitime de M. Morrel. La prétendue veuve de ce dernier existant encore, il fallait produire en outre, pour compléter cette preuve, l'acte de célébration de leur mariage, et si la dame Didier avait été décédée, il aurait fallu prouver que M. Morrel et elle avaient vécu publiquement comme mari et femme. Cette dernière preuve eût rendu impossible tout doute sur l'existence de M. Morrel. Aussi la Cour de cassation a-t-elle cassé, par arrêt du 9 décembre[1] 1829, l'arrêt de la Cour de Paris,

---

[1] Certains recueils donnent à cet arrêt la date du 9 novembre ou du 8 octobre.

qui avait admis la prétention de M. Achille Ducayla,
et la Cour d'Orléans, devant laquelle les parties
ont été renvoyées, a maintenu, par arrêt du
7 janvier 1831, la demoiselle Catherine-Philippine
dans sa qualité de fille légitime de M. le comte Ducayla et de la dame Didier, son épouse.»

L'application des dispositions combinées des articles 319 et 197 se retrouve encore dans les arrêts de
la Cour de Toulouse des 24 juillet 1826 et 24 juin
1820, de la Cour de Paris des 11 mai 1816 et 9 mars
1811, 7 février 1809 et 20 mai 1808, et dans un arrêt
de la Cour de cassation du 8 mai 1810.

256. Nous venons de dire que l'enfant qui peut
prouver sa légitimité après la mort de ses père et
mère, peut suppléer à la production de l'acte de célébration de leur mariage, par la preuve qu'ils avaient
vécu publiquement comme mari et femme. Cependant l'article 197 n'exige-t-il pas plus que cela? ne
veut-il pas, pour que la preuve de la filiation légitime soit complète, que l'enfant prouve en outre qu'il
a lui-même la possession d'état d'enfant légitime?

Cette question est controversée.

Ceux qui soutiennent la négative invoquent l'opinion émise par M. Portalis dans l'exposé des motifs
du titre *Du mariage*, dont il a été le rédacteur. Voici
dans quels termes il s'est exprimé :

« Autre chose est de juger des preuves d'un mariage pendant la vie des époux, autre chose est d'en
juger après leur mort et relativement à l'intérêt des
enfants. Pendant la vie des époux, la représentation

du titre est nécessaire; des conjoints ne peuvent raisonnablement ignorer le lieu où ils ont contracté
l'acte le plus important de leur vie et les circonstances qui ont accompagné cet acte; mais après leur
mort tout change. Des enfants, souvent délaissés,
dès leur premier âge, par les auteurs de leurs jours
ou transportés dans des contrées éloignées, ne connaissent et ne peuvent connaître ce qui s'est passé
avant leur naissance. S'ils n'ont point reçu de documents, si les papiers domestiques manquent,
quelle sera leur ressource? La jurisprudence ne les
condamne pas au désespoir : ils sont admis à prouver
que les auteurs de leurs jours vivaient comme époux
et qu'ils avaient la possession de leur état. Il suffit
même pour les enfants que cette possession de leurs
père et mère soit énoncée dans leur acte de naissance : cet acte est leur titre. C'est dans le moment
de cet acte que la patrie les a marqués du sceau de
ses promesses; c'est sous la foi de cet acte qu'ils ont
toujours existé dans le monde; c'est avec cet acte
qu'ils peuvent se produire et se faire reconnaître;
c'est cet acte qui constate leur nom, leur origine,
leur famille; c'est cet acte qui leur donne une cité,
et qui les met sous la protection des lois de leur pays.
Qu'ont-ils besoin de remonter à des époques qui
leur sont étrangères? Pouvaient-ils pourvoir à leur
intérêt quand ils n'existaient pas encore? Leur destinée n'est-elle pas irrévocablement fixée par l'acte
inscrit dans des registres que la loi elle-même a établis pour constater l'état des citoyens, et pour deve-

nir, pour ainsi dire, dans l'ordre civil, le livre des destinées? »

L'opinion opposée peut être considérée comme ayant pour elle l'assentiment de M. Toullier, quoique cet auteur ne l'ait exprimée qu'en termes implicites. « Suivant l'article 197, dit-il (t. II, n° 877), l'enfant ne doit être dispensé de prouver le mariage de ses père et mère que lorsqu'il a en sa faveur une possession d'état conforme à son acte de naissance; encore faut-il dans ce cas que les père et mère soient tous deux décédés, parce qu'on suppose alors qu'il peut ignorer le lieu où ils se sont mariés. Mais si l'un d'eux est vivant, cette ignorance ne peut être alléguée, à moins que le survivant ne soit en démence et hors d'état de donner aucun renseignement sur le lieu de son mariage. Il faut observer encore que l'article 197 exige que les père et mère aient vécu dans une profession publique de l'état d'époux légitimes. Ainsi, l'acte de naissance qui énoncerait la filiation et la légitimité ne suffirait pas pour établir sa légitimité, si, malgré sa possession d'état, l'enfant ne prouvait pas, à défaut de l'acte de célébration du mariage de ses père et mère, qu'ils ont vécu publiquement comme mari et femme. »

Cette dernière opinion est plus conforme au texte de l'article. La possession d'état dont parle la fin de l'article lorsqu'il dit : *Toutes les fois que cette légitimité est prouvée par* UNE POSSESSION D'ÉTAT *qui n'est pas contredite par l'acte de naissance*, s'applique évidemment à l'enfant; il faut donc qu'il prouve qu'il possède

l'état d'enfant légitime. Cette interprétation s'accorde
d'ailleurs parfaitement avec la disposition de l'article 322, qui ne regarde la filiation légitime comme
inattaquable que lorsqu'elle est établie à la fois par
l'acte de naissance et la possession d'état.

M. Portalis semble en effet avoir manifesté une intention autre dans le passage que nous venons de
citer de son rapport sur le titre *Du mariage;* mais
cette considération est de peu de valeur en présence
d'une rédaction aussi claire et aussi positive. Rien
ne prouve, au surplus, que M. Portalis ait envisagé
la question sous le même point de vue jusqu'au moment où l'article 197 a été voté, ni même qu'il ait
eu l'intention formelle de la trancher. Dans un exposé des motifs, on est obligé de s'en tenir à des gé-
néralités, d'effleurer en quelque sorte la matière et
d'abandonner à la discussion les questions de détail;
ce n'est donc qu'avec beaucoup de circonspection et
de réserve qu'il faut y puiser la solution de ces questions. Il y a une autre raison pour ne pas attacher
trop d'importance aux exposés des motifs, lorsqu'on
y cherche autre chose que l'esprit d'ensemble de la
législation. Ceux qui votent la rédaction d'un article
n'ont pas, le plus souvent, sous les yeux le passage
de cet exposé qui peut avoir plus ou moins de
rapport à cet article, et par conséquent n'y ont
en réalité aucun égard. Auraient-ils présents à l'esprit les termes de ce travail, qu'ils ne doivent être
et ne sont en effet préoccupés que d'une chose, du
sens que tout homme lettré comprenant sa langue

attribuera à la rédaction de l'article mis en délibération. Si la signification que l'on doit prêter aux
termes dans lesquels est conçu l'article exprime la
pensée qui les domine, et atteint le but auquel ils
visent, ils approuvent la rédaction qui est proposée, sans s'arrêter à l'intention plus ou moins problé-
matique qui l'a dictée. Il arrive même souvent, dans
les assemblées délibérantes, qu'elles soient politiques, législatives ou judiciaires, que les votes sont
déterminés par des réflexions ou des impressions
autres que celles qui ont été développées et discu-
tées; nous en avons chaque jour des exemples sous
les yeux. A plus forte raison ne doit-on pas faire prévaloir au texte de la loi un passage d'un travail purement préparatoire.

L'interprétation que nous donnons au texte de la
loi a été adoptée par la jurisprudence [1].

Caen, 30 août 1832.   Paris, 11 mai 1816.
C. RR. Lyon, 10 juil. 1823.   C. RR. Lyon, 8 mai 1810.
Paris, 23 février 1822.   Aix, 28 mai 1810.

Quoique l'article 197 ne parle que du cas où le

---

[1] On jugeait de même sous l'empire de l'ordonnance de
1767, par interprétation de l'article 7 du titre XX.

C. R. Paris, 18 janvier 1806. C. R., 18 ventôse, an XI.
Paris, 16 germinal an XII.   Paris, 29 brumaire, an XI.

Toutefois, la Cour de Bourges a jugé, le 4 juin 1823, qu'il
était inutile de prouver que les père et mère avaient vécu publiquement comme mari et femme.

père et la mère sont morts, la disposition qu'il contient doit être appliquée évidemment, par analogie, dans le cas où le père et la mère sont absents ou interdits, en un mot, incapables de donner une indication. Mais cette disposition ne devrait pas être étendue au cas où l'enfant, ayant encore son père ou sa mère, aurait intérêt à prouver contre le survivant l'existence du mariage, par exemple, à l'effet d'obtenir sa part dans la communauté qui aurait existé entre le survivant et le prédécédé.

Valette, notes sur Proudhon, *Traité de l'état des personnes*, t. II, p. 73.

257. Lorsque le mariage de la femme qui est désignée dans l'acte de naissance comme étant la mère de l'enfant est constant, il est indifférent que l'acte de naissance contienne ou non les noms du mari, pourvu que la femme soit désignée par son nom et sa qualité d'épouse[1]. Dans l'un et l'autre cas, l'acte de naissance a la même valeur comme élément de preuve pour établir la filiation légitime, sauf ce qui est dit sur l'action en désaveu de paternité au chapitre II, *De la preuve de la filiation des enfants adultérins ou incestueux*.

Si la paternité est attribuée à un autre qu'au mari,

---

[1] Nous avons expliqué au chapitre II, *De la preuve de la filiation des enfants adultérins ou incestueux*, n°s 84, 86, 88, pages 109, 112, 117, ce qu'il advient lorsqu'une femme mariée, désignée dans un acte de naissance comme mère de l'enfant, est déguisée sous son nom de demoiselle.

cette déclaration doit être réputée non écrite, et il y
a lieu seulement de faire rectifier l'acte pour substituer le nom du mari à celui du père qui y est désigné. En effet, la présomption légale écrite dans
l'article 312, qui veut que l'enfant conçu pendant
le mariage ait pour père le mari, ne cesse d'avoir son
effet que dans le cas de désaveu admis en justice.
Une simple déclaration faite dans l'acte de naissance
par un étranger, que le père de l'enfant n'est point
le mari de la mère, ne suffit pas pour annihiler cette
présomption.

Une pareille énonciation insérée dans un acte de
naissance est d'ailleurs contraire à la loi sous un
double rapport. D'abord parce qu'il est défendu
d'insérer dans les actes de l'état civil d'autres énonciations que les déclarations que la loi prescrit au
comparant de faire; ensuite parce que la loi prohibe
la reconnaissance des enfants adultérins et la recherche de la paternité. Elle est en outre contraire
aux mœurs, en ce qu'elle attesterait l'inconduite de
la mère, que la loi a voulu couvrir d'un voile impénétrable toutes les fois que sa divulgation n'est pas
commandée par des circonstances exceptionnelles.

Paris, 6 janvier 1834.

Toullier, t. II, n° 861 ; Duranton, t. III, n° 115; Merlin,
Répert., v° *Légitimité*, sect. II, § 2, n° 7.

258. La présomption légale de filiation légitime,
qui résulte de la triple circonstance qu'un enfant est
déclaré légitime dans son acte de naissance, qu'il a

la possession d'état d'enfant légitime et que ses père et mère avaient pendant leur vie la possession d'état d'époux, n'est pas détruite par l'aveu, même écrit, fait par le père ou la mère que cet enfant était naturel.

Bordeaux, 28 janvier 1835.   Grenoble, 5 février 1807.

259. D'après l'article 320, à défaut d'acte de naissance, la possession d'état d'enfant légitime suffit.

260. La possession d'état d'enfant légitime s'établit par une réunion suffisante de faits qui indiquent le rapport de filiation et de parenté entre un individu et la famille à laquelle il prétend appartenir.

Les principaux de ces faits, sont :

Que l'individu a toujours porté le nom du père auquel il prétend appartenir ;

Que le père l'a traité comme son enfant, et a pourvu en cette qualité, à son éducation, à son entretien et à son établissement ;

Que l'enfant a été reconnu constamment pour tel dans la société ;

Qu'il a été reconnu pour tel dans la famille (article 321).

On résume tous ces faits par ces mots *nomen, tractatus, fama*.

Les conférences tenues au sujet de cet article par les rédacteurs du Conseil d'État et l'exposé des motifs rédigé par M. Bigot Préameneu, nous apprennent que l'article 321, qui indique ces faits comme étant caractéristiques, est rédigé d'une manière purement énonciative. On n'a eu l'intention ni d'exclure les faits qui ne s'y trouvent pas indiqués, ni de subordonner la possession d'état à la réunion de tous ceux qui s'y trouvent énumérés. Ce qu'il faut prouver, c'est que l'enfant a été élevé et traité comme légitime; peu importe que la preuve résulte de faits plus ou moins nombreux, *il suffit qu'elle soit certaine.*

Rapport de M. Lahary; *Discours* de M. Duveyrier; Locré, *Législation civ. et commerc.*, t. VI, p. 200, n° 19, p. 251 et 252, n° 21, p. 301 et 302, n° 25; Locré, *Esprit du Code civil*, sur l'article 321, t. IV, p. 504; Duranton, t. III, p. 132; Zachariæ, t. III, p. 657.

Les mots *il suffit qu'elle soit certaine*, dit M. Locré, expriment exactement l'intention du législateur. Dans l'impossibilité de tout prévoir, il s'en est rapporté à la conviction des juges.

La Cour de cassation l'a jugé ainsi le 25 août 1812.

261. Cette possession d'état peut être prouvée sans qu'on ait un commencement de preuve par écrit; la disposition de l'article 341 ne concerne que les filiations illégitimes.

Toulouse, 4 juin 1842.

262. La première rédaction de l'article 320 portait : « Si les registres sont perdus, ou s'il n'en a point été tenu, la possession constante de l'état d'enfant légitime suffit. » D'après cette rédaction, l'application de l'article 320 aurait été restreinte aux cas prévus par l'article 46. Mais, lors de la discussion au

Conseil d'État, le consul Cambacérès fit observer qu'il serait possible que l'enfant n'eût pas été inscrit sur les registres, ou qu'il y eût été porté sous de faux noms, et qu'on ne saurait, sans injustice, le rendre responsable d'une négligence ou d'une fraude qui lui est complétement étrangère. Ce fut par suite de cette observation, et pour généraliser la disposition de l'article, qu'on remplaça les mots : « *Si les registres sont perdus, ou s'il n'en a point été tenu* », par ceux-ci : « *A défaut de ce titre.* »

Zachariæ, t. III, p. 656 ; Locré, *Législat. civ. et commerc.*, t. VI, p. 27, art. 2, p. 76, 77, n° 8, p. 147, art. 7.

Ainsi, l'enfant peut se prévaloir de sa possession d'état, sans être obligé de justifier qu'il se trouve dans l'un des cas prévus par l'article 46, et d'indiquer la cause qui l'empêche de produire son acte de naissance.

Rapport de M. Lahary, *Discours* de M. Duveyrier ; Locré, *Législat. civ. et commerc.*, t. VI, p. 251 et 252, n° 21, p. 301 et 302, n° 24 ; Locré, sur l'article 320 ; Toullier, t. II, p. 871, 872 et 880 ; Duranton, t. III, p. 127 ; Delvincourt, t. I, p. 213.

263. Toutefois, dans ce cas même, la possession d'état d'enfant légitime ne suffit pas pour établir la filiation. Elle ne fait que suppléer à l'acte de naissance; or, nous venons de voir qu'indépendamment de son acte de naissance il faut, pour établir sa légitimité, produire, conformément à l'article 197, l'acte de mariage de ses père et mère, s'ils sont vivants, ou

au moins après leur mort justifier qu'ils avaient de leur vivant la possession d'état d'époux. Ainsi, l'article 320 doit être entendu en ce sens que, lorsque l'enfant n'a pas d'acte de naissance, la filiation peut résulter de la possession d'enfant légitime appuyée de la production de l'acte de mariage de ses père et mère, si l'un d'eux est encore vivant, ou, après la mort de tous les deux, appuyée de la preuve qu'ils avaient la possession d'état d'époux.

Toulouse, 4 juillet 1843.

264. La filiation légitime est encore prouvée, d'après l'article 322, lorsqu'elle est établie par le titre de naissance et par une possession d'état conforme à ce titre.

Turin, 30 janvier 1811.

Cette preuve est tellement absolue, que la Cour de Montpellier a jugé, par un arrêt du 4 février 1824, que l'aveu même écrit fait par le père ou la mère, que leur mariage n'a pas été célébré, ne saurait prévaloir contre elle[1].

Toutefois, pour que la légitimité de l'enfant soit inattaquable, dans ce cas, il faut que l'enfant soit en mesure de remplir les conditions imposées par l'article 197.

Valette, *Notes sur Proudhon, Traité de l'état des personnes*, t. II, p. 86.

---

[1] Voir n° 258, page 265.

24

Nous citerons comme exemples d'application de l'article 322 les arrêts suivants :

Paris, 6 juillet 1812.   Paris, 28 décembre 1811.

Il résulte de ce qui précède que la possession d'état d'enfant légitime seule n'est pas suffisante pour établir la filiation légitime.

265. Nous venons de voir que l'article 197 doit être entendu en ce sens que l'enfant qui demande à prouver qu'il est enfant légitime doit établir que ses père et mère avaient la possession d'état de mari et femme, et que lui-même avait la possession d'état d'enfant légitime. M. Toullier va plus loin; d'après lui (t. II, n° 877), l'enfant doit prouver en outre que son acte de naissance est conforme à sa possession d'état.

Cette opinion est contraire au texte de la loi. Une possession d'état *qui n'est pas contredite* par l'acte de naissance, comme il est dit dans l'article 897, et une possession d'état *conforme* à l'acte de naissance, sont deux locutions qui ont chacune une signification différente. La première locution impose évidemment, à celui qui prétend que l'acte de naissance contredit la possession d'état, l'obligation de produire cet acte; tandis que la seconde mettrait cette obligation à la charge de l'enfant. D'ailleurs, l'opinion que nous combattons ne serait pas en harmonie avec l'article 320, qui dit que la possession d'état suffit à défaut de l'acte de naissance.

Nous avons pour nous l'autorité d'un arrêt de la

Cour d'Agen du 18 mai 1842, et d'un arrêt de la
Cour de Bastia du 16 juin 1840, et l'opinion de
MM. Duranton, t. III, n⁰ 110, et Delvincourt, t. I,
p. 318.

La présomption de légitimité que cet article établit en faveur des enfants est une présomption de
droit qui, sans doute, peut être détruite par la preuve
contraire, mais il faut, pour cela, que cette preuve
soit directe et décisive; de simples présomptions ne
suffiraient pas. Ainsi, par exemple, si on produisait
la preuve de la célébration d'un autre mariage des
père et mère ou de l'un d'eux avec une autre personne, la possession d'état de mari et femme qu'a-
vaient les père et mère prédécédés et celle d'enfant
légitime de leur enfant, céderaient devant une preuve
aussi directe de la filiation illégitime de ce dernier.
Mais on ne pourrait pas mettre au rang de ces preuves
directes propres à détruire la présomption de la loi
l'irrégularité de l'acte de la célébration du mariage
des père et mère décédés. On peut, il est vrai, présumer que les père et mère n'ont pas réparé, par une
célébration régulière, le vice de cette première célébration; mais rien ne prouve ce fait d'une manière
invincible.

La présomption de l'article 197, qui reproduit les
anciens principes, est en effet fondée sur cette supposition que les enfants ignorent ce qui s'est passé
avant leur naissance; qu'ainsi, en présence d'un acte
irrégulier qu'on leur oppose, ils sont dans l'impuissance de dire si leurs parents n'ont pas **réparé**, par

une célébration régulière, ce que le premier acte avait d'incomplet.

Paris, 18 décembre 1837[1].

Les Cours de Bordeaux et de Grenoble ont même jugé, les 28 janvier 1835 et 5 février 1807, que la présomption de légitimité résultant en faveur d'un enfant, d'après la combinaison des articles 197 et 320, de sa possession d'état d'enfant légitime et de la possession d'état de ses père et mère comme époux, ne pourrait pas être détruite, après le décès des père et mère, de la production d'un acte émané de l'un d'eux, dans lequel cet enfant serait qualifié d'enfant naturel.

Vazeille, *Du mariage*, t. I, n° 212 ; Toullier, t. II, n° 880 ; Richefort, t. I, n° 84 ; Marcadé, t. II, n° 191.

266. A défaut de titre de possession constante, dit l'article 323, ou si l'enfant a été inscrit, soit sous de faux noms, soit comme né de père et mère inconnus, la preuve de filiation peut se faire par témoins.

Néanmoins, d'après le même article, cette preuve ne peut être admise que lorsqu'il y a un commencement de preuve par écrit, ou lorsque les présomptions ou indices résultant de faits dès lors constants sont assez graves pour déterminer l'admission.

C. RR. Angers, 27 janv. 1818. Paris, 7 août 1810.
Metz, 16 août 1816.   Paris, 31 juillet 1807.

---

[1] On s'est pourvu en cassation contre cet arrêt, et le pourvoi a été rejeté le 11 août 1841.

« Pour être admis à la preuve testimoniale, dit Zachariæ, t. III, p. 658, il n'est pas nécessaire de justifier, conformément à l'article 46, de la non-existence ou de la perte des registres de l'état civil, et d'indiquer la cause à raison de laquelle l'acte de naissance n'est pas produit. Ce qui ne peut laisser aucun doute à cet égard, c'est que l'article 323 assimile le cas où l'acte de naissance n'est pas produit à celui où l'enfant, dont on représente l'acte de naissance, soutient avoir été inscrit sous de faux noms. Seulement ne peut-on, hors des cas prévus par l'article 46, être admis à la preuve par témoins, qu'avec un commencement de preuve par écrit ou des présomptions graves de nature à y suppléer, tandis qu'en justifiant de la non-existence ou de la perte des registres, l'administration de la preuve testimoniale n'est pas subordonnée à cette dernière condition. »

C'est donc à tort, ajoute-t-il, que M. Toullier enseigne (t. II, n°s 884 à 887) que la preuve testimoniale n'est recevable, en matière de filiation, que sous la double condition de la non-existence ou de la perte des registres et d'un commencement de preuve par écrit, ou de présomptions graves qui soient de nature à y suppléer.

M. Valette, dans ses *Notes sur Proudhon* (*Traité de l'état des personnes*, t. II, p. 102), exprime aussi l'opinion que l'enfant qui demande à prouver sa filiation n'est pas assujetti à produire un commencement de preuve par écrit, lorsqu'il se trouve dans le cas prévu par l'article 46, c'est-à-dire lorsqu'il n'a pas été tenu de registre à l'époque correspondant à la naissance de l'enfant ou lorsque les registres ont péri.

267. L'application de l'article 323 présente quelque difficulté dans le cas où l'enfant qui réclame la possession d'état d'enfant légitime a déjà été reconnu comme enfant naturel par une personne autre que celle qu'il prétend être son auteur[1].

Pour bien comprendre la portée de cet article, il faut poser d'abord en principe, avec la jurisprudence, que l'article 322 qui dit que nul ne peut réclamer un état contraire à celui que lui donnent son titre de naissance et la possession conforme à ce titre, n'est pas opposable à un enfant naturel reconnu qui cherche à établir qu'une femme mariée, qu'il désigne, est sa mère, pour arriver à se faire reconnaître comme enfant légitime. En effet cet article, inscrit au chapitre *Des preuves de filiation des enfants légitimes*, ne

---

[1] L'article 339 du Code, qui est rangé sous la rubrique : *De la reconnaissance des enfants naturels*, porte : « Toute reconnaissance de la part du père ou de la mère, de même que toute réclamation de la part de l'enfant, pourra être contestée par tous ceux qui y ont intérêt.»

Pour n'omettre aucun des documents qui peuvent faciliter l'application de l'article 323, et fournir les moyens de dissiper les incertitudes qui ne nous seraient pas venues à l'esprit, nous mentionnerons, comme ayant appliqué cet article, deux arrêts de la Cour de Paris des 5 mars 1814 et 15 juillet 1808, et un arrêt de la Cour de cassation du 22 janvier 1811, qui a rejeté le pourvoi formé contre l'arrêt du 15 juillet 1808.

peut pas s'appliquer à la filiation des enfants naturels[1].

C.RR. Bordeaux, 13 fév. 1839. Montpellier, 20 mars 1838.

Cette objection une fois écartée, nous avons à examiner successivement le cas où l'enfant est reconnu par un homme qui se dit son père, et celui où il est reconnu par une femme qui se dit sa mère, sans avoir à distinguer si la reconnaissance a eu lieu dans l'acte de naissance ou dans un acte postérieur.

Lorsqu'un enfant qui demande à prouver qu'il est

---

[1] Zachariæ émet une opinion contraire, t. III, p. 665.

La Cour de Bordeaux, dans un arrêt du 12 février 1838, sans vouloir se prononcer d'une manière absolue sur la question, s'est fondée sur la circonstance que la reconnaissance n'avait pas eu lieu dans l'acte de naissance, pour établir une distinction. En admettant, a-t-elle dit, que l'article 322 compris dans le chapitre II, titre VII, livre I du Code civil, relatif aux preuves de la filiation des enfants légitimes, puisse s'appliquer aux enfants naturels, qui sont spécialement régis par le chapitre III ; il faut toujours reconnaître que cet article exige le concours de deux circonstances : un titre de naissance et la possession conforme à ce titre. Or, le titre de naissance n'est autre que l'acte de naissance inscrit sur le registre de l'état civil. Et elle a jugé dans l'espèce que l'on ne pouvait pas se prévaloir contre l'enfant de l'article 322, par le motif qu'il aurait été inscrit comme fils de père et mère inconnus, c'est-à-dire, sans désignation de père ni de mère. Mais la Cour de cassation, à qui l'arrêt a été déféré, a décidé d'une manière plus large, par arrêt du 13 février 1839. que l'article 322 ne concerne pas les filiations naturelles.

fils d'une femme mariée a déjà été reconnu par une autre femme mariée ou non mariée comme étant son fils, l'article 323 l'autorise à prouver, par témoins, la filiation qu'il prétend avoir. Toutefois, d'après ce même article, cette preuve ne peut être admise que lorsqu'il y a déjà un commencement de preuve par écrit, ou lorsque les présomptions ou indices résultant de faits dès lors constants sont assez graves pour en déterminer l'admission.

Un enfant qui est reconnu par un homme pour en être le fils naturel, peut invoquer les mêmes principes pour faire déclarer qu'il est fils d'une femme mariée, et par conséquent qu'il est enfant légitime. Mais il se présente alors une difficulté très-grave. La reconnaissance de paternité naturelle s'oppose à ce que l'enfant soit reconnu avoir pour mère une femme mariée; autrement, ce serait consacrer une filiation adultérine, et l'article 342 prohibe la recherche d'une maternité adultérine. Les tribunaux ne peuvent donc consacrer, dans ce cas, la maternité de la femme mariée qu'à la condition d'annuler en même temps la reconnaissance de paternité.

Dans cette alternative, que devront faire les magistrats? devront-ils déclarer l'enfant non recevable à rechercher sa mère; devront-ils au contraire prononcer la nullité de la reconnaissance de paternité?

Il est évident que l'on ne peut pas poser, à cet égard, de règle absolue. Les juges devront rechercher, avant tout, s'il convient de donner pour père à l'enfant le mari de la femme qu'il prétend être sa

mère. Si les convenances et la morale ne s'y opposent
pas, ils devront annuler la reconnaissance de paternité naturelle, et donner à l'enfant une filiation légitime, en le proclamant issu de la femme qu'il dit
être sa mère et du mari de cette femme. Si au contraire la paternité naturelle reconnue est tellement
constante, tellement publique, tellement irrécusa-
ble que l'on ne puisse sans scandale effacer cette possession d'état pour attribuer l'enfant à un mari qui
n'en est évidemment pas le père, les magistrats seront heureux de pouvoir se retrancher derrière l'article 342, pour refuser à l'enfant la recherche de la
maternité, en maintenant la reconnaissance de paternité naturelle, alors même que des indices graves
feraient présumer constante la maternité recherchée.

Les annales des Cours judiciaires nous fournissent des exemples de l'une et l'autre détermina-
tion.

Dans une affaire Tronquoy contre Dutiers, la Cour
de cassation a rejeté, par un arrêt du 13 février 1839,
le pourvoi formé contre un arrêt de la Cour de Bordeaux du 12 février 1838, qui avait annulé une reconnaissance de paternité naturelle pour déclarer
l'enfant qui avait été l'objet de cette reconnaissance,
fils d'une femme mariée, et par conséquent fruit légitime de son mariage.

D'un autre côté, la Cour de cassation a rejeté, le
22 janvier 1840, le pourvoi formé contre un arrêt
de la Cour de Rouen du 26 juillet 1838, qui avait

repoussé une demande intentée par une fille naturelle reconnue par sieur Grosourdy de Saint-Pierre,
devenue épouse du sieur D....., demande tendant à
prouver qu'une dame Deschamps était sa mère. Il y
avait dans la cause des particularités qui pouvaient
faire croire qu'en effet la dame Deschamps était la
mère de cette enfant, mais la Cour s'est fondée sur ce
que cette enfant avait été précédemment reconnue par M. de Saint-Pierre comme étant sa fille naturelle, et que la preuve de maternité aboutirait à
constater une filiation adultérine.

Voici dans quelles circonstances ce dernier arrêt
a été rendu :

En l'an VII, une dame Deschamps se sépara volontairement de son mari, qui habitait Louviers, et
vint se fixer à Paris dans le même domicile que le
sieur Grosourdy de Saint-Pierre. En 1816, une fille
fut inscrite à Paris sur les registres de l'état civil,
comme fille naturelle du sieur Grosourdy de Saint-
Pierre et d'une mère inconnue. Cette fille fut élevée par la dame Deschamps. De son côté, M. de
Saint-Pierre reconnut toujours cette enfant pour la
sienne, et dans son testament, écrit quelques jours
avant sa mort, il la recommandait à sa mère, en ex-
primant en même temps le désir qu'elle restât jusqu'à sa majorité en la puissance de la dame Deschamps. La dame Deschamps mourut à Paris le
14 juin 1836. Le 16 du même mois, le sieur Deschamps, son mari, passa devant notaire une déclaration par laquelle il reconnut cette fille pour sa fille

légitime, ajoutant que la naissance de cette enfant lui
avait été cachée par sa femme. Ce fut alors que cette
enfant, devenue épouse du sieur D....., prétendit
se faire déclarer fille légitime des époux Deschamps,
et, comme telle, prendre part dans la succession de
Mme Deschamps.

Les considérations qui l'ont fait déclarer non recevable dans sa demande sont : 1° que suivant son
acte de naissance, la femme D..... est née fille naturelle de Grosourdy de Saint-Pierre et d'une mère
inconnue; 2° que sa possession d'état, fondée sur les
trois principaux éléments qui la forment (*nomen*,
tractus et fama) a toujours été complétement conforme à son acte de naissance; 3° enfin, que rien n'é-
tait allégué par elle qui pût porter atteinte, soit à
la reconnaissance faite par le père naturel dans l'acte
de naissance, soit à la possession d'état conforme à
cet acte.

Entrant ensuite dans le détail des faits, l'arrêt
mentionne que les mêmes noms et les mêmes qualités ont été donnés à la femme D..... dans son acte de
baptême; que dans tous les écrits elle n'a jamais stipulé ni signé que du nom d'Estelle de Saint-Pierre;
qu'elle a porté ces noms sans interruption pendant
vingt ans; que c'est sous ces noms qu'elle a contracté
mariage avec D....., de l'avis du conseil de famille
dans la délibération duquel ils étaient encore inscrits;
que ces noms se retrouvaient dans l'acte de baptême de l'enfant premier né de ce mariage, comme
dans tous les actes qui avaient précédé et suivi sa

célébration, et notamment dans le contrat d'une acquisition faite par les époux D.....

L'arrêt ajoute que Grosourdy de Saint-Pierre a donné à la femme D..... les marques les plus notables et les plus constantes de sa tendresse paternelle; qu'il l'a comblée de bontés et de soins prévoyants, et que, dans son testament même, il l'a recommandée comme son propre enfant à Mme de Saint-Pierre sa mère.

L'arrêt termine en disant que la déclaration faite par le sieur Deschamps, le 16 juin 1836, ne peut balancer le poids des actes graves et concordants qui proclament la paternité de Grosourdy de Saint-Pierre.

La Cour de Paris a rendu une décision qui a une grande analogie avec celle-ci, par un arrêt du 19 juillet 1841, rapporté avec l'arrêt de la Cour de cassation du 22 février 1843. Il y a encore un arrêt identique de la Cour de Rouen du 16 août 1838.

Une demande en recherche de maternité par un enfant naturel reconnu par son père a encore été portée devant la Cour de Rouen le 16 mai 1838, et devant la Cour de cassation, le 6 août 1839; mais cette demande a été écartée, parce qu'elle était dénuée de preuve, et même qu'elle n'était appuyée d'aucun commencement de preuve par écrit.

Les principes que nous venons d'exposer sont également applicables lorsque c'est un tiers qui demande à prouver qu'un enfant naturel reconnu est fils d'une femme mariée.

Pau, 27 juillet 1822.

268. Le commencement de preuve par écrit dont parle l'article 323 résulte, d'après l'article 324, des titres de famille, des registres et papiers domestiques du père ou de la mère, des actes publics et même privés, émanés d'une partie engagée dans la contestation ou qui y aurait intérêt si elle était vivante[1].

Il est bien entendu que *l'intérêt* dont il est question doit être, de sa nature, contraire à celui du réclamant.

Valette, *Notes sur Proudhon, Traité de l'état des personnes*, t. II, p. 90.

269. L'acte de naissance de l'enfant peut servir lui-même de commencement de preuve par écrit lorsque la déclaration de maternité qui y est faite émane d'une personne qui est engagée dans la contestation ou qui y aurait intérêt si elle était vivante.

Rouen, 20 mai 1829.

La Cour de cassation a jugé, il est vrai, le 28 mai 1810, en cassant un arrêt de la Cour de Rennes du 31 août 1808, qu'un acte de naissance ne peut pas servir de commencement de preuve par écrit pour établir la filiation; mais dans l'espèce, la déclaration de naissance avait été faite par la sage-femme, et on ne voyait figurer dans l'acte aucune des parties intéressées.

La même observation s'applique à un arrêt de la Cour de Bourges du 2 mai 1837, et à deux arrêts de

---

[1] **Paris, 7 juillet 1838.**

la Cour de Paris des 29 avril 1844, et 16 mai 1809.

La distinction entre le cas où la déclaration de maternité dans l'acte de naissance a été faite par une personne qui a intérêt dans la contestation, ou qui y aurait intérêt si elle était vivante, et le cas où cette déclaration a été faite par une personne qui n'a ou qui n'aurait aucun intérêt dans la contestation, trouve sa justification dans la discussion qui a eu lieu au Conseil d'État sur la valeur de l'acte de naissance comme commencement de preuve par écrit.

En effet, dans l'article 36 du projet de loi, on avait inséré un paragraphe ainsi conçu : « Que le registre « de l'état civil qui constate la naissance d'un enfant « né de la mère réclamée, et duquel le décès n'est « pas prouvé, pourrait servir de commencement de « preuve par écrit. » Ce paragraphe a ensuite été supprimé uniquement par le motif que cette disposition était inutile.

L'opinion contraire est enseignée par MM. Toullier, t. II, n° 948, et Duranton, t. III, n° 237.

Le raisonnement que fait à ce sujet M. Toullier se rattache à un système que nous avons déjà eu occasion de combattre.

Quant à M. Duranton, il se fonde sur ce que la loi exige, pour qu'un acte puisse servir de commencement de preuve, qu'il émane de celui à qui on l'oppose ou de son auteur. C'est là, il est vrai, la disposition de l'article 1347; mais l'article 324, qui est spécial en matière de filiation, exige seulement que l'acte émane d'une partie engagée dans la contestation, ou qui y aurait intérêt si elle était vivante.

Le commencement de preuve par écrit, qui est exigé de l'enfant lorsqu'il veut établir qu'il a une filiation légitime, n'est pas nécessaire lorsque l'enfant ne demande qu'à établir son identité, c'est-à-dire, que c'est à lui que s'applique l'acte de naissance qu'il produit. Cette dernière preuve peut se faire par témoins [1].

Zachariæ, t. III, p. 653; Duranton, t. III, p. 123 ; Toullier, t. II, n° 883; Merlin, *Répert.*, v° *Légitimité*, sect. III, n° 3.

270. Les preuves que l'enfant produit pour faire constater sa filiation légitime peuvent, d'après l'article 325, être détruites par des preuves contraires, et ces dernières preuves peuvent être faites par tous les moyens propres à établir, que le réclamant n'est pas l'enfant de la mère qu'il prétend avoir, ou même, la maternité prouvée, qu'il n'est pas l'enfant du mari de la mère.

271. L'action en réclamation d'état, dit l'article 328, est imprescriptible à l'égard de l'enfant.

Cet article, ne déclarant l'action imprescriptible qu'à l'égard de l'enfant, on est forcé d'en conclure, d'après Zachariæ, t. III, p. 664, qu'elle se prescrit à l'égard de ses héritiers.

C'est aussi l'opinion de MM. Proudhon, *Traité de l'état des personnes*, troisième édit., t. II, p. 123 et 87;

---

[1] Voir n° 39, page 36.

Richefort, sur l'art. 329; Toullier, t. II, n⁰ˢ 910 et 913; Duranton, t. III, p. 154.

Le législateur paraît avoir supposé qu'après la mort de l'enfant l'action en réclamation d'état ne peut avoir d'autre objet qu'un intérêt pécuniaire. Mais M. Zacharia· fait observer, avec raison (*ubi suprà*), que cette supposition est évidemment erronée, puisque l'état des descendants de l'enfant dépend lui-même de l'état de ce dernier.

272. L'action en réclamation d'état ne peut être intentée par les héritiers de l'enfant qui n'a pas réclamé, qu'autant qu'il est décédé mineur, ou dans les cinq années après sa majorité (art. 329), un silence prolongé fait supposer que l'enfant a renoncé à son action.

Montpellier, 20 mars 1838.

Lorsque l'action a été commencée par l'enfant, et qu'il vient à décéder avant de l'avoir terminée, les héritiers peuvent la suivre, à moins qu'il ne s'en soit désisté formellement, ou qu'il n'ait laissé passer trois années sans poursuites, à compter du dernier acte de la procédure (art. 330).

Nous avons expliqué au chapitre II, *De la preuve de la filiation des enfants adultérins et incestueux*, n⁰ 101, p. 129, ce qu'il faut entendre par le mot *héritiers*.

Il est évident que les dispositions que nous venons de rapporter, et qui sont écrites dans les articles 329 et 330, ne concernent que les réclamations d'état d'enfants légitimes faites par les personnes qui ne sont

pas en possession de cet état, et qu'elles n'ont nullement rapport aux demandes qui tendent à prouver
que l'on a la possession d'état d'enfant légitime. En
effet, ces articles parlent seulement de l'action en réclamation d'état; or, on ne réclame pas ce qu'on
possède. S'il pouvait subsister quelque doute à cet
égard, il suffirait, pour le dissiper, de se reporter à
la pensée qu'a eue le législateur en traçant ces dispositions. L'article 329 est basé sur cette donnée, que
l'enfant qui est resté cinq années après sa majorité
sans avoir réclamé, est présumé avoir lui-même jugé,
dans sa propre cause, qu'il était sans droit à se prétendre enfant légitime. La même pensée a présidé à la
rédaction de l'article 330. Or, comment admettre une
pareille supposition à l'égard de l'enfant qui a la possession d'état d'enfant légitime? C'est le cas d'appliquer la maxime : *Quæ temporaria sunt ad agendum per-
petua sunt ad excipiendum.*

Pau, 9 mai 1829 [1].   Aix, 17 août 1808.

273. Le droit de réclamer et de contester un état
est essentiellement personnel, et ne peut pas être
exercé par un créancier. Nous venons de voir, en
effet, qu'il ne peut même être exercé par un héritier
qu'à certaines conditions [2].

Amiens, 10 avril 1839.

---

[1] Rapporté avec l'arrêt de la Cour de cassation du 19 mai
1830.

[2] Voir en outre l'article 317.
Une question analogue est résolue au chapitre II, intitulé :

25

Article de M. Rodière, dans la *Revue de Législation et de Jurisprudence*, t. VI, p. 461.

M. Valette émet une opinion contraire dans ses *Notes sur Proudhon, Traité de l'état des personnes*, t. II, p. 122.

Ce principe souffrirait exception en cas de dol et de fraude. Le créancier devrait alors être admis à intervenir dans l'instance pour défendre les intérêts pécuniaires qui se rattachent à la question d'état.

Amiens, 10 avril 1839.

Rodière, *ubi suprà*.

Un sieur Allotte avait élevé devant le tribunal, et ensuite devant la Cour de Dijon, la singulière prétention de prouver qu'un enfant inscrit sur les registres de l'état civil comme né de père et mère inconnus était fils de sa femme, pour se procurer ensuite la satisfaction d'intenter contre lui une action en désaveu. Cette prétention, contraire à tous les principes, et nous dirons même, aux plus simples notions du droit, a été repoussée, comme elle devait l'être, par un arrêt du 13 août 1840.

274. Les actions en réclamation d'état sont de la compétence des tribunaux civils (art. 326).

275. Ces actions ne peuvent jamais être l'objet d'une transaction ni d'une fin de non-recevoir tirée d'un consentement tacite ou exprès.

Orléans, 6 mars 1841.   Aix, 12 décembre 1839.

De la preuve de la filiation des enfants adultérins ou incestueux, nº 118, p. 138.

L'état des personnes est inaliénable, c'est la propriété non-seulement de celui à qui il appartient,
mais encore de ses descendants. C'est une propriété
sociale, c'est le fondement de la société civile et politique. L'état de fils légitime, dit Toullier, n'est pas
autre chose que la qualité de fils de tel père et de
telle mère. Or, il est évident qu'une telle qualité ne
peut pas être dans le commerce; elle ne peut être ni
acquise, ni aliénée, ni par conséquent s'acquérir ou
se perdre par la prescription. Elle est essentiellement
à la personne et ne peut finir qu'avec elle (art. 6,
1108, 1128, 1131, 1133, 1172, 2045, 2226 C. civ.,
1004 C. proc.).

Toutefois, il faut distinguer si c'est l'enfant lui-
même dont l'état est mis en question, qui renonce
à cet état, ou si c'est un tiers qui abandonne ou qui
perd le droit de le lui contester.

Lorsque c'est un tiers ou un membre de la famille
qui renonce à contester l'état de l'enfant, cette renonciation élève une fin de non-recevoir personnelle, parce qu'elle n'est que déclarative et non
constitutive de l'état [1].

Cette distinction explique et justifie l'arrêt rendu
par la Cour de Pau le 20 janvier 1837.

Nous nous sommes occupé, au chapitre 1, section III, *De la preuve testimoniale de la filiation naturelle*, de ce qui concerne l'autorité de la chose jugée
(voir n° 53, p. 70).

---

[1] Voir n° 52, p. 69; et n° 229, p. 314.

276. Pour qu'il y ait lieu de la part d'un enfant à réclamer un état d'enfant légitime, il faut nécessairement que cet état lui appartienne, et qu'il n'ait pas été constaté ou qu'il ait été dénaturé. On dit, dans ce dernier cas, dans le langage de la loi, que son état a été *supprimé*.

La suppression d'état d'enfant légitime opérée par la substitution d'un enfant à un autre, ou par la supposition d'un enfant à une femme qui n'est pas accouchée, constitue un crime [1] puni de la réclusion par l'article 345 du Code pénal.

Cour d'assises de la Haute-Garonne du 12 mai 1823.
C. C. Toulouse, 24 juillet 1823.   C. R. 21 août 1812.

Lorsque cette suppression est opérée par la création ou l'altération d'un acte de naissance, elle constitue le crime de faux en écriture authentique, prévu et puni par les articles 145 et suivants du Code pénal [2].

Mais il ne faut pas confondre le crime de suppression d'état avec le crime d'enlèvement et de suppression de la personne même de l'enfant, crime dont parle l'article 345 du Code pénal; ces deux crimes

---

[1] C'est à tort que l'article 327 du Code civil qualifie de *déli* la suppression d'état d'enfant légitime.

[2] Un arrêt de la Cour de Grenoble du 9 décembre 1822 a étendu les dispositions des articles 326 et 327 à l'inscription de faux contre un acte de mariage.

diffèrent essentiellement par leur nature et par leurs
effets.

C. R., 8 avril 1826.   C. R., 12 décembre 1823.
C. C. Rennes, 26 sept. 1823.

La Cour de cassation a jugé, le 21 juillet 1831, que
le fait d'avoir déposé secrètement dans un hospice,
sans l'avoir fait enregistrer à l'état civil, un enfant à
qui la loi accordait la possession d'état d'enfant légitime, constituait le crime de suppression d'état, et
non celui de suppression de la personne même de
l'enfant.

Cette opinion est enseignée par MM. Carnot, *Com-
mentaires du Code pénal*, t. II, p. 148.

La même Cour a jugé le contraire depuis, par arrêt du 17 août 1837.

Par un autre arrêt du 25 mai de la même année,
elle avait adopté la doctrine émise dans l'arrêt de
1831, mais elle s'était appuyée sur des circonstances
particulières de faits, notamment sur les circonstances suivantes : qu'on avait joint aux langes de
l'enfant un écrit portant le nom qu'on lui donnait
et la date du dépôt; que cet écrit avait été détaché
d'une feuille de papier dont on avait conservé la con-
tre-partie pour reconnaître cet enfant si on voulait
un jour le reprendre, et qu'aussitôt que des poursuites avaient été exercées, on n'avait pas hésité à déclarer le lieu où l'enfant avait été déposé. Les époux
Marie, a dit la Cour, ne peuvent pas être accusés du
crime de suppression de la personne d'un enfant,

puisqu'ils ont représenté la personne identique de
cet enfant, en désignant avec exactitude l'hospice où
ils l'avaient fait déposer, et en faisant connaitre les
précautions qu'ils avaient prises pour conserver les
preuves de l'identité de cet enfant.

Le crime de suppression d'état d'un enfant doit
encore moins être confondu avec le crime d'in-
fanticide, prévu et puni, selon les circonstances, par
les articles 300, 302 et 351 du Code pénal.

C. C. Douai, 4 août 1842.

Le père qui prend de faux noms dans l'acte de
naissance de son enfant ne commet pas le crime de
suppression d'état lorsque la mère, qui est sa femme
légitime, y est désignée sous ses noms véritables.

C. C. Belg., 29 janvier 1836.

La déclaration à l'officier de l'état civil, que telle
femme vient d'accoucher d'un enfant mort-né, lorsqu'il n'y a pas eu d'accouchement, constitue un faux
en écriture publique, et non la supposition d'un enfant
à une femme qui n'est pas accouchée. En effet, le
législateur n'ayant soumis la supposition d'un enfant à la répression légale qu'à cause de la perturba-
tion que ce mensonge peut apporter dans les familles, l'existence de l'enfant supposé est la condition
indispensable du crime.

Toulouse, 17 octobre 1839.

De quelque manière que la suppression d'état ait été
opérée, l'action criminelle à laquelle elle donne lieu
ne peut être commencée, d'après l'article 327 du

Code civil, qu'après le jugement définitif sur la question d'état[1].

C. C., 9 février 1810.   C. C., 22 décembre 1808.

Ainsi le faux commis par une personne qui déclare à l'officier de l'état civil comme né de lui et de son épouse légitime, alors décédée, l'enfant qu'il a eu de ses rapports avec une autre femme, ayant pour résultat de donner à l'enfant une filiation qui ne lui appartient pas, l'action criminelle à laquelle ce faux donne lieu ne peut être exercée qu'après que les tribunaux civils ont statué sur l'état de l'enfant.

C. C., 9 février 1810.

La disposition de l'article 327, qui nous occupe, établit une exception formelle au principe général posé dans l'article 3 du Code d'instruction criminelle, qui dit que l'action civile, peut être poursuivie en même temps et devant les mêmes juges que l'action publique, et qu'elle peut même être poursuivie séparément, mais qu'elle se trouve alors suspendue tant qu'il n'a pas été prononcé définitivement sur l'action publique, intentée avant ou pendant la poursuite de l'action civile.

En subordonnant l'action criminelle contre le crime de suppression d'état au jugement de l'action civile en réclamation d'état, le législateur a eu pour

---

[1] Cette disposition est une innovation au droit ancien. (Voir l'arrêt de la Cour de cassation du 25 brumaire an XIII.)

but d'empêcher qu'on n'arrivât, au moyen d'une action criminelle, à faire juger, à l'aide de la preuve testimoniale seule, des questions de filiation pour lesquelles le Code civil a établi, dans les articles 319, 320 et 322, un genre de preuve moins incertain et plus rassurant pour l'ordre social et pour la sécurité des familles.

C. C., 9 juin 1838.

Zachariæ, t. III, p. 666 ; Valette, dans ses *Notes sur Proudhon, Traité de l'état des personnes*, t. II, p. 93.

« Mais en évitant cet inconvénient, dit M. Valette (*ubi suprà*, p. 97), on en a laissé subsister un autre. C'est qu'un crime peut rester impuni et l'action du ministère public être paralysée par la négligence des parties intéressées, et peut-être par leur collusion avec le coupable. Pour éviter cette autre espèce de scandale, Merlin a plusieurs fois soutenu devant la Cour de cassation, que l'action du ministère public poursuivant la répression du crime, doit avoir son libre cours lorsque les personnes intéressées à rechercher l'état qui a été supprimé ne recourent pas aux tribunaux civils, et gardent le silence. Il est impossible, disait ce grand jurisconsulte, d'admettre qu'à raison de la négligence, et peut-être de la fraude de quelques particuliers, la société se trouve désarmée en présence d'un crime flagrant. Pour donner à l'article 327 un sens raisonnable, il faut dire qu'il suppose une action civile *engagée*, et dont on attendra le jugement définitif avant d'enta-

mer l'action criminelle, et nullement un état de
choses dans lequel on ignore si l'action civile sera jamais intentée, et par conséquent s'il y aura jamais un
jugement définitif rendu par les tribunaux civils. On
voit que dans le système de Merlin l'article 327 ne
serait autre chose que la règle de droit commun : *Le
criminel tient le civil en état* (art. 3 Instr. crimin.), re-
tournée en matière de réclamation de l'état d'enfant.
Mais la Cour de cassation a refusé d'admettre cette
doctrine, et a décidé, par plusieurs arrêts, que l'article 327 refusait toute action criminelle au ministère
public, dans le cas même où il n'y aurait pas d'instance civile actuellement engagée. Et il faut bien
convenir que l'article est conçu en termes généraux
qui ne se plient pas facilement à la distinction proposée par Merlin. Le législateur a sans doute pensé
qu'à tout prendre, la moindre somme d'inconvénients se trouve dans le système qui, en cette matière,
rejette absolument l'antériorité de la poursuite criminelle. »

Cour d'assises Haute-Garonne, 12 mai 1823.
C. R., 12 mars 1813.   C. C., 25 novembre 1808.
C. R., 2 mars 1809.

L'action criminelle ne peut être suivie par le ministère public sans être arrêtée par l'action civile
que lorsque l'individu dont l'état a été supprimé
est mort. « En effet, dit avec raison M. Magnin (*Traité
de l'action publique*, t. I, n° 190, p. 439), on n'a plus
à craindre que l'action publique ait pour résultat de
faire préjuger l'état par le jugement auquel elle donne

lieu, et d'arriver à une preuve testimoniale malgré les prohibitions de la loi.

L'article 327 du Code civil défend de commencer l'action criminelle en suppression d'état, avant le jugement de l'action civile sur la réclamation d'état, sans rien statuer pour le cas où, nonobstant cette prohibition, l'action criminelle aurait été commencée avant la décision de l'action civile.

Que doit-il advenir dans ce dernier cas?

Il ne peut y avoir de difficulté que lorsque les délais fixés par l'article 296 du Code d'instruction criminelle pour se pourvoir contre l'arrêt des mises en accusation et de renvoi devant la Cour d'assises, sont expirés sans que l'accusé se soit pourvu contre cet arrêt.

Il y a trois systèmes en présence pour résoudre cette difficulté.

La Cour de cassation a jugé, le 22 juin 1820, que l'arrêt de mise en accusation devait recevoir son exécution en ce qui concerne l'ordonnance de prise de corps qui en est la conséquence légale, mais qu'il y avait lieu à surseoir au renvoi de l'accusé devant la Cour d'assises.

D'un autre côté, la Cour d'assises de la Haute-Garonne a jugé, le 12 mai 1823, que l'accusé devait être mis en liberté jusqu'à ce qu'il ait été statué sur l'action civile.

Enfin, la Cour d'assises de Maine-et-Loire a jugé, le 27 novembre 1829, que l'arrêt de mise en accusation devait être exécuté dans toutes ses dispositions,

nonobstant les dispositions des articles 236 et 237 du
Code civil. Il est juste toutefois d'ajouter que, par le
même arrêt, la Cour a jugé en fait que ces articles
n'étaient pas applicables dans l'espèce qu'elle avait
à juger, et que par conséquent elle a pu ne pas prêter
une attention sérieuse à la question de droit qui lui
était soumise.

CHAPITRE XV.

DE LA LÉGITIMATION DES ENFANTS ILLÉGITIMES.

(Art. 314, 331.)

SOMMAIRE.

277. *Légitimation des enfants naturels avant la publication du Code civil.*

278. *Légitimation des enfants naturels sous l'empire du Code civil* (art. 331).

279. *Moralité du changement introduit dans le Code civil* (id.).

280. *La légitimation n'est pas facultative, elle s'opère de plein droit* (id.).

281. *La légitimation peut être contestée.*

282. *La légitimation a lieu quoique la reconnaissance soit tacite de la part de la mère.*

283. *Elle a lieu encore quoique la maternité soit prouvée judiciairement, même après le mariage.*

284. *La désignation d'un père dans l'acte de naissance n'empêche pas l'enfant d'être légitimé par le mariage d'une personne autre que celle qui y est dénommée.*

285. *Le mariage* in extremis *opère la légitimation.*

286. *Il en est autrement d'un mariage nul.*

287. *Les effets de la légitimation ne remontent qu'au jour du mariage.*

288. *Commentaire de l'article* 314.

289. *Les enfants adultérins ou incestueux ne peuvent être légitimés* (art. 331).

290. *Quid lorsque le père et la mère se marient en vertu de dispenses?*

291. *L'enfant adultérin ou incestueux né pendant le mariage, mais avant le cent quatre-vingtième jour, est-il légitimé par le mariage ?*

277. Avant la publication du Code civil, les enfants que les époux avaient eus de leurs œuvres communes antérieurement à leur mariage, étaient légitimés de plein droit par le mariage, à quelque époque et de quelque manière que leur filiation fût reconnue. Ce principe était puisé dans le droit canonique que l'on suivait alors en France, et témoignait de la faveur que l'on a toujours attachée au mariage [1].

278. L'article 331 a modifié sur ce point l'ancienne jurisprudence. Il veut que les enfants nés hors mariage ne puissent être légitimés par le mariage subséquent de leurs père et mère, que lorsque ceux-ci les auront reconnus *avant* leur mariage ou qu'ils les reconnaîtront dans l'acte même de célébration[2].

Douai, 15 mai 1816.

Duranton, t. III, n° 178.

279. M. Toullier a parfaitement fait ressortir la moralité et la nécessité de cette modification. Il n'y a pas à craindre, dit-il (t. II, n° 924), que les époux se concertent avant le mariage, ou au moment de sa célébration, pour introduire par une reconnaissance

---

[1] *Tanta est vis matrimonii, ut qui antea sunt geniti, post contractum matrimonium legitimi habeantur.* (Décrétales du pape Alexandre III, chap. *Extrà qui filii sunt legitimi.*)
Dijon, 30 juillet 1840.   C. RR., 7 juillet 1824.
[2] C. C. Nîmes, 12 avr. 1820. Douai, 15 mai 1816.

simulée un enfant étranger dans leurs familles, et ce
concert est possible après le mariage entre deux
époux qui ont perdu l'espoir d'avoir des enfants. Ce
serait laisser les familles dans l'incertitude, et donner
aux époux la faculté de créer des enfants par consentement mutuel.

280. La légitimation de l'enfant naturel reconnu
s'opère de plein droit par le mariage de ses père et
mère.

La légitimation, dit Zachariæ (t. III, p. 670), est
bien facultative pour le père et la mère d'un enfant
naturel, en ce sens qu'ils sont libres de se marier ou
de ne pas se marier l'un avec l'autre, et par conséquent d'accomplir le fait sans lequel la légitimation
ne saurait avoir lieu. C'est en ce sens que l'article
331 dit que les enfants nés hors mariage *pourront*
être légitimés par le mariage subséquent de leurs père
et mère. Mais si le mariage est lui-même purement
facultatif, il n'en est pas de même des effets que la
loi y attache, et notamment de la légitimation qu'il
produit. Celle-ci s'opère en vertu de la loi même,
indépendamment de la volonté des père et mère et
du consentement de l'enfant, lorsque toutes les conditions exigées par l'article 331 se trouvent réunies.

La même pensée est développée par presque tous
les auteurs qui ont écrit sur la matière.

Valette, dans ses *Notes sur Proudhon, Traité de l'état des
personnes*, t. II, p. 167; Duranton, t. III, p. 179; Delvincourt,
t. I, p. 218; Favard, *Répert.*, v° *Légitimation, contrà ;* Richefort, sur l'art. 330.

281. Toutefois la légitimation n'ayant lieu qu'au profit des enfants naturels légalement reconnus, et la reconnaissance pouvant être contestée par toute personne intéressée à le faire, notamment par l'enfant, en s'appuyant sur la disposition de l'article 339 [1], celui-ci est indirectement admis à refuser le bénéfice de la légitimation, en contestant la reconnaissance.

Bordeaux, 10 avril 1843.   Paris, 28 décembre 1811.

Valette, *ub. sup.*, p. 168; Zachariæ, t. III, p. 670; Delvincourt, t. I, p. 219; Duranton, t. III, p. 189.

282. D'après la disposition de l'article 336, il n'est pas nécessaire, pour qu'un enfant naturel soit légitimé par le mariage de ses père et mère, que la mère l'ait reconnu par une déclaration expresse et formelle; il suffit qu'elle ait été désignée par le père dans l'acte de reconnaissance, et qu'elle ait avoué sa maternité, antérieurement au mariage [2].

C. RR. Caen, 22 janv. 1839.   Bordeaux, 19 janvier 1230.
Paris, 27 avril 1839.

Toullier, t. II, n° 927.

283. M. Duranton (t. III, n° 180), va même jus-

---

[1] Voir n° 11, p. 12.
[2] Voir, pour l'explication de l'article 336, aux n°° 8 et 41, p. 9 et 36.

Nous avons rencontré au chapitre *Des Successions*, n° 221, p. 286, n° 249, p. 342, et n° 252, p. 351, une question analogue à celle-ci.

qu'à admettre que le mariage des père et mère d'un enfant naturel emporte la légitimation de l'enfant, quoique le père seul l'ait reconnu avant le mariage, lorsque la maternité est constatée judiciairement. Il se fonde sur ce que la recherche de la maternité est permise. Mais Zachariæ fait observer avec raison (t. III, p. 671), que la reconnaissance forcée ne saurait avoir sous ce rapport d'effet plus étendu que la reconnaissance volontaire.

284. On peut légitimer un enfant par mariage, quoique dans son acte de naissance il lui ait été donné pour père une personne autre que celle qui épouse sa mère, pourvu que le père désigné ne l'ait pas reconnu, car nous avons vu (n° 2, p. 6) que cette désignation est absolument sans valeur.

Orléans, 7 janvier 1831.   C. C. Paris, 9 déc. 1829.

285. Un mariage *in extremis* opère, comme tout autre, la légitimation. Le projet du Code contenait une disposition contraire qui a été supprimée à la suite d'une assez longue discussion.

Proudhon, *Traité de l'état des personnes*, édit. Valette, t. II, p. 163 ; Zachariæ, t. III, p. 669 ; Merlin, *Répert.*, v° *Légitimation*, sect. II, § 2, n° 3.

286. Mais il en est autrement d'un mariage nul, quoiqu'il ait été contracté de bonne foi. L'opinion contraire, exprimée, par Proudhon, *ub. suprà*, p. 170, est combattue avec raison par son annotateur M. Valette.

C'est aussi l'opinion exprimée par Pothier (*édit.* Dupin, t. V, p. 233, n° 419).

287. La Cour de cassation a jugé, le 11 mars 1811, en cassant un arrêt de la Cour d'Orléans du 16 février 1811, que les effets de la légitimation ne remontent qu'au jour du mariage[1]; que par suite, l'enfant légitimé par le mariage subséquent de ses père et mère, n'a pas droit aux successions ouvertes dans la famille de ses père et mère avant leur mariage, encore que cet enfant fût conçu au moment de l'ouverture des successions. Cette question se trouve décidée, a dit la Cour, par le rapprochement des articles 618 et 724, qui appellent à recueillir les biens du défunt ceux qui sont habiles à se dire héritiers à l'époque de son décès[2].

Sur le renvoi prononcé par la Cour, il est intervenu une décision conforme de la Cour de Paris, le 21 décembre 1812.

La Cour de Riom a rendu un arrêt dans le même sens, le 3 juillet 1840.

C'est aussi l'opinion des auteurs.

Toullier, t. II, p. 929; Duranton, t. III, n° 182; Vazeille, *Des Successions*, art. 725, n° 10; Favard de Langlade, *Répert.*, v° *Légitimation*, § 3, n° 2, et *Succession*, sect. I, § 2, n° 2; Malpel, *Des Successions*, n° 29; Zachariæ, t. III, p. 625;

---

[1] **Duranton**, t. III, n° 21.

[2] Cette question faisait doute sous l'ancienne législation. Voir Lebrun, *Successions*, liv. I, chap. II, sect. II, diss. I, n° 22; Duparc-Poullain, *Principes du droit*, t. I, p. 143; Dumoulin (sur l'ancienne coutume de Paris, art. 8).

Merlin, *Répert.*, v° *Succession*, sect. 1, § 2, art. 5, n° 1 ; Delvincourt, t. I, p. 218 ; Loiseau, p. 285.

Ce principe avait été, au surplus, nettement posé par M. Duveyrier. Les droits de légitimation par mariage subséquent, a-t-il dit, sont les mêmes que ceux de légitimité ; il faut seulement observer que leur effet ne remonte pas à l'époque de la naissance des enfants ; qu'il ne peut opérer qu'au moment qu'il existe, et qu'il n'existe qu'avec le mariage qui le produit. Tout ce qui s'est passé dans la famille du père ou de la mère avant leur mariage est étranger aux enfants que ce mariage légitime ; et c'est ce que le projet de loi exprime bien en disant que les enfants légitimés par mariage subséquent *auront les mêmes droits que s'ils étaient nés de ce mariage.*

Par suite du même principe, l'enfant légitime est bien l'aîné de tous les enfants nés pendant le mariage qui a opéré sa légitimation, mais il ne serait pas, aux yeux de la loi, l'aîné d'enfants issus d'un mariage antérieur, quoique leur naissance fût postérieure à la sienne.

Zachariæ, t. III, p. 673 ; Merlin, *Répert.*, v° *Légitimation*, sect. II, § 3, n° 5 ; Toullier, t. II, n° 930 ; Duranton, t. III, n° 184 ; Favard, *Répert.*, v° *Légitimation*, § 2, n° 3 ; Valette, dans ses notes sur Proudhon, *Traité de l'état des personnes*, t. II, p. 164.

288. Nous avons dit, au commencement de ce chapitre, que pour qu'un enfant naturel fût légitimé par le mariage de ses père et mère, il fallait qu'il eût été reconnu par eux avant le mariage, ou qu'il le

fût dans l'acte même de célébration. Cette règle souffre exception dans le cas prévu par l'article 314, lorsqu'il naît un enfant avant le cent quatre-vingtième jour du mariage.

L'état d'un enfant étant subordonné au mariage de ses père et mère, non pas au moment de sa naissance, mais au moment de sa conception, et la moindre durée de la gestation d'une femme étant fixée à cent quatre-vingts jours, l'enfant qui naît avant le cent quatre-vingtième jour du mariage est enfant naturel. Toutefois, l'article 314 déclare qu'il doit être réputé légitime, à moins qu'il n'ait été désavoué.

Cette action en désaveu ne peut être exercée dans les trois cas suivants :

1° Si le mari a eu connaissance de la grossesse avant le mariage;

2° S'il a assisté à l'acte de naissance, et si cet acte est signé de lui, ou s'il contient sa déclaration qu'il ne sait signer;

3° Si l'enfant n'est pas déclaré viable.

Dans le premier cas, le refus que fait la loi d'admettre le mari à désavouer l'enfant, est fondé sur la présomption que l'enfant est né de ses œuvres, parce qu'on ne doit pas supposer qu'un homme consente à épouser une femme qu'il sait être enceinte des œuvres d'un autre.

Dans le second cas, il y a aveu implicite du mari que l'enfant est né de ses œuvres.

Dans le troisième cas, un désaveu n'aurait d'intérêt pour personne.

Nous allons expliquer les difficultés auxquelles peut donner lieu chacune de ces trois exceptions à l'action en désaveu de paternité.

C'est à celui qui défend à l'action en désaveu à prouver que le mari a eu connaissance de la grossesse de sa femme avant le mariage. Imposer au mari qui demande à faire le désaveu, l'obligation de prouver qu'il n'a pas eu connaissance de la grossesse de sa femme antérieurement au mariage, serait exiger la production d'une preuve négative, ce qui est inadmissible. D'ailleurs le désaveu est de droit, la fin de non-recevoir qu'on lui oppose est une exception; or, c'est toujours à celui qui oppose l'exception à prouver sa prétention.

Zachariæ, t. III, p. 629 ; Delvincourt, sur l'article 314 ; Duranton, t. III, n° 23 et 29 ; Proudhon, *Traité de l'état des personnes*, édit. Valette, t. II, p. 21 et 31.

La connaissance que le mari aurait eue de la grossesse de sa femme antérieurement au mariage, peut être établie au moyen de tous les genres de preuves que la loi admet. Il ne s'agit pas ici d'une obligation, mais d'un simple fait pour la constatation duquel la loi ne prescrit pas la rédaction d'un acte instrumentaire, et dont la justification peut dès lors être faite soit par témoins, soit au moyen de simples présomptions, indépendamment de tout commencement de preuves par écrit.

Zachariæ, t. III, p. 629; Locré, *Législat. civ. et commerc.*, t. VI, p. 156 et 157: Merlin, *Répert.*, v° *Légitimité*, sect. II,

§ 1, n° 6 ; Proudhon, t. II, p. 21 et 31 ; Toullier, t. II, n° 826 ; Duranton, t. III, n° 29.

En disant que le mari ne peut plus désavouer l'enfant qui est né avant le cent quatre-vingtième jour de son mariage, lorsqu'il a assisté à l'acte de naissance et que cet acte a été signé par lui, la loi ne parle que d'une manière énonciative. Tout écrit, même sous seing privé, qui contiendrait, de la part du mari, l'aveu de sa paternité, pourrait être opposé comme fin de non-recevoir à l'action en désaveu qu'il voudrait intenter.

Si le mari, disait M. Bigot de Préameneu, dans l'exposé des motifs, avait cru que l'enfant lui fût étranger, aucun acte ne démentirait cette opinion qui devait déchirer son âme. S'il a varié dans cette opinion, il n'est plus recevable à refuser à l'enfant l'état qu'il ne lui a pas toujours contesté.

Il n'est pas en effet nécessaire que la reconnaissance de paternité soit revêtue, dans ce cas, de l'authenticité prescrite par l'article 334 du Code civil, parce qu'elle n'est qu'énonciative, et non pas constitutive de l'état de l'enfant[1].

Proudhon, *Traité de l'état des personnes*, édit. Valette, t. II, p. 13 et suiv.; Note de M. Valette, *eod. loco*, p. 17 ; Duranton, t. III, n° 32.

Pour ce qui regarde la question de viabilité de

---

[1] Voir n° 52, p. 69 ; n° 289, p. 314, n° 275, p. 387.

l'enfant, nous empruntons à Zachariæ, t. III, p. 629, les réflexions suivantes auxquelles nous n'avons rien à ajouter : « La rédaction primitive de l'article 314 subordonnait l'admissibilité du désaveu à la condition de la survie de l'enfant, pendant dix jours au moins à dater de sa naissance. La question de viabilité se trouvait ainsi tranchée par la loi, en ce sens que sa solution dépendait d'une manière absolue du nombre de jours pendant lequel l'enfant avait vécu. Mais cette disposition, contre laquelle on éleva de graves objections au sein même du Conseil d'État, fut retranchée sur les observations du Tribunat, et remplacée par le n° 3 de l'article 314, d'après lequel la solution de la question de viabilité se trouve implicitement abandonnée à l'expérience des gens de l'art. Dans l'examen de cette question, ces derniers peuvent, il est vrai, prendre subsidiairement en considération la durée plus ou moins longue de la vie de l'enfant; mais ils doivent puiser les principaux éléments de leur décision, dans la durée de la gestation et dans la conformation des organes nécessaires à la vie.»

Discussion au Conseil d'État, Observations du Tribunat et Discours de M. Duveyrier. (Locré, *Législat. civ. et commer.*, t. VI, p. 40, 145, 157 et suiv., 171, 296, et 297.) Proudhon, t. II, p. 11 ; Merlin, *Répert.*, v° *Légitimité,* sect. II, § 1, n° 6.

Lorsque l'enfant est né avant le cent quatre-vingtième jour du mariage, et que l'on ne justifie pas que le mari a eu connaissance de la grossesse de sa femme

avant le mariage, ce dernier n'a aucune preuve à
faire pour établir qu'il n'est pas son père. Le désaveu
fait complétement évanouir la présomption de paternité qui militait contre lui.

Zachariæ, t. III, p. 531 ; Proudhon, t. II, p. 17; Duranton, t. III, p. 23 ; Merlin, *Répert.*, v.° *Légitimité*, sect. II, § 2,
n° 4.

Le mari ne serait pas admis à écarter les fins de
non-recevoir que l'art. 314 oppose à son action en
désaveu en demandant à prouver qu'il a été dans
l'impossibilité physique de cohabiter avec sa femme
à l'époque correspondant à celle de la conception.
En épousant la femme qu'il savait être enceinte, et
en concourant à l'acte de naissance de l'enfant dont
elle est accouchée, le mari a donné un démenti à
toute action de sa part en désaveu de paternité.

Toullier, t. II, p. 823 ; Duranton, t. III, n° 22 ; Zachariæ,
t. III, p. 630.

Nous nous sommes occupé au chap. ii, intitulé :
De la preuve de la filiation des enfants adultérins, n°s 89
et suiv., p. 121 et suiv., des formes et des délais prescrits par la loi pour former l'action en désaveu, et des
personnes qui ont qualité pour intenter cette action.

289. L'art. 331 en déclarant que les enfants naturels sont légitimés par le mariage subséquent de leurs
père et mère, lorsqu'ils ont été reconnus avant le
mariage, ou qu'ils le sont dans l'acte même de célébration, excepte les enfants nés d'un commerce incestueux ou adultérin.

290. Mais qu'arrive-t-il quand le père et la mère se marient en vertu de dispenses dans le cas prévu par l'art. 164 du Code civil, c'est-à-dire dans le cas de mariage entre beaux-frères et belles-sœurs, ou entre l'oncle et la nièce, la tante et le neveu; les enfants qu'ils ont eus avant leur mariage, et qui ont ainsi une origine incestueuse, sont-ils également légitimés?

La Cour de Grenoble s'est prononcée pour l'affirmative par un arrêt du 8 mars 1838, dont voici les motifs :

« Attendu qu'il était généralement adopté par l'ancienne jurisprudence que les enfants nés antérieurement au mariage de parents libres, mais à un degré prohibé, étaient légitimés par le mariage subséquent de leurs père et mère après les dispenses obtenues;

« Attendu que l'empêchement ne provenant que de la loi civile, et l'autorisation du souverain pouvant lever cet empêchement, le vice d'inceste, dont la naissance de ces enfants était empreinte, était effacé par l'autorisation et le mariage qui en était la suite;

« Attendu que le Code civil n'a rien innové à cet égard; que le seul changement opéré par la loi nouvelle est la nécessité d'une reconnaissance préalable comme condition de la légitimation, ainsi qu'on peut s'en convaincre par la lecture des discours des orateurs du gouvernement chargés de présenter la loi au Corps Législatif, et par l'opinion de M. de Maleville, qui a puissamment concouru à sa rédaction; qu'il résulte de ces exposés, qu'aux yeux des rédacteurs du Code, conformément aux anciens principes, il n'exi-

stait plus d'inceste dans les degrés prohibés auxquels
le gouvernement pouvait appliquer la dispense, lorsque cette dispense avait été effectivement accordée,
et que le mariage s'en était suivi;

« Attendu que le texte de l'art. 331 du Code civil
ne renferme rien de contraire au principe dont il s'a-
git; qu'en effet, s'il est vrai que le législateur eût pu,
dans cet article, se dispenser d'énoncer une exclusion expresse quant au bienfait de la légitimation de
ceux des enfants incestueux dont les parents ne pouvaient jamais être admis à contracter mariage; cependant la mention de cette exclusion était utile
pour inculquer plus profondément la réprobation
de cette espèce d'inceste qui ne devait jamais être
réhabilitée; que cette énonciation était de plus commandée par les termes généraux employés dans la
rédaction de l'art. 331, lequel, mentionnant d'abord
les enfants nés hors mariage, sans distinction, comme
pouvant être légitimés par le mariage subséquent de
leurs père et mère, devait, pour l'exactitude de la rédaction, exprimer l'exception nécessaire, relativement aux enfants nés d'un commerce incestueux ou
adultérin; que cette exception ne s'applique donc
point nécessairement aux enfants qui, bien qu'ori-
ginairement incestueux, ont été relevés de ce vice
par le mariage de leurs père et mère contracté à la
faveur des dispenses;

« Attendu que toutes les raisons puisées dans la
morale, la paix et l'union des familles, concourent à
repousser une interprétation différente de la loi; qu'il

répugne à la raison de voir des enfants nés d'un
même père et d'une même mère contester à leur frère
le bienfait de la légitimation; qu'il répugne à la morale de voir des enfants, issus des mêmes père et mère,
élevés sous le même toit, assis à la même table, former deux familles distinctes, dont l'une sera admise
au bienfait de la légitimité, au partage des biens de
la famille, tandis que l'autre, vouée à l'opprobre, ne
pourra pas même être reconnue, n'aura part qu'à
des aliments dont la cupidité lui disputera la quotité,
et perpétuera ainsi le souvenir d'une faute que le
mariage subséquent avait pour but d'éteindre et
d'effacer. »

La même doctrine est enseignée par MM. Toullier,
t. II, n° 933; Loiseau, p. 231; Maleville, sur l'art. 331;
Pont, *Revue de législation et de jurisprudence*, t. VIII,
p. 150; Kœnigswarter, *Revue du droit français et étranger*,
t. VIII, p. 645; Dupin aîné, lors de la discussion à
la Chambre des députés d'une pétition sur l'application de la loi du 16 avril 1832, modificative de
l'art. 331 du Code civil (V. le *Moniteur* du 4 avril).
Mais cette opinion nous paraît erronée.

Nous nous associons de grand cœur aux sentiments
exprimés par les magistrats qui ont rédigé cet arrêt,
et nous reconnaissons avec eux tout ce qu'a de grave
le côté moral de la question. Aussi parlerions-nous
le même langage qu'eux si nous avions à former des
vœux pour qu'il intervînt une disposition législative
sur la position des enfants nés d'un commerce incestueux antérieurement au mariage de leurs père et

mère. Mais, nous renfermant dans notre rôle de jurisconsulte, et considérant la question au point de
vue de l'application de la loi, nous ne saurions accepter l'interprétation consacrée par l'arrêt que nous
venons de citer.

L'ancienne jurisprudence, que l'on invoque à
l'appui de cette dernière opinion, n'était pas aussi
favorable que semble le dire l'arrêt, à la légitimation, par le mariage de leurs père et mère, des enfants
nés d'un commerce incestueux. On distinguait si
l'empêchement au mariage, résultant de la parenté,
était du nombre de ceux que l'Église ne lève qu'avec
peine, ou de ceux pour lesquels il était facile d'obtenir une dispense. Dans le premier cas, on reconnaissait que les enfants, nés antérieurement au mariage,
n'étaient pas légitimés; il n'y avait que dans le second
cas que la légitimation des enfants était la conséquence du mariage.

Pothier, *Traité du Mariage*, n° 414.

Pour ce qui regarde les dispositions du Code civil,
le texte de l'article 331 de ce Code ne permet pas,
d'après nous, d'admettre que les enfants nés d'un
commerce illégitime de personnes auxquelles la loi
défend de contracter mariage entre eux, puissent être
légitimés par le mariage de leurs père et mère contracté en vertu de dispenses.

C'est aussi l'opinion de MM. Merlin, *Répert.*, v° *Légitimation*, sect. II, § 2, n° 9; Favard, *Répert.*, v° *Légitimation*, § 1, n° 4; Proudhon, *Traité de l'état des per-*

sonnes, éd. Valette, t. II, p. 65; Valette, notes sur cet ouvrage, t. II, p. 23 et 68, dans la *Revue de législation et de jurisprudence*, t. VIII, p. 37; Thuret, article dans la même *Revue*, tome VIII, p. 451; Armand Dalloz et Cabanton, dans des notes insérées dans les recueils de Dalloz et de Sirey, à la suite de l'arrêt de la Cour de Grenoble, ci-dessus rapporté; Zachariæ, t. III, p. 672.

La Cour d'Orléans a rendu un arrêt dans ce sens, le 25 avril 1833.

La question qui nous occupe a été l'objet de deux pétitions présentées à la Chambre des députés, les 29 janvier 1832 et 3 mars 1838, à l'occasion de l'application de la loi du 16 avril 1832, qui a modifié l'article 331 du Code civil. La Chambre a prononcé le renvoi au ministère de la justice; mais le gouvernement n'a pas cru devoir prendre encore de parti à cet égard.

291. La solution que nous donnons à la question de légitimation des enfants nés du commerce incestueux de personnes qui se sont mariées ensuite, en vertu de dispenses, nous conduit à reconnaitre que l'enfant qui est né depuis le mariage, mais avant le cent quatre-vingtième jour, et qui, n'ayant pas été désavoué, doit être réputé légitime dans les cas ordinaires, n'est pas légitime s'il est incestueux. Il est alors un enfant naturel reconnu par sa mère.

MM. Duranton (t. III, p. n° 26) et Zachariæ (t. III, p. 627) émettent à tort une opinion contraire. Leur erreur provient de la fausse interprétation qu'ils donnent à l'article 164 du Code civil, et de l'application trop littérale qu'ils font de l'expression *nés hors mariage*, qui se trouve dans l'article 331. D'après eux, en prohibant la légitimation des enfants *nés hors de mariage*, d'un commerce incestueux, la rédaction de l'article 331 serait favorable aux enfants qui sont *nés dans le mariage*, de personnes mariées en vertu de dispenses.

Nous nous sommes expliqué tout à l'heure sur la portée de l'article 164. Quant à la portée de l'expression *nés hors mariage*, elle est synonyme de *conçus hors mariage*. On la trouve en effet, avec cette signification, dans l'article 335 et dans l'intitulé du chapitre 1er du titre VI du Code.

APPENDICE.

(Art. 333, 380 C. pén. ; 322 Instr. crim.)

Parmi les dispositions pénales qui concernent les crimes et les délits commis par les enfants vis-à-vis de leurs parents, il y en a trois qui peuvent présenter quelque difficulté dans leur application, lorsque les parties sont liées entre elles par une filiation illégitime. Ce sont les articles 333 et 380 du Code pénal, et l'article 322 du Code d'instruction criminelle.

Art. 333 C. pén.

L'article 333 dispose que si les coupables d'attentat à la pudeur ou de viol, sont les ascendants de la personne sur laquelle a été commis l'attentat, ou s'ils sont de la classe de ceu xqui ont autorité sur elle, la peine sera celle des travaux forcés à temps dans le cas où la loi prononce la réclusion, et celle des travaux forcés à perpétuité dans les cas où la loi prononce la peine des travaux forcés à temps.

Par interprétation de cet article, la Cour de cassation a jugé, le 25 mars 1843, que le juge a autorité pour demander si la personne qui a été victime de l'attentat ou du viol est fille naturelle de l'accusé, quoiqu'elle n'ait pas été reconnue par lui.

La même Cour avait déjà posé en principe, dans un arrêt du 27 novembre 1812, que les tribunaux criminels chargés de prononcer sur les crimes et délits ont caractère pour prononcer sur toutes les matières accessoires et incidentes qui s'y rattachent et qui ne sont pas soustraites par la loi à leur juridiction. Elle avait décidé notamment qu'ils sont compétents pour résoudre les questions de droit et de fait qui naissent de l'instruction et de la défense des parties, lorsque ces questions doivent modifier ou aggraver le caractère du fait qui est l'objet de la poursuite et la peine dont il peut être susceptible, quoiqu'ils fussent, par leur institution, incompétents pour prononcer sur ces mêmes questions considérées indépendamment du fait criminel.

La jurisprudence a consacré aussi qu'un mari qui commet un attentat à la pudeur ou un viol sur la fille naturelle de sa femme, doit être puni conformément à l'article 333 du Code pénal, lorsque cette fille demeure dans le domicile commun des deux époux, parce qu'alors le mari a autorité sur elle.

C. R., 25 mars 1843. Orléans, 20 août 1841.
C. C., 11 juin 1841.

ART. 380 C. pén.

D'après l'article 380, les soustractions frauduleuses commises par des enfants ou descendants au préjudice de leurs père ou mère, ou autres ascendants, ne peuvent donner lieu qu'à des réparations civiles.

Cette disposition exceptionnelle ne concerne pas les soustractions commises par un enfant naturel au préjudice de son aïeul. En effet, la loi ne reconnaît de lien de famille en faveur des enfants naturels que vis-à-vis de leurs père et mère.

Liège, 24 décembre 1823. C. C. Paris, 10 juin 1813.

Merlin, *Répert.*, v° *Vol*, sect. III, § 2, n° 2; Legraverend, t. III, chap. Iᵉʳ, p. 150; Carnot, sur l'art. 383, t. II, n° 11, p. 259.

ART. 322 INSTR. CRIM.

La prohibition écrite dans l'article 322 du Code d'instruction criminelle, d'entendre comme témoins les fils et filles de l'accusé, comprend les enfants naturels comme les enfants légitimes.

C. R., 19 septembre 1832.

Cette prohibition empêche également d'entendre comme témoin l'enfant adultérin de l'un des deux époux dans une accusation qui est dirigée contre l'autre époux.

C. C., 6 avril 1809.

FORMULAIRE.

Déclaration de naissance d'un enfant naturel faite par le père.

L'an. . . . . . . le. . . . . du mois de. . . . . à. . . heure
du. . . . par-devant nous (*énoncer ici la qualité du fonctionnaire
public, s'il est maire ou adjoint de maire, ou s'il les remplace*), officier de l'état civil de la commune de. . . . . . . canton de. . . . .
département de. . . . . . est comparu N (*mettre les nom, prénoms, âge, profession, demeure*), lequel nous a déclaré que le. . . .
heure de . . . . . il est né un enfant du sexe (masculin *ou* féminin),
qu'il nous présente, et auquel il déclare donner les prénoms de. . . .
. . . . . . se reconnaissant pour être le père de cet enfant et l'avoir
eu de (*prénoms, nom, demeure, âge de la mère. Si le père déclare
les noms de la mère, il en sera fait mention; mais s'il les tait, on
ne peut le forcer à les déclarer*), lequel enfant est né en la maison sise
(*désigner la rue, le numéro et l'arrondissement*) : les présentes déclaration et présentation faites en présence de (*prénoms, nom, âge,
profession, demeure du premier témoin*) et de (*même formalité
pour le second témoin*) ; et ont les père et témoins signé avec nous le
présent acte de naissance, après qu'il leur en a été fait lecture. (*Si un
des comparants ne sait ou ne peut signer, il en sera fait mention.*)
Suivent les signatures.

Déclaration de naissance d'un enfant naturel, faite par toute autre
personne que le père; le nom et l'état de la mère étant connus.

L'an. . . . . . le. . . . . . du mois de. . . . à. . . . heure
du. . . . . par-devant nous (*énoncer ici la qualité du fonctionnaire
public, s'il est maire ou adjoint de maire, ou s'il les remplace*), officier de l'état civil de la commune de. . . . . . canton de. . . . .
est comparu N (*prénoms, nom, âge, profession, demeure du déclarant*), lequel nous a déclaré que le. . . . . heure de. . . . . la dame
ou demoiselle (*prénoms, nom, profession, demeure de la mère*) est
accouchée dans la maison (*désigner la maison*), d'un enfant du sexe
(masculin *ou* féminin), qu'(il *ou* elle) nous présente, et auquel (il *ou* elle)
donne les nom et prénoms de . . . . lesdites déclaration et
présentation faites en présence de (*prénoms, nom, âge, profession*,

27

demeure du premier témoin) et de (*même formalité pour le second témoin*) ; et ont les déclarant et témoins signé avec nous le présent acte de. . . . . . après qu'il leur en a été fait lecture. (*Si un des comparants ne sait ou ne peut signer, il en sera fait mention.*)

Suivent les signatures.

Déclaration de naissance d'un enfant naturel, faite par un fondé de procuration du père.

L'an. . . . . . le. . . . . . du mois de. . . . . à. . . . heure du. . . . . par-devant nous (*énoncer ici la qualité du fonctionnaire public, s'il est maire ou adjoint de maire, ou s'il les remplace*), officier de l'état civil de la commune de. . . . . . canton de. . . . . . département de. . . . . . est comparu N (*mettre les nom, prénoms, âge, profession et demeure du déclarant*), lequel, en vertu de la procuration spéciale et authentique du . . . . . . passée à. . . . . le. . . . . du mois de. . . . . an. . . . . . . par-devant notaire à. . . . . . . enregistrée à. . . . . le. . . . . de lui paraphée et annexée au présent registre, nous a déclaré que le. . . . . heure de. . . . . . il est né en la maison (*désigner la maison, la rue, la section et l'arrondissement*) un enfant naturel (masculin *ou* féminin), né de. . . . . . . lequel enfant il nous présente, et auquel il donne les nom et prénoms de. . . . .

Lesdites déclaration et présentation faites en présence de (*prénoms, nom, âge, profession, domicile du premier témoin*) et de (*même formalité pour le second témoin*) ; et ont les déclarant et témoins signé avec nous le présent acte, après que lecture leur en a été faite.

Reconnaissance d'enfant faite par le père ou la mère après l'inscription de l'enfant sur les registres de l'état civil.

L'an. . . . . . . le. . . . . . du mois de. . . . à. . . heure du. . . . par-devant nous (*énoncer ici la qualité du fonctionnaire public, s'il est maire ou adjoint de maire, ou s'il les remplace* [1],

---

[1] On a supposé ici que la reconnaissance d'enfant naturel ne pouvait être faite que devant un officier municipal ; mais nous avons vu qu'elle pouvait être faite devant tout autre fonctionnaire public.

officier de l'état civil de la commune de . . . . . . canton de. . . . .
département de. . . . . . .

Est comparu N (*nom, prénoms, âge, profession, domicile*), lequel
(*ou* laquelle) nous a déclaré qu'(il *ou* elle) se reconnaît père (*ou* mère)
d'un enfant du sexe. . . . . qui nous a été présenté le. . . . . . . et
que nous avons inscrit sur les registres de l'état civil sous les noms
de. . . . . . . lequel il (*ou* elle) a eu avec N. . . . . . . (*nom,
prénoms,   ge, profession, demeure. Le déclarant est libre de ne
pas désigner la personne avec laquelle il a eu l'enfant*); ladite déclaration faite en présence de (*prénoms, nom, âge, profession, domicile du premier témoin*) et de (*même formalité pour le second
témoin*), et ont les déclarant et témoins signé avec nous le présent acte,
après qu'il leur en a été fait lecture. (*Si un des comparants ne sait ou
ne peut signer, il en sera fait mention.*)

Suivent les signatures.

Reconnaissance d'enfant faite par le père et la mère conjointement.

L'an. . . . . le. . . . . du mois de. . . . . à. . . heure
du. . . . . par-devant nous (*énoncer la qualité du fonctionnaire
public, s'il est maire ou adjoint de maire, ou s'il les remplace*), officier de l'état civil de la commune de. . . . . canton de. . . . . .
département de. . . . .

Sont comparus N (*prénoms, nom, etc.*) et la N (*prénoms, nom, etc.*),
lesquels ont déclaré qu'ils se reconnaissaient père et mère d'un enfant
du sexe. . . . . qui nous a été présenté le. . . . . . . et que nous
avons inscrit sur les registres de l'état civil, sous les noms de. . . . .
. . . . lequel enfant est né de. . . . . le. . . . . du
mois de. . . . . l'an. . . . . ladite déclaration faite en présence de (*prénoms, nom, âge, etc., du premier témoin*) et de (*même
formalité pour le second témoin*); et ont les père et mère et témoins
signé avec nous le présent acte, après qu'il leur en a été fait lecture. (*Si
un des comparants ne sait ou ne peut signer, il en sera fait
mention.*)

Formule de célébration de mariage pour un mineur né de parents inconnus.

L'an. . . . . le. . . . . du mois de. . . . devant nous
(*qualité du fonctionnaire*), officier de l'état civil de la commune de . .

. . . . département de. . . . . . . canton de. . . . . . sont
comparus N. . . . . mineur, fils de parents inconnus, suivant
son acte de naissance inscrit sur le registre de la commune de. . . . .
. . . . le. . . . . accompagné de N. . . . . nommé par
jugement du. . . . . du mois de. . . . . de l'an. . . . . . .
rendu par le tribunal de première instance de. . . . . . département
de. . . . . tuteur, pour assister ledit mineur dans la célébration
de son mariage, et N. . . . . . . assistée de N (*nom, prénoms, âge,
profession, domicile*), son père, et de N (*nom, prénoms*), sa mère ;
lesquels nous ont requis de procéder au mariage projeté entre eux, et
dont les publications ont été faites devant la principale porte de notre
maison commune, savoir : la première, le. . . . . du mois de. . . . .
l'an. . . . . . . à l'heure de. . . . . et la seconde, le. . . . . . .
(*S'il a été fait des publications dans d'autres lieux que la commune
où se célèbre le mariage, il en devra être fait mention.*) Aucune
opposition audit mariage ne nous ayant été signifiée, faisant droit à leur
réquisition, après avoir donné lecture de toutes les pièces ci-dessus
mentionnées et du chapitre vi du titre du Code civil intitulé : *Du
Mariage*, avons demandé au futur époux et à la future épouse s'ils
veulent se prendre pour mari et pour femme ; chacun d'eux ayant répondu séparément et affirmativement, déclarons au nom de la loi que
N. . . . . et N. . . . . . . sont unis par le mariage.

De tout ce avons dressé acte, en présence de (*prénoms, nom, etc.,
des témoins*), lesquels, après qu'il leur en a été aussi donné lecture,
l'ont signé avec nous et les parties contractantes.

Formule de mariage à la suite duquel est faite la reconnaissance d'enfants nés précédemment.

L'an. . . . . . . le. . . . . du mois de. . . . devant nous
(*la qualité du fonctionnaire*), officier de l'état civil de la commune
de. . . . . . département de. . . . . . sont comparus N (*prénoms, nom, âge, profession, domicile*), fils de (*nom, prénoms, profession du père*), et de (*nom, prénoms de la mère*), et N (*nom,
prénoms, âge, profession, domicile*), fille de. . . . . . . et de. .
. . . . . . (*mettre les énonciations ordinaires comme dans la
formule précédente et selon les espèces auxquelles elles s'appplique-
ront*); lesquels nous ont requis de procéder à la célébration du mariage projeté entre eux, et dont les publications ont été faites devant

la principale porte de notre maison commune, savoir : la première,
le. . . . . du mois de. . . . . de l'an . . . . à l'heure de. . .
et la seconde, le . . . . (*S'il a été fait des publications en
d'autres lieux que dans la commune où se célèbre le mariage, il en
devra être fait mention*.) Aucune opposition audit mariage ne nous
ayant été signifiée, faisant droit à leur réquisition, après avoir donné
lecture de toutes les pièces ci-dessus mentionnées et du chapitre vi du
titre du Code civil intitulé : *Du Mariage*, avons demandé au futur
époux et à la future épouse s'ils veulent se prendre pour mari et pour
femme : chacun d'eux ayant répondu séparément et affirmativement,
déclarons au nom de la loi que N. . . . . . . et N. . . . . . . sont
unis par le mariage. Et aussitôt lesdits époux ont déclaré qu'il est né
d'eux un *ou* des enfants inscrits sur le registre de l'état civil de la
commune de. . . . . . . en date du. . . . . et sous les noms
de. . . . . lequel (*ou* laquelle *ou* lesquels) ils recon-
naissent pour leur fils (*ou* leur fille *ou* leurs fils).

De tout ce avons dressé acte en présence de (*nom, prénoms, âge,
domicile des témoins*). (*Si les témoins sont parents, il sera fait
mention du degré de parenté, et duquel des époux ils sont parents
ou alliés*) ; lesquels, après qu'il leur en a été aussi donné lecture, ont
signé avec nous et les parties contractantes.

TABLE CHRONOLOGIQUE

DES ARRÊTS CITÉS DANS L'OUVRAGE [1].

———

Tous les arrêts jusqu'à 1836, qui sont cités dans l'ouvrage, sont rapportés dans l'édition chronologique du *Journal du Palais*, ou dans la réimpression chronologique de *Sirey*, publiée par MM. Devilleneuve et Carette. Ainsi, ce n'est qu'à partir de cette époque qu'il est nécessaire de donner des indications pour qu'on puisse les trouver.

ABRÉVIATIONS.

37—1—192 signifie, dans la première colonne : volume du *Journal du Palais*, qui comprend les six premiers mois de l'année 1837, page 192 [2].

37—2—310 signifie, dans la même colonne : volume du *Journal du Palais*, qui comprend les six derniers mois de l'année 1837, page 310.

37—1—151 signifie, dans la seconde et la troisième colonne : volume du *Recueil de Sirey*, continué par MM. Devilleneuve et Carette, ou volume de *Dalloz*, qui comprend l'année 1837, première partie, page 151 [3].

37—2— 54 signifie, dans les mêmes colonnes : volumes du *Recueil de Sirey*, continué par MM. Devilleneuve et Carette, ou volume de *Dalloz*, qui comprend l'année 1837, deuxième partie, page 54.

AN V.

	Pages.
13 vendemiaire, C. C. Amiens.....	34

AN VIII.

22 floréal, CC....................	312

AN XI.

29 brumaire, Paris...............	363
17 frimaire, C. R.................	312
18 ventôse, C. R.................	363

	Pages.
4 thermidor, Bordeaux...........	100
14 fructidor, Paris...............	283

AN XII.

14 ventôse, Grenoble............	23
15 germinal, Paris................	194
16 germinal, Paris...............	363
18 floréal, Nîmes.................	194
3 prairial, Nîmes.................	194
18 prairial, Bruxelles.............	194
28 messidor, Poitiers.............	34
25 thermidor, Angers.............	190

———

[1] Les arrêts rendus sur les diverses questions qui intéressent les enfants illégitimes ayant presque tous une grande importance, nous avons jugé utile d'en dresser une table générale.

[2] Le *Journal du Palais* forme, chaque année, deux volumes qui se composent chacun d'un semestre, et dans lesquels les arrêts de la Cour de cassation et des Cours royales sont rapportés d'une manière confuse.

[3] Le *Recueil de Sirey*, continué par MM. Devilleneuve et Carette, forme chaque année un volume divisé en deux parties : la première comprend les arrêts de la Cour de cassation, et la seconde comprend les arrêts des diverses Cours royales. — Le *Recueil de Dalloz* est rédigé sur le même plan.

1836.

	Journ. du Palais.	Devillen. et Carette.	Dalloz.	Pages.
29 janvier, C. C. Belgique...				390
31 janvier, Caen..........		38—2—482		135
5 fevrier, Grenoble......			37—2—3	122, 123, 131
8 février C. R. Aix.......		36—1—241		333
3 mars, Caen..		38—2—486		104
5 mai, C. RR. Paris.....				11
9 mai, Douai...........			37—2—43	321
27 mai, Orléans..........	37—2—310	36—2—293		294
16 juin, Aix..............	37—1—192	38—2—25	38—2—78	68, 313
4 juillet, Paris..........		38—2—441	38—2—138	215
6 juillet, C. RR. Paris.....		36—1—633		139
21 juillet, Grenoble........	37—2—503	37—2—471	37—2—157	224
3 août, Grenoble.........			38—2—187	191
12 septembre, C. C........	37—2—54		37—1—162	
13 décembre, Pau........	37—2—359			333
16 décembre, Rennes......	37—2—320		37—2—96	57

1837.

11 janvier, C. RR. Rouen....		37—1—645	37—1—224	314
20 janvier, Pau.............	37—1—514			72, 386
16 fevrier, C. C...........	37—1—144	37—1—551	37—1—188	
13 mars, Paris.............	40—1—265	37—2—369	37—2—139	58, 59
14 mars, C. RR. Paris.....	37—1—330	37—1—314	37—1—277	525, 341
20 mars, Bordeaux........	37—2—610	37—2—483	38—2—117 et 721	345 345
4 avril, C. RR. Agen......	37—1—542	37—1—439	37—1—293	136
5 avril, C. RR. Agen.......	37—1—256	37—1—439		110, 136
20 avril, Aix..............	37—2—543		38—2—10	109
2 mai, Bourges..........	38—1—193	37—2—5	38—2—11	75, 381
2 mai, Nimes............	37—2—285	37—2—317	37—2—162	12, 17, 34, 319
17 mai, Lyon............	37—2—523			97, 264, 333
25 mai, C. R..............	38—1—373		37—1—526	389
1er juin, Paris.............	37—2—28			307, 309
7 juin, C. R. Paris........	37—2—56	37—1—582	37—1—363	307, 309
7 juin, C. R. Paris........	37—2—57	37—1—586	37—1—364	308, 309
16 juin, Bourges..........	40—2—304	38—2—201	38—2—123	294
17 août, C. R..............	39—2—557		38—1—412	389
4 décembre, C. C. Rennes..	37—2—564	38—1—29	38—1—14	89, 94, 263, 333
12 decembre, Colmar......	38—2—604			311
18 décembre, Paris........	38—1—77	38—2—113	38—2—177	372

1838.

10 janvier, Rennes.........		38—1—191		191
22 janvier, Nancy.........	43—2—328		38—2—153	281, 359

Journ. du Palais. Devillen. et Carette. Dalloz.

25 janvier, Amiens........		38—2—457		58, 60
12 février, Bordeaux......	38—2—559	38—2—406	38—2—238	34, 120, 375, 377
8 mars, Grenoble........	38—1—433	38—2—145	38—2—91	108
20 mars, Montpellier.......		39—2—279	39—2—23	13, 58, 75, 89, 375, 384
5 avril, Colmar..........	39—1—606		39—2—255	226
27 avril, C. C. Lyon.......	38—2—69	38—1—538	38—1—460	117
9 mai, C. RR. Bordeaux...	38—2—360	38—1—864	38—1—239	107, 108, 123
9 mai, Montpellier.......	38—2—445	38—2—492		294, 296
14 mai, Riom '	38—1—584	38—2—246	38—2—106	194, 195, 196
31 mai, C. RR. Bordeaux...	38—2—360			107
9 juin, C. C. Amiens......	38—2—546			392
9 juin, Limoges..........	38—2—466	38—1—1008	38—1—369	89, 94, 263
12 juin, C. C. Aix........	38—2—366		38—2—205	3, 27, 67, 68, 69, 313
15 juin, Pau...........	43—2—440	38—1—695	38—1—273	289, 335
16 juin, Paris...........	38—2—75		40—2—152	326
7 juillet, Paris..........	38—2—139	38—2—467	38—2—187	10, 52, 165, 384
19 juillet, Grenoble........	39—1—368			57
20 juillet, Bourges........	38—2—521	39—2—115	39—2—20	4
26 juillet, Rouen..........	38—2—564	38—2—401	38—2—239	92, 377
16 août, Rouen...........			39—2—26	

1839.

4 janvier, Bourges........	43—2—441	39—2—289	39—2—210	
18 janvier, Grenoble.......			39—2—61	313
22 janvier, C. RR. Caen....	39—1—74	39—1—5		11, 399
7 février, Lyon...........	39—1—625		39—2—110	103
13 février, C. RR. Bordeaux.	40—1—84	40—1—117	40—1—49	13, 58, 375, 377
27 février, C. C. Besançon..	39—1—218	39—1—161	39—1—200	68, 313, 314
10 avril, Amiens..........	40—2—664	40—2—508		385, 386
20 avril, Paris...........	39—1—537	39—2—249	39—2—181	
27 avril, Paris...........	39—1—539			11, 399
25 mai, Rouen...........		39—2—451	39—2—205	294
8 juin, Toulouse.........	39—2—132	39—2—358	39—2—250	
22 juin, Paris...........	39—2—94		39—2—267	97, 264, 333
24 juillet, C. C. Pau.......		39—1—653		307
6 août, C. RR. Rouen.....	39—2—203	39—1—562	39—1—376	
21 août, Angers..........	39—2—234	39—2—402	40—2—57	194, 196
17 octobre, Toulouse.....	40—2—49		40—2—64	390
12 novembre, C. RR. Douai.	39—2—493	39—1—825	40—1—16	4
16 novembre, Bourges.....	40—2—616			255, 319, 340
12 décembre, Aix.........	40—1—349	43—2—176		311, 386
21 décembre, Paris.......	40—1—33	40—2—448	41—2—64	34
21 décembre, Toulouse....	40—1—515	40—2—168	40—2—107	294

1840.

13 janvier, Grenoble.......	40—2—234	40—2—110	40—2—206	32, 36, 278
22 janvier, C. RR. Rouen..	40—1—86	40—1—120	40—1—50	3, 12, 27, 67, 92, 377

' Le recueil de Dalloz donne à cet arrêt la date du 30 mai.

Journ. du Palais. Devilleneuve et Carette. Dalloz.

8 février, Toulouse.......	40—2—77		40—2—177	317
19 février, Rouen.	40—2—14		40—2—137	310
6 mars, Nancy..........	40—2—470			310
17 mars, Douai.	40—1—625	40—2—255	40—2—123	30, 31
28 mars, Paris............	40—1—698	40—2—425	40—2—176	188
31 mars, Bastia			40—2—120	58, 59, 76
2 avril, Rouen..........	42—1—211		42—2—130	109
13 avril, C. R. Douai.	40—1—660	40—1—140	40—1—169	321
21 avril, C. RR. Grenoble¹..				
22 avril, C. RR. Grenoble...	40—2—161	40—1—873	40—4—280	68, 313
28 avril, C. R. Riom².......				
4 mai, Paris.............	40—1—699		40—2—186	336
19 mai, C. RR. Paris.......	40—2—250	40—1—523	40—1—222	128
2 juin, C. RR. Rennes....	40—2—420	40—2—717	40—1—240	103
4 juin, Limoges³.........	40—2—773	40—7—325	41—2—78	194
14 juin, Limoges⁴........				11
16 juin, Bastia............				371
18 juin, Limoges..........	40—2—638	40—2—509	41—2—56	146
3 juillet, Riom............		40—2—362	41—2—55	401
14 juillet, Rouen..........	40—2—718	40—2—524		239
15 juillet, C. RR..........	40—2—488	40—1—900		158
30 juillet, Dijon..........			41—2—164	397
13 août, Dijon............			41—2—162	386
14 août, Dijon............	43—1—737	40—2—147	41—2—38	163
5 décembre, Douai........	41—1—167	41—2—125	41—2—142	347
7 décembre, C. R. Nîmes..	41—1—433	41—1—140	41—1—44	319

1841.

20 janvier, C. RR. Aix......	43—2—330	41—1—231	41—1—85	307
3 février, C. C. Lyon.....	41—1—369	41—1—117	41—1—104	89, 263, 264, 333
6 mars, Orléans..........	41—2—241			311, 386
22 mars, C. RR. Colmar....		41—1—453	41—1—183	283
23 mars, Douai...........	41—1—597	41—2—536		32
28 avril, C. R. Riom......	41—1—737	41—1—273	41—1—137	194, 195, 204, 209
28 avril, Bordeaux........	41—2—202			120
11 mai, Bourges..........		42—2—128	42—2—118	
11 juin, C. C.............	41—2—419	42—1—182	41—1—389	416
17 juillet, Paris...........	41—2—187		42—1—49	54
19 juillet, Paris..........				380

---

¹ MM. Devilleneuve et Carette donnent cette date à l'arrêt indiqué sous la date du 22 avril.

² M. Dalloz donne dans son recueil cette date à l'arrêt indiqué sous la date du 28 avril 1841.

³ MM. Devilleneuve et Carette donnent à cet arrêt la date du mois de juillet, sans indiquer le quantième.

⁴ M. Dalloz donne dans son recueil cette date à l'arrêt indiqué sous la date du 4 juin.

1845.

FIN DE LA TABLE CHRONOLOGIQUE.

TABLE ANALYTIQUE DES MATIÈRES.

que le donataire de cette personne est l'enfant naturel de cette même personne, pour faire réduire la donation par application de l'article 908, 59, 62. — La reconnaissance d'un enfant adultérin ou incestueux l'empêche-t-elle de recevoir une donation? 97. — Les enfants naturels n'ont rien à prétendre dans la succession de leur auteur, lorsqu'ils ont reçu de son vivant la moitié de leur part, avec obligation de s'en contenter, 257. — L'ascendant peut-il reprendre ce qu'il avait donné lorsque le défunt laisse des enfants naturels? 261. *Voy.* Rapport à succession, Testaments, et le chapitre XIII, page 315.

DROITS *civils.* Dans quels cas un enfant naturel jouit-il des droits civils? 158.

E

EMANCIPATION. Les père et mère peuvent émanciper leurs enfants naturels, 228. — *Quid* pour les enfants admis dans les hospices? 229.

ENFANTS *adultérins.* Qu'entend-on par cette expression? 2. — La reconnaissance d'un enfant adultérin est nulle, 88. — *Quid* lorsque l'enfant reconnu par homme et femme est adultérin seulement à l'égard de l'un d'eux? 90. — *Quid* si l'une des deux reconnaissances est antérieure à l'autre? 91. — On ne peut pas rechercher une maternité adultérine, 92. — Cas dans lesquels un enfant peut être reconnu adultérin, 93. — Les enfants adultérins ont droit à des aliments, 183. *Voy.* Adoption, Aliments, et chapitre II, page 85.

ENFANTS *illégitimes.* Signification de cette expression, 1. — Dans quels cas un enfant est-il réputé conçu après la dissolution du mariage, 142.

ENFANTS *incestueux.* Qu'entend-on par cette expression? 2. — La reconnaissance d'un enfant incestueux est nulle, 88. — *Quid* lorsque l'enfant reconnu dans le même acte par homme et femme est incestueux seulement à l'égard de l'un d'eux? 91. — *Quid* si l'une des deux reconnaissances est antérieure à l'autre? *id.* — On ne peut pas rechercher une maternité incestueuse, 92. — Cas dans lesquels un enfant peut être reconnu incestueux, 93. *Voy.* Adoption, Aliments.

ENFANTS *légitimes.* Signification de cette expression, 1. — Les héritiers ont-ils un délai pour prouver que l'enfant n'est pas légitime parce qu'il a été conçu après la dissolution du mariage? 133. *Voy.* chap. XIV, page 355.

ENFANT *naturel.* Signification de cette expression, 1. — Il a droit de demander des aliments à ses père et mère, 183, 188. — *Quid* lorsque l'enfant est reconnu pendant le mariage par l'un des époux? 186. — L'obligation est réciproque entre les enfants naturels et les auteurs de leurs jours, 188. *Voy.* Aliments.

ENLÈVEMENT. En cas d'enlèvement, la filiation paternelle peut-elle être prouvée? 43.

ETAT *civil.* Signification de cette expression, 3. *Voy.* Chose jugée, Filiation, Indivisibilité.

ETRANGER. *Voy.* Droits civils.

révocable comme le testament, *id.* — Mais elle ne vaut qu'à la mort du testateur, *id.*

TESTAMENT *mystique.* Peut-on reconnaître un enfant naturel dans un testament mystique? 18.

TESTAMENT *olographe.* On ne peut pas reconnaître un enfant naturel dans un testament olographe, 17.

TRANSACTION. On peut transiger sur le résultat pécuniaire d'une action en réclamation de filiation, mais non sur cette filiation, 68, 311, 386. *Voir* toutefois, dans ce dernier cas, une distinction importante, 69, 314.

TUTELLE. Les père et mère ont-ils la tutelle légale de leurs enfants naturels? 218. — *Quid* pour les enfants adultérins ou incestueux? 226. — *Quid* pour les enfants admis dans les hospices? 226. *Voy.* Conseil de famille.

TUTEUR. *Voy.* Interdit.

V

VIOL. En cas de viol, la filiation paternelle peut-elle être prouvée? 45. — Le viol commis par un mari sur l'enfant naturel de sa femme doit être puni conformément à l'art. 333 C. pén., 416.

FIN DE LA TABLE ANALYTIQUE DES MATIÈRES.

ERRATA.

Pag.	Lig.
4.	5 : C. RR. Nimes, *lisez :* C. RR. Orléans.
20.	17 : 10 juillet, *lisez :* 11 juillet.
29.	9 : 3 juin, *lisez :* 13 juin.
92.	7 : postérieure, *lisez :* antérieure.
176.	15 : 151, *lisez :* 152.
176.	18 : 151, *lisez :* 153.
185.	18 : 19 novembre, *lisez :* 16 novembre.
191.	18 : *après* Grenoble, *lisez :* Agen.
196.	10 : 20 août, *lisez :* 21 août.
211.	20 : C. R. Bordeaux, *lisez :* C. RR. Bordeaux.
215.	28 : 3 décembre, *lisez :* 23 décembre.
263.	21 : 14 février, *lisez :* 16 février.
280.	30 : (1034), *lisez :* (1304).
286.	15 : 221, *lisez :* 220.
286.	24 : 220, *lisez :* 221.
294.	28 : 16 janvier, *lisez :* 19 janvier.
331.	28 : 1841, *lisez :* 1843.
342.	15 : février, *lisez :* janvier.
363.	10 : sont, *lisez :* soient.
363.	25 : 18 janvier, *lisez :* 8 janvier.
385.	18 : temporaria, *lisez :* temporalia.
388.	14 : 14 juillet, *lisez :* 24 juillet.
393.	23 : 12 mars, *lisez :* 30 mars.
401.	6 : 1811, *lisez :* 1809.
415.	18 : le juge a autorité pour demander, *lisez :* le jury a autorité pour décider.

Imprimé en France
FROC022127060720
24426FR00014B/368

9 782329 4182